城轨供电电工电子技术

主　编　罗素保
副主编　郝秀娟　闫　艳　周　娟
参　编　刘　森　李艳魁　张未娜　常二歌
　　　　李　毅　李建民　夏晓舫　邓彦峰

西南交通大学出版社
·成都·

图书在版编目（CIP）数据

城轨供电电工电子技术 / 罗素保主编. —成都：
西南交通大学出版社，2017.12
ISBN 978-7-5643-5897-6

Ⅰ.①城… Ⅱ.①罗… Ⅲ.①城市铁路 – 供电系统 –
中等专业学校 – 教材 Ⅳ.①U239.5

中国版本图书馆 CIP 数据核字（2017）第 277176 号

城轨供电电工电子技术

主　编／罗素保

责任编辑／李芳芳
特邀编辑／李　杰
封面设计／何东琳设计工作室

西南交通大学出版社出版发行
（四川省成都市二环路北一段 111 号西南交通大学创新大厦 21 楼　610031）
发行部电话：028-87600564　　028-87600533
网址：http://www.xnjdcbs.com
印刷：成都蓉军广告印务有限责任公司

成品尺寸　185 mm×260 mm
印张　17.25　　字数　431 千
版次　2017 年 12 月第 1 版　　印次　2017 年 12 月第 1 次

书号　ISBN 978-7-5643-5897-6
定价　38.80 元

课件咨询电话：028-87600533
图书如有印装质量问题　本社负责退换
版权所有　盗版必究　举报电话：028-87600562

前　言

城轨供电电工电子技术是城市轨道交通相关专业的必修课程和基础课程，学好城轨供电电工电子技术对该专业学生来说具有非常重要的意义。

《国家中长期教育改革和发展规划纲要（2010—2020年）》中指出：应加快建立健全政府主导、行业指导、企业参与的办学机制，推动职业教育适应经济发展方式转变和产业结构调整要求，以培养现代化建设需要的高素质劳动者和技能型人才。为了适应这一新的办学模式，我们编写了这本《城轨供电电工电子技术》教材。

本教材在项目结构与章节安排上，先理论、后实践，先简单、后复杂，体现由浅入深、由易到难的学习规律。在编写思路上，以项目和工作任务为导向，以基础理论、概念和知识为指导，引导学生更好地掌握电子元件，并在电路的基础上掌握城市轨道交通供电系统的技能。

感谢深圳国泰安教育技术股份有限公司对于本教材编写提供的支持以及提出的宝贵意见。

由于编者水平有限，不妥之处在所难免，诚恳欢迎广大读者提出宝贵意见。

编　者

2017年8月

目 录

项目一　城市轨道交通电气系统 ·· 1
　　任务一　城市轨道交通供电系统 ·· 1
　　任务二　城市轨道交通运营电气设备 ·· 7

项目二　基本电气元件 ·· 14
　　任务一　电阻元件、电位器 ·· 14
　　任务二　电容元件 ·· 27
　　任务三　电感元件、变压器 ·· 33
　　任务四　半导体器件 ·· 37
　　任务五　常用电力电子器件 ·· 53

项目三　直流电路 ·· 63
　　任务一　直流电路的组成 ·· 63
　　任务二　电路的特性参数 ·· 67
　　任务三　电路的连接方式 ·· 75
　　任务四　基尔霍夫定律 ·· 89

项目四　交流电路 ·· 94
　　任务一　正弦交流电路 ·· 94
　　任务二　单相交流电路 ·· 97
　　任务三　三相交流电路 ··· 105

项目五　整流、谐振与滤波电路 ··· 116
　　任务一　整流电路 ··· 116
　　任务二　谐振电路 ··· 124
　　任务三　滤波电路 ··· 129

任务四　逆变电路 …………………………………………………… 132
　　任务五　直流稳压电源电路 ………………………………………… 141

项目六　磁路及电磁元件 ………………………………………………… 149
　　任务一　磁场与磁路 ………………………………………………… 149
　　任务二　变压器 ……………………………………………………… 156
　　任务三　继电器 ……………………………………………………… 166

项目七　牵引电动机 ……………………………………………………… 175
　　任务一　认识牵引电动机 …………………………………………… 175
　　任务二　电动机的拆装与检修 ……………………………………… 185

项目八　低压电器与控制电路 …………………………………………… 196
　　任务一　常用的低压电器 …………………………………………… 196
　　任务二　常见的控制电路 …………………………………………… 217

项目九　数字电路 ………………………………………………………… 226
　　任务一　数字电路基本知识 ………………………………………… 226
　　任务二　逻辑门电路 ………………………………………………… 232

项目十　输配电及安全用电 ……………………………………………… 244
　　任务一　发电、输电和配电概况 …………………………………… 244
　　任务二　安全用电常识 ……………………………………………… 258

参考文献 …………………………………………………………………… 270

项目一 城市轨道交通电气系统

任务一 城市轨道交通供电系统

【学习目标】

1. 掌握城市轨道交通供电系统的组成。
2. 能绘出城市轨道交通供电系统的构成图。
3. 能区分城市轨道交通的不同供电制式。
4. 掌握城市轨道交通供电力牵引制式。

【知识要点】

1. 城市市轨道交通供电系统的组成。
2. 轨道电路的分类与作用。
3. 城市轨道交通车辆电气的组成。
4. 城市轨道交通低压配电系统负荷等级划分。

【理论知识】

伴随着城市的迅速发展，轨道交通在城市公共交通系统中的地位越来越重要。供电系统作为城市轨道交通的重要组成部分，相当于人的中枢神经系统。没有安全可靠的供电系统，没有牵引系统足够的动力支持，就不可能有城市轨道交通的正常运行。因此，规划和建设好供电系统是轨道交通正常运营的保障，对轨道交通供电系统的概述、功能、组成及制式的掌握非常重要。

一、城市轨道交通供电系统的组成

城市轨道交通供电系统是城市轨道交通的能源补给线，它的安全、可靠运行应被放在第一位，它对城市轨道交通的影响是全面的。如果供电系统出现问题，将影响整个轨道交通系统的正常运行，甚至造成全线瘫痪，因此，建立一个安全可靠的轨道交通供电系统是非常重要的。因此，目前的设计者多采用集中供电模式，建有独立的 SCADA 系统，以提高安全性、可靠性。

城市轨道交通供电系统的电源一般取自国家电力系统供电系统，主要由以下三部分组成：中压环网供电系统、电力牵引供电系统、动力照明供电系统。城市轨道交通供电系统示意图如图 1-1-1 所示。

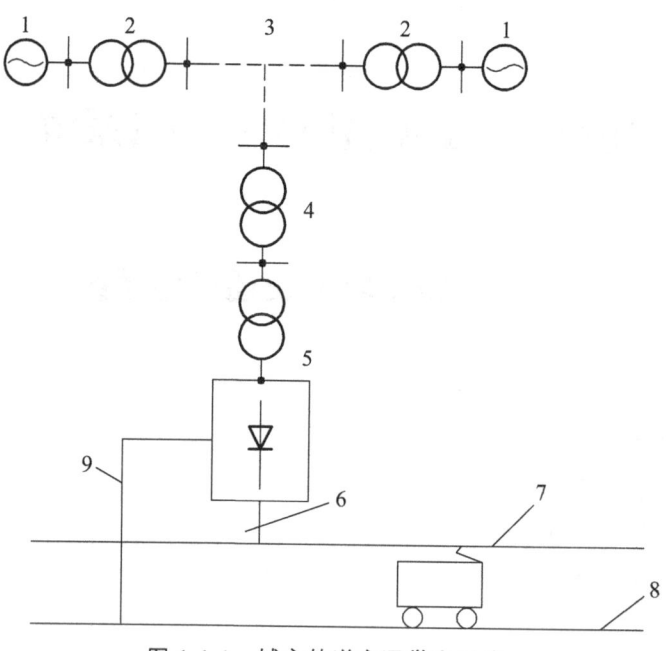

图 1-1-1　城市轨道交通供电系统

1—发电厂（站）；2—升压变压器；3—电力网；4—主降压变电站；5—直流牵引变电所；
6—馈电线；7—接触网；8—走行轨；9—回流线

（一）中压环网供电系统

城市轨道交通中压环网供电系统是指国家电网向城市轨道交通系统供电的方式。因此，城市电网或区域电网的结构对城市轨道交通供电系统起着决定性作用。

发电站是发出电能的中心，为减少线路的电压损失和能量损耗，发电站发出的电能要经过升压变压器升高电压，然后以 110 kV 或 220 kV 的高压，经过三相传输线输送到区域变电站。在区域变电站中，电能先经过降压变压器把 110 kV 或 220 kV 的高压降低电压等级（如 10 kV 或 35 kV），再经过三相输电线输送给本区域的各用电中心。城市轨道交通供电示意图如图 1-1-2 所示。

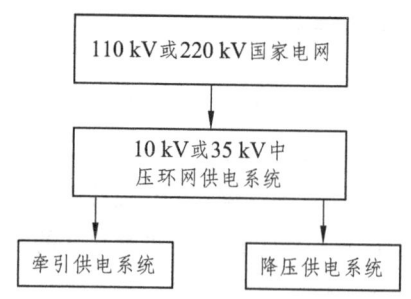

图 1-1-2　城市轨道交通外部供电示意图

如图 1-1-3 所示，虚线 2 以上，即从发电厂经升压、高压输电网、区域变电站至主降压变电站部分通常被称为城市轨道交通供电系统的"外部（或一次）供电系统"。

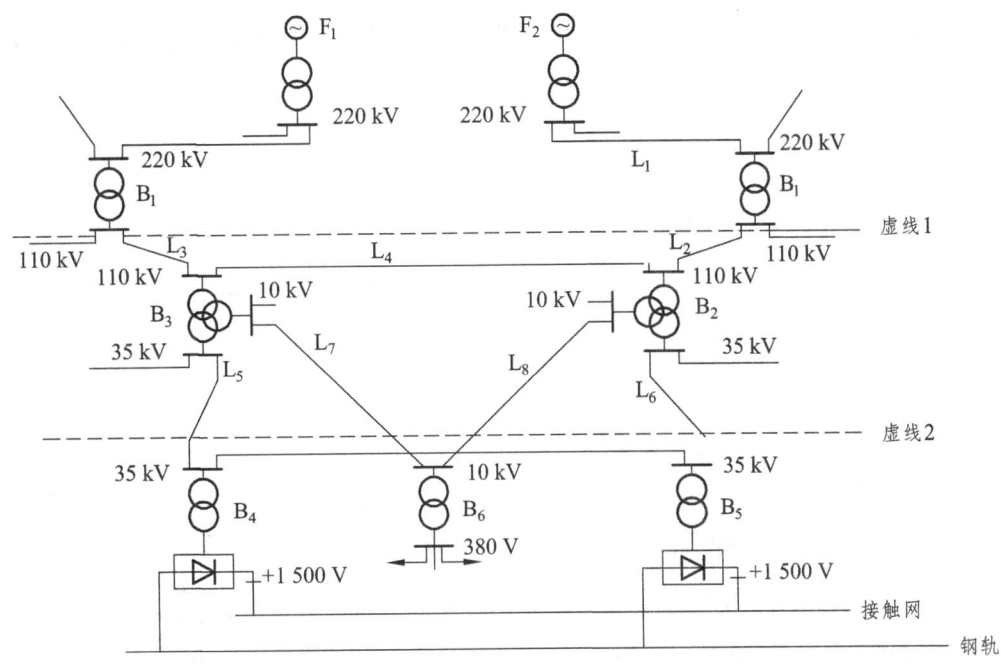

图 1-1-3 城市电网外部供电系统和牵引供电系统

（二）电力牵引供电系统

电力牵引供电系统主要由牵引变电站、接触网（架空线或接触轨）、回流线、馈电线、轨道组成，如图 1-1-4 所示。

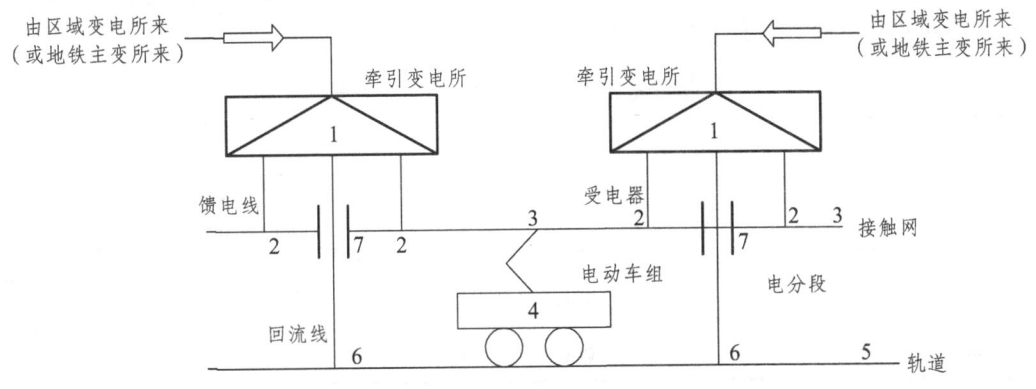

图 1-1-4 电力牵引供电系统组成示意图

电能从牵引变电所经馈电线、接触网输送给电动列车，再从电动列车经钢轨、回流线流回牵引变电所。牵引负荷为一级负荷，规定有两路独立的电源双边供电，当任何一路电源发生故障中断供电时，另一路应能保证一级负荷的全部用电。

（三）动力照明供电系统

城市轨道交通的动力照明供电系统如图 1-1-5 所示，由降压变电站、配电所（室）、配电线路组成。它负责向信号设备、照明、通风、排水、制冷设备馈送电能，其主要作用是降压、分配和传输电能。

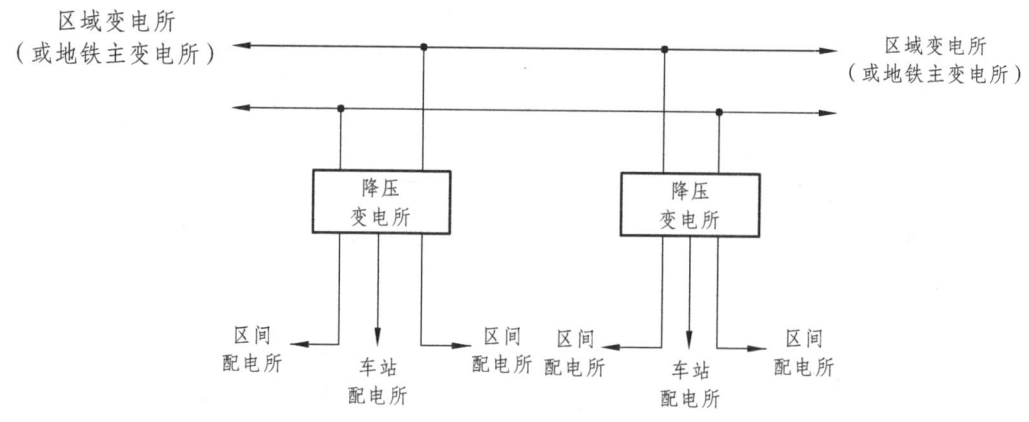

图 1-1-5　动力照明供电系统组成示意图

每个车站应设降压变电所，若地下车站负荷较大，一般设于站台两端，其中一端可以和牵引变电所合建成混合变电所；若地面车站负荷较小，可设一个降压变电所。

二、城市轨道交通电力牵引的制式

制式是指供电系统向电动车辆或电力机车供电所采用的电流和电压制式，如直流制或交流制、电压等级、交流制中的频率（工频或低频）以及交流制中是单相或三相等。

城市轨道交通采用直流供电，国际电工委员会拟定的电压标准为：直流电压 750 V 和 1 500 V、3 000 V 三种。如表 1-1-1 所示。

表 1-1-1　国际电工委员会拟定的直流系统电压标准

	电压（V）		
	标准	最低	最高
直流系统	750	500	900
	1 500	1 000	1 800
	3 000	2 000	3 600

我国国家标准采用 DC750 V 和 DC1 500 V 两种。北京城市轨道交通采用 750 V 直流供电电压，上海、广州、南京、深圳等城市轨道交通采用 1 500 V 直流供电电压。

三、城市电网对轨道交通的供电方式及负荷等级

城市轨道交通系统的外部电源方案，根据城市电网构成的不同特点，可采用集中式、分散式、混合式等不同形式。究竟采用何种方式，应通过计算确定需要负荷之后，根据城市轨道交通路网规划、城市电网构成特点、工程实际情况综合分析确定。

（一）集中式供电

在城市轨道交通沿线，根据用电容量和线路长短，建设专用的主变电所。主变电所进线电压一般为 110 kV，经降压后变成 35 kV 或 10 kV，供牵引变电所与降压变电所，如图 1-1-6 所示。主变电所应有两路独立的进线电源。集中式供电，有利于城市轨道交通供电形成独立体系，便于管理和运营，如上海、广州、南京、香港、德黑兰地铁等均采用该方式供电。

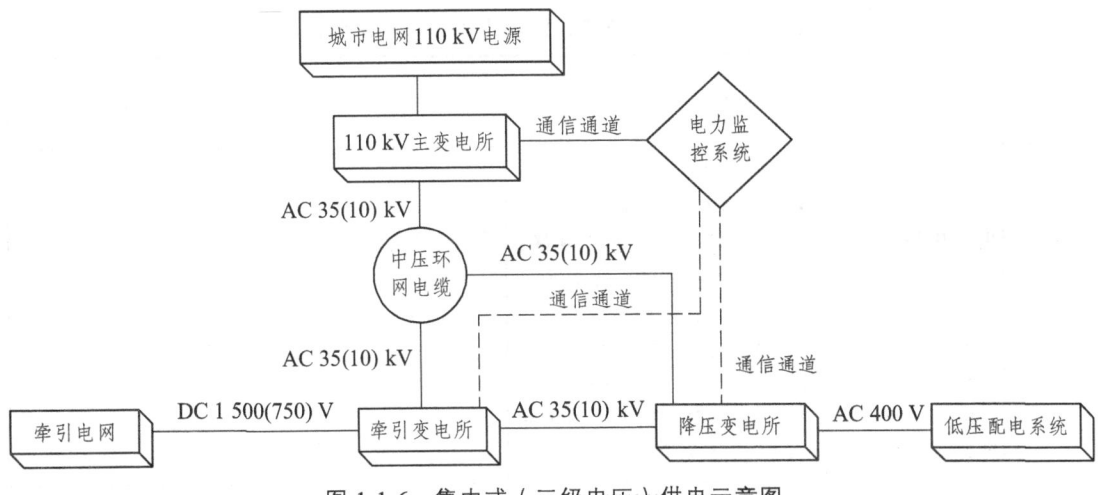

图 1-1-6　集中式（三级电压）供电示意图

（二）分散式供电

在地铁沿线直接由城市电网引入多路电源构成供电系统。一般为 10 kV 电压级，如图 1-1-7 所示。分散式供电要保证每座牵引变电所和降压变电所均获得双路电源，要求城市轨道交通沿线有足够的电源引入点及备用容量，如沈阳地铁、长春轻轨、大连轻轨、北京城铁、北京八通线、北京地铁 5 号线等均采用该方式供电。

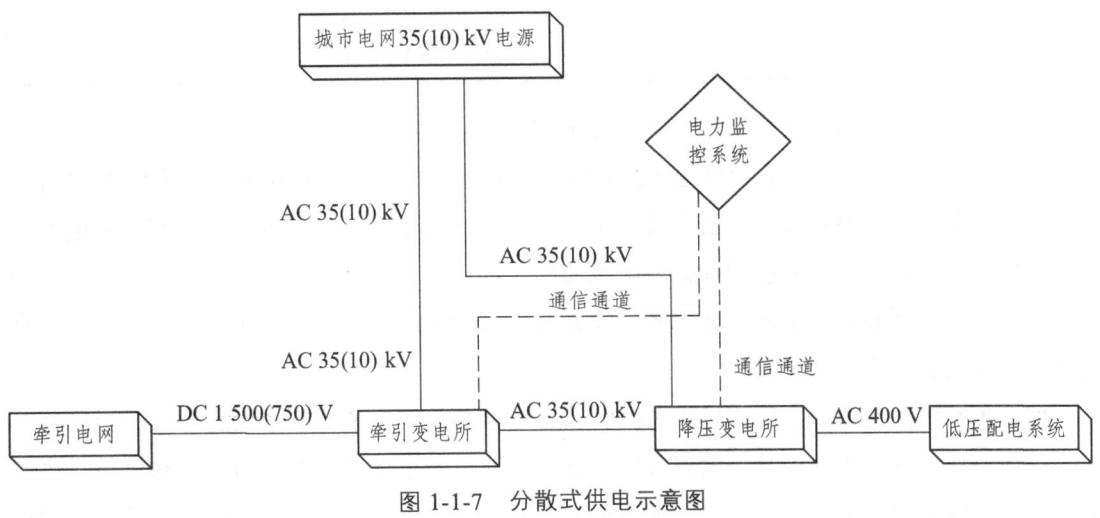

图 1-1-7　分散式供电示意图

（三）混合式供电

将前两种供电方式结合起来，一般以集中式供电为主，个别地段引入城市电网电源作为集中式供电的补充，使供电系统更加完善和可靠。北京地铁一线和环线、建设中的武汉轨道交通工程、青岛地铁南北线工程等采用混合式供电方案。

集中供电与分散供电优缺点对比分析，如表1-1-2所示。

表1-1-2 集中供电与分散供电优缺点对比分析

供电方式	优 点	缺 点
集中供电方式	1. 供电可靠性高，受外界因素影响较小； 2. 主变电所采用110 kV/35 kV有载自动调压变压器，并有专用供电回路，供电质量好； 3. 地铁供电可独立进行调度和运营管理；检修维护工作相对独立方便； 4. 可提高地铁供电的可靠性和灵活性； 5. 牵引整流负荷对城市电网的影响小； 6. 只涉及城市电网几个220 kV变电站的增容改造，工程量较小，相对易于实现	投资较大
分散供电方式	1. 投资较小； 2. 便于城市电网进行统一规划和管理	1. 因同时受110 kV和10 kV电网故障影响，故受外界因素影响较大； 2. 10 kV电网直接向一般用户供电，引起的故障概率大，可靠性较低； 3. 与城市电网的接口多，调度和运营管理环节增多，故障状态下的用电转换不方便； 4. 牵引整流机组产生的高次谐波直接进入10 kV电网对其他用户的影响较大； 5. 要求城市电网的变电所应具有足够的备用容量，以满足地铁牵引供电的要求；涉及较多110 kV变电站的增容改造，工程量较大

城市轨道交通供电系统的负荷等级共分为三级：

（1）地下铁道重要的电力用户如车站站厅和站台层的事故救援及照明、电动车辆、通信、信号、防灾装置为一级负荷；一级负荷规定有两路独立的电源双边供电，当任何一路电源发生故障中断供电时，另一路应能保证一级负荷的全部用电。

（2）车站站厅和站台层的一般照明、设备及管理用房照明、出入口照明、一般风机、直升电梯、自动扶梯为二级负荷。

（3）车站内广告照明、冷水机组及配套设备、电热设备、清洁机械设备等为三级负荷。

城市轨道交通的供电电源一般取自城市电网，通过城市电网一次电力系统和轨道交通供电系统实现输送或变换，最后以适当的电流形式（直流或交流电）和电压等级供给用电设备。

【巩固练习】

1．写出城市轨道交通供电系统组成和作用，并画出其原理图。
2．简述城市轨道交通供电系统的供电制式。

任务二　城市轨道交通运营电气设备

【学习目标】

1．掌握城市轨道交通运营电气设备的基本组成。
2．掌握城市轨道交通运营电气设备的作用。

【知识要点】

1．城市轨道交通运营电气设备的组成。
2．城市轨道交通运营电气设备的作用。

【理论知识】

一、通信系统

通信系统分有线通信系统和无线通信系统。有线通信包括车站的广播系统、闭路电视监控系统、乘客信息系统、信息查询系统、调度电话和轨旁电话等；无线通信系统主要包括车载电台、手持电台等，如图 1-2-1 所示。

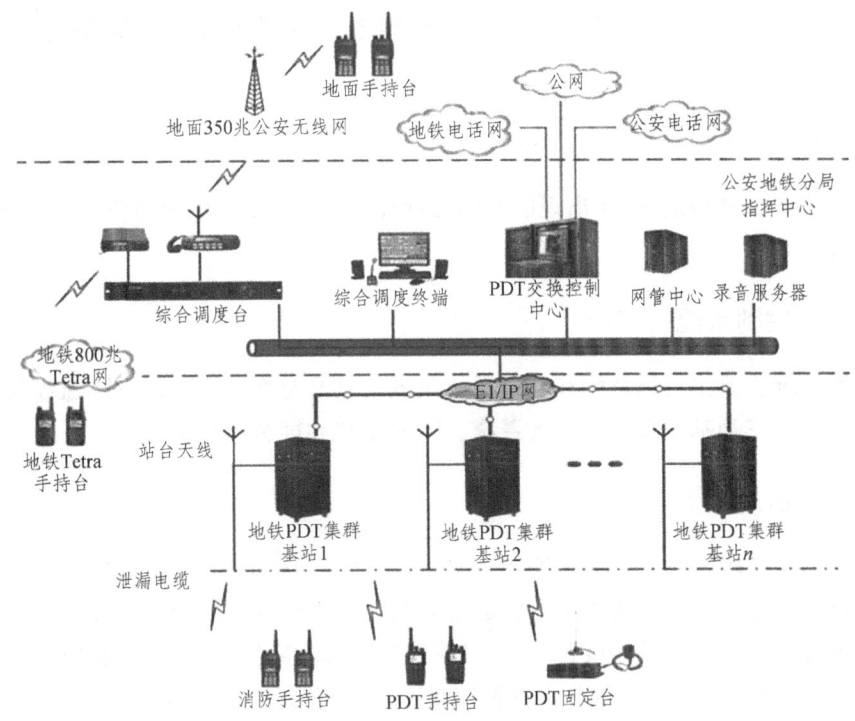

图 1-2-1　城市轨道交通通信系统组成示意图

（一）信号系统

信号系统主要由联锁装置和列车运行控制系统组成，如图1-2-2所示。

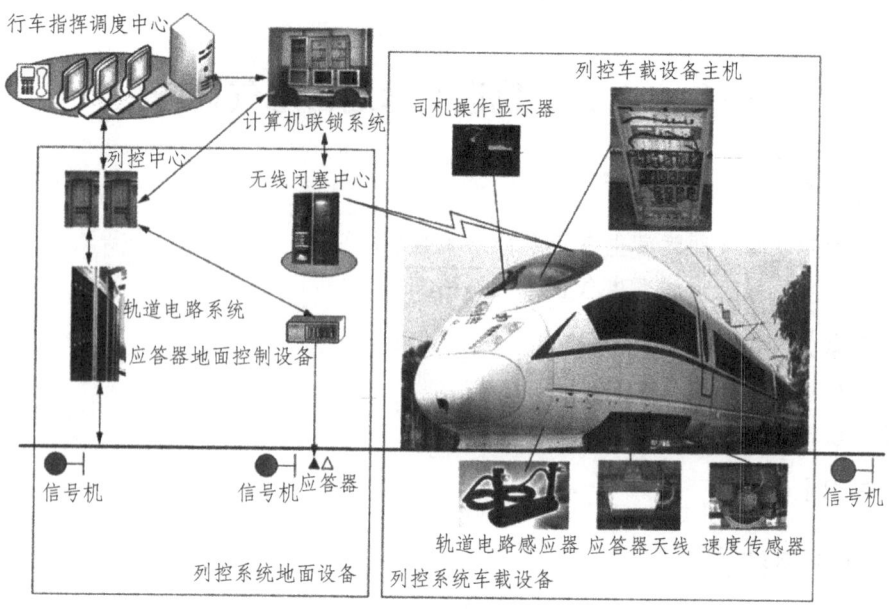

图1-2-2　城市轨道交通信号系统组成示意图

（二）防灾报警系统

目前，防灾报警系统主要是指火灾自动报警系统，由火灾报警控制器和火灾探测器以及火灾联动控制装置组成。

（三）自动售检票系统

自动售检票系统是最近30年出现的新的自动化电子技术，可以提高售票的效率，大幅减少工作人员数量及其工作量。

（四）环境控制系统

环境控制系统主要由通风系统和空调系统组成，其又与换气方式以及隧道和站台的分割关系有关，目前有三种基本系统：开式系统、闭式系统和屏蔽门系统。

（五）给排水及消防系统

给排水及消防系统实际上是完整地解决生活、生产、消防的用水和排水问题的一套系统。除了这些设备系统之外，为了便于了解轨道交通的运行状态并及时处理各种突发事件，通常要设置控制中心，既可以一条线设置一个，也可以多条线共设一个。与控制中心相类似的还有车辆段和综合列车检修基地，这是保证轨道交通正常运行的后勤基地，可以按线单独设置，也可以多线共建。

二、轨道电路

轨道电路是以铁路线路的两根钢轨作为导体,并用引接线连接信号电源和接收设备所构成的电气回路,用于监督铁路线路是否空闲,并自动、连续地将列车的运行和信号设备联系起来,以保证行车的安全。它是由钢轨、轨道绝缘、轨端接续线、引接线、送电设备及受电设备等主要元件所组成,是故障—安全系统。

由于轨道电路直接关系到行车安全和行车效率,因此要求:

(1)当轨道电路空闲且设备良好时,轨道继电器衔铁应可靠吸起。

(2)轨道电路在任何一点被列车占用时,轨道继电器应立即释放衔铁。

(3)当轨道电路不完整时(断轨、断线或绝缘破损等情况),轨道继电器应立即释放衔铁,关闭信号。

(4)对某些轨道电路,还应实现由轨道向列车传递信息的要求。

(一)轨道电路的基本原理

平时,列车未进入轨道电路,即线路空闲时,电流从轨道电路电源正极→钢轨→轨道继电器→另一股钢轨→电源负极,轨道继电器中有电,使继电器保持在吸起状态,接通信号机的绿灯电路,允许列车进入轨道电路。

当列车进入轨道电路区段内,即线路被占用时,电流同时流过机车车辆轮对和轨道继电器线圈,由于轮对电阻比轨道继电器线圈电阻小得多,使电源输出电流显著加大,限制电流(限流器)上的压降随之也增大,送向两根钢轨间的电压降低。因而流经轨道电路继电器线圈的电流减小到继电器的落下值,使轨道继电器释放衔铁,用继电器的后接点接通信号机的红灯电路,向后续列车发出停车信号,以保证列车在该轨道电路区段内运行的安全。轨道电路原理如图1-2-3所示。

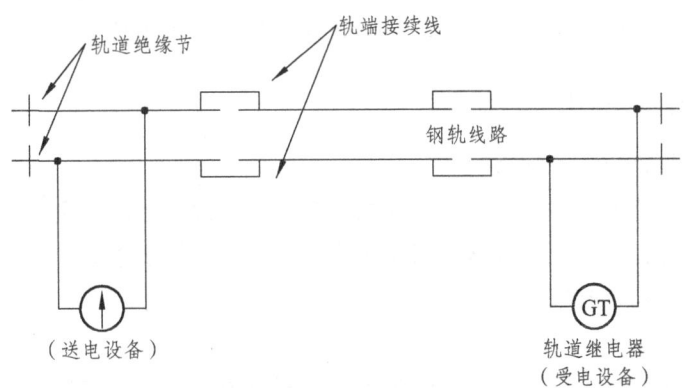

图 1-2-3 轨道电路原理

(二)轨道电路分类

轨道电路可以按照接线方式、供电方式进行分类。电气牵引区段轨道电路按照牵引电流通过的轨条、道岔区段轨道电路结构等进行分类,如图1-2-4所示。

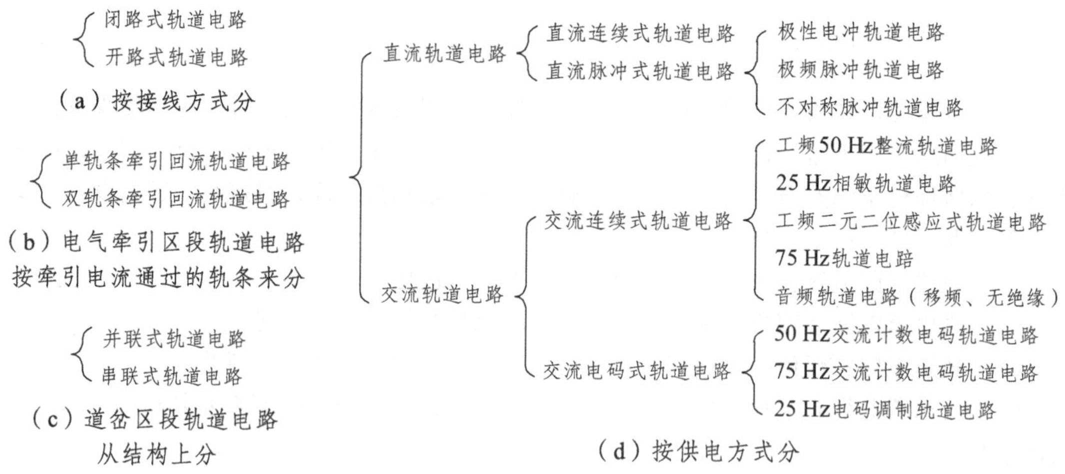

```
                ┌ 闭路式轨道电路                    ┌ 直流连续式轨道电路      ┌ 极性电冲轨道电路
                │                    直流轨道电路 ┤                        │ 极频脉冲轨道电路
                └ 开路式轨道电路                    └ 直流脉冲式轨道电路      └ 不对称脉冲轨道电路
         （a）按接线方式分
                                                                          ┌ 工频50 Hz整流轨道电路
                ┌ 单轨条牵引回流轨道电路                                    │ 25 Hz相敏轨道电路
                │                                  ┌ 交流连续式轨道电路   ┤ 工频二元二位感应式轨道电路
                └ 双轨条牵引回流轨道电路            │                      │ 75 Hz轨道电踣
         （b）电气牵引区段轨道电路    交流轨道电路 ┤                      └ 音频轨道电路（移频、无绝缘）
              按牵引电流通过的轨条来分             │                      ┌ 50 Hz交流计数电码轨道电路
                                                   └ 交流电码式轨道电路   ┤ 75 Hz交流计数电码轨道电路
                ┌ 并联式轨道电路                                          └ 25 Hz电码调制轨道电路
                │
                └ 串联式轨道电路
         （c）道岔区段轨道电路                       （d）按供电方式分
              从结构上分
```

图 1-2-4　轨道电路分类

（三）轨道电路重要参数

1. 道砟电阻

轨道电路在电能传输中，电流由一根钢轨经过枕木、道砟以及大地泄漏到另一根钢轨的泄漏电阻，通称为道砟电阻。

这些泄漏电流是沿着轨道线路均匀分布在各点上，电流的大小（即泄漏电阻大小）受道砟材料、厚度、清洁度，枕木材质、数量以及天气等因素影响很大。道砟电阻越小、两根钢轨间的泄漏电流越大，轨道电路工作越不稳定。因此，要提高轨道电路工作质量，应该尽可能地提高最小道砟电阻。

2. 钢轨阻抗

钢轨阻抗包括钢轨轨条本身阻抗和两节钢轨连接处的各种阻抗。

（四）轨道电路的作用

（1）检查和监督轨道是否被占用。

利用轨道电路监督列车在区间或列车和调车车列在站内的占用，是最常用的方法。轨道电路反映该段线路是否空闲，为进路或闭塞或建立以及解除提供依据，还可以把信号显示与轨道电路是否被占用结合起来。

（2）传递行车信息。

轨道电路中传送的行车信息，还为列车运行控制系统直接提供控制列车运行所需要的空闲闭塞分区的数目、运行前方信号机的状态和道岔限速等有关信息，以决定列车运行的目标速度，控制列车在当前运行速度下是否停车或减速。

（3）检查和监督轨道上的钢轨是否完好。

（4）传输不同的信息，使信号机根据所防护区段及前方邻近区段被占用情况的变化而变换显示。

三、城市轨道交通车辆与车辆电气

（一）A型车辆和B型车辆的主要参数

1. A型车辆

在《地铁车辆通用技术条件》(GB/T 7928—2003) 中规定A型车辆的长度为22 m，宽度为3.0 m，轴重≤16 t；额定载客量为325人/辆。

由于A型车辆载客量较大，因此一般采用DC1 500 V供电，受电形式采用受电弓受电。

2. B型车辆

在《地铁车辆通用技术条件》(GB/T 7928—2003) 中规定B型车辆的长度为19 m，宽度为2.8 m，轴重≤14 t；额定载客量为215人/辆。

B型车辆可以选择DC750 V，或DC1 500 V的供电电压，其受电方式可以在受电弓或受电靴中选择。由于车辆断面积的减小，其所需要的土建工程量相比A型车辆要小一些，车辆的采购成本相对减少。国内各城市地铁列车编组及主要技术参数如表1-2-1所示。

表1-2-1 国内各城市地铁列车编组及主要技术参数

技术参数		北京早期车辆	北京复—八线	上海1号线	上海2号线	广州1号线	深圳1号线
列车编组		2～6辆	6辆(3动3拖)	8辆(4动4拖)	6辆(4动2拖)	6辆(4动2拖)	6辆(4动2拖)
供电及受流方式		DC750 V（接触轨）	DC750 V（接触轨）	DC1 500 V（接触网）	DC1 500 V（接触网）	DC1 500 V（接触网）	DC1 500 V（接触网）
车辆轮廓尺寸 (mm)	长	19 520	19 520	24 140（拖车）22 800（动车）	24 140（拖车）22 800（动车）	24 390（拖车）22 800（动车）	24 390（拖车）22 800（动车）
	宽	2 650	2 800	3 000	3 000	3 000	3 100（最大宽度）
	高	3 509～3 600	3 510	3 800	3 800	3 800	3 800（不含排气口）
车辆定距 (mm)		12 600	12 600	1 860	1 860	1 860	约1 920
每列额定载客量（人）		360～1 080	1 440	1 860	1 860	1 860	约1 920
转向架 (mm)		有摇枕 轴距2 100	无摇枕 轴距2 200	无摇枕 轴距2 500	无摇枕 轴距2 500	无摇枕 轴距2 500	无摇枕 轴距2 500
空气压缩机		活塞式	2级压缩活塞式供风量 0.8 m³/min	W230/180-2 供风量 1 450 L/min	活塞式、2级、三缸供风量 0.92 m³/min	活塞式、2级、三缸供风量 0.92 m³/min	活塞式、2级、三缸供风量 0.92 m³/min
空调与通风		机械通风	机械通风	空调	空调	空调	空调
牵引电动机		直流电动机	直流电动机	鼠笼式异步电动机 180 kW	直流电动机 207 kW	鼠笼式异步电动机 190 kW	鼠笼式异步电动机 220 kW

续表 1-2-1

技术参数	北京早期车辆	北京复—八线	上海1号线	上海2号线	广州1号线	深圳1号线
最大运行速度（km/h）	80	80	80	80	90	80
平均加速度（m/s²）	0.9	0.83	0.9	0.9（0~36 km/h）	平均值1.0（0~35 km/h）	平均值0.6（0~80 km/h）
常用制动平均减速度		0.94	1.0	1.0	1.0	1.0
紧急制动平均减速度	1.2	1.2	1.3	≥1.2	1.2	1.2
减速箱转化比	5.9	7.69	5.95		6.3	6.68

（二）车辆电气牵引系统

车辆电气牵引系统包括车辆上的高速断路器、受流器、牵引电机及其控制电路。交流电气牵引系统采用异步电动机和直线电机两种。异步电动机控制方式采用微机控制的交流调频调压（Variable Voltage and Variable Frequency，VVVF）技术，主要由输入滤波器、三相逆变器、制动斩波线路和控制线路组成的牵引逆变器来控制异步电动机的电压及频率，实现牵引和电气制动。某型号地铁列车交流牵引系统设备分布图如图1-2-5所示。

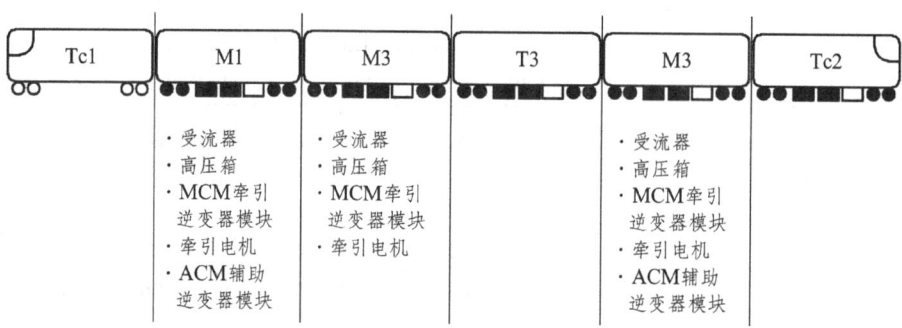

图 1-2-5 某型号地铁列车交流牵引系统设备分布图

【巩固练习】

1．轨道具有哪些作用？当其作为轨道电路时，又具有哪些作用？

2．城市轨道交通车辆牵引系统的发展经历了哪些阶段？目前车辆牵引系统中主要采用何种牵引控制方式？该方式具备哪些优点？

3．城市轨道交通供电系统可分为几种方式？它们有哪些优缺点？

4．城市轨道交通动力照明用电按供电负荷的性质及重要程度划分，可分为哪几级负荷？每级负荷主要对应哪些用电设备？

操作实训

【实训任务】

认识轨道交通电气系统。

【实训目标】

1．了解轨道交通电气设备组成；
2．理解轨道交通用电气化设备替代蒸汽设备的原因。

【实训意义】

1．能够理解和辨析城市轨道交通电气化的必要性；
2．学习城市轨道交通电工电子的重要性，并为学习未来课程打下良好基础。

【实训工具】

相应的设备实物或设备模型，教室多媒体。

【任务实施】

1．展示城市轨道交通沙盘，使学生全面认识电气化城市轨道交通。
2．认知城市轨道交通车辆牵引电气设备模型，使学生理解车辆牵引电气设备的组成。

项目二　基本电气元件

任务一　电阻元件、电位器

【学习目标】

1．掌握电阻的基本概念、分类与作用。
2．掌握电阻相关参数的检测。
3．了解电阻的连接判断。
4．认识各种类型电位器的外形特征。
5．学会读取电位器的标称值。

【知识要点】

1．电阻的基本性质。
2．电阻的分类与作用。
3．电阻的检测。
4．电位器的检测。

【理论知识】

电阻是电路中不可缺少的器件之一，其作用是阻碍电子的运动，即控制电流大小，以及缓冲、负载、分压、分流和保护。本项目将介绍电阻的识别、标称值的读取方法、检测及实际应用。

电阻分为固定阻值电阻和可变电阻（电位器）。电位器实际上就是可变电阻，在电路中用于调整阻值，例如电视机的亮度、对比度、收音机的音量调节等都是通过电位器来实现的。

一、电阻器

电阻器是电子产品中最常用的电子元件。它是耗能元件，在电路中分配电压、电流，用作负责电阻和阻抗匹配等。

电阻，通常缩写为 R，它是导体的一种基本性质，与导体的尺寸、材料、温度有关。欧姆定律中，$I=U/R$，那么 $R=U/I$，电阻的基本单位是欧姆，用希腊字母"Ω"表示，有这样的定义：导体上加一伏特电压时，产生一安培电流所对应的阻值为一欧姆。电阻的主要职能就是阻碍电流流过。事实上，"电阻"常常指的是一种性质，而通常在电子产品中所指的电阻，是指电阻器这样一种元件。

（一）符　号

电阻器在电路图中用字母 R 表示，图 2-1-1 所示为电阻器常用符号，图 2-1-2 所示为常用电阻的外形图。

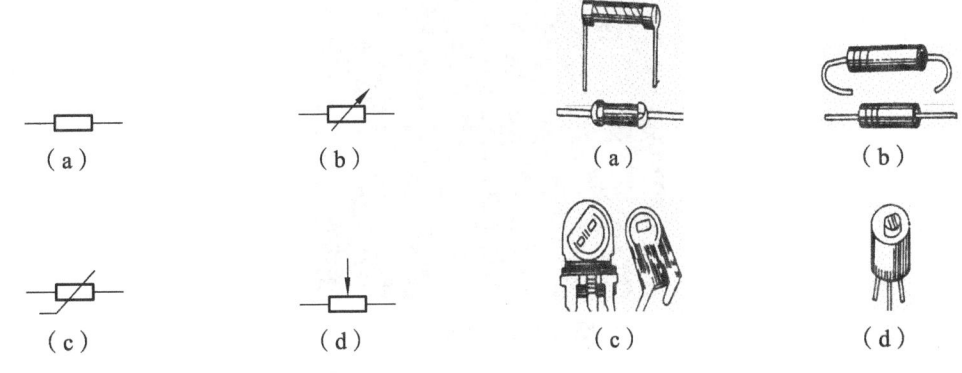

图 2-1-1　电阻器常用符号　　　　图 2-1-2　常用电阻的外形图

（二）种　类

1. 普通电阻（见图 2-1-3）

图 2-1-3　普通电阻在电路中的图形符号

1）碳膜电阻

四色环的碳膜电阻如图 2-1-4 所示。

图 2-1-4　四色环的碳膜电阻

2）金属膜电阻

碳膜与金属膜电阻上面通常带有色环，用于标识电阻的阻值和误差精度，目前有四色环和五色环两种标识方法，其阻值精度不同，五色环的精度比较高。五环金属膜电阻如图 2-1-5 所示。

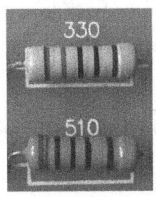

图 2-1-5　五环金属膜电阻

3）贴片电阻

图 2-1-6 所示为贴片电阻，其标称阻值直接标注在电阻的表面，如"102"代表 1 000 Ω = 1 kΩ 。

图 2-1-6　贴片电阻

4）线绕电阻和水泥电阻

图 2-1-7 所示为大功率玻璃釉线绕电阻，其标称阻值为 100 Ω，额定功率为 5 W。

水泥电阻是一种陶瓷绝缘功率型线绕电阻，按照其功率可以分为 2 W、3 W、5 W、7 W、8 W、10 W、15 W、20 W、30 W 和 40 W 等规格，如图 2-1-8 所示。水泥电阻具有功率大、阻值稳定、阻燃性强等特点，它在电路过流情况下会迅速熔断，起到保护电路的作用。

图 2-1-7　大功率玻璃釉线绕电阻　　　　　图 2-1-8　水泥电阻

2．特殊电阻

1）敏感型电阻

敏感型电阻是指那些电特性对外界温度、电压、机械力、亮度、湿度、磁通密度及气体浓度等物理量反应敏感的电阻元件。目前，常见的敏感电阻器有热敏、光敏、压敏、力敏、磁敏、湿敏和气敏电阻器。下面对最常用的光敏电阻器、热敏电阻器和压敏电阻器进行简单介绍。

（1）光敏电阻。

光敏电阻是利用半导体光材料制成的。它是由一块涂在绝缘板上的光导体薄膜和两个电极所构成。外加一电压后，载流子在电场的作用下沿一定方向运动，即在回路中形成电流，这就达到了光电转换的目的。

光敏电阻的顶部有一个受光面，可以感受外界光线的强弱，当光线较弱时，其阻值很大，光线变强后，阻值迅速减小，利用光敏电阻的这个特性可以制作各种光控电路或光控灯。光敏电阻的电路符号如图 2-1-9 所示，光敏电阻如图 2-1-10 所示。

图 2-1-9 光敏电阻的电路符号　　　　　　　图 2-1-10 光敏电阻

（2）热敏电阻。

热敏电阻器是利用半导体的电阻率受温度的影响很大的性质制成的温度敏感器件。在半导体中，载流子的数目只有原子数目的几千分之一到几万分之一，相邻自由电子间的距离是原子间距离的几十倍到几百倍。与气体分子运动相似，半导体中自由电子的运动是因热运动而产生的。和金属不同，半导体的电阻率不仅受温度影响明显，而且随温度的升高而减小。

热敏电阻器在电路中通常用字母"RT"表示。热敏电阻器按电阻-温度特性可分为负温度系数热敏电阻器（简称 NTC 热敏电阻）和正温度系数热敏电阻器（简称 PTC 热敏电阻）两大类。根据使用条件，又可分为直热式、旁热式和延迟用三种热敏电阻器。直热式热敏电阻器是利用电阻本身通过电流来取得热源而改变电阻值的。旁热式则尽量减少自身热所产生的电阻变化，而是用管形热敏电阻器中央或珠形热敏电阻器外部加热器的加热电流来改变电阻值的。延迟用热敏电阻器是利用电阻自加热来改变电阻值，进而电流随着时间而变的现象即瞬变现象制成的。按照工作温度范围的不同，又可分为常温热敏电阻器、低温热敏电阻器和高温热敏电阻器。

热敏电阻器的构造包括：用热敏材料制成的电阻体、引线及壳体。

热敏电阻常用于各种简单的温度控制电路中。图 2-1-11 所示是热敏电阻的电路符号；图 2-1-12 所示是热敏电阻的实物图。

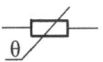
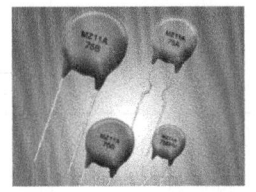

图 2-1-11 热敏电阻的电路符号　　　　　　　图 2-1-12 热敏电阻实物图

（3）压敏电阻。

压敏电阻通常用于各种保护电路中，当其两端电压较小时，其阻值接近无穷大，当其两端电压发生突变时，其阻值迅速减小，然后迅速分流，起到保护后续电路的作用。图 2-1-13 所示为压敏电阻的电路符号，图 2-1-14 所示为压敏电阻实物。

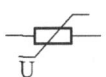
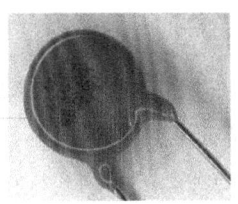

图 2-1-13 压敏电阻的电路符号　　　　　　　图 2-1-14 压敏电阻实物

2）排 阻

将多个相同阻值的电阻集成在一个元件中就成了"排阻",其一端连在一起,为公共端。排阻体积小,安装方便,适合多个电阻阻值相同,而且其中一个引脚都是连在电路的同一位置的场合。图 2-1-15 所示为排阻的电路符号,图 2-1-16 所示为排阻实物。

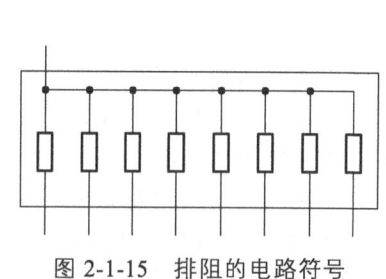

图 2-1-15 排阻的电路符号

图 2-1-16 排阻实物

（三）参　数

电阻器的主要参数有标称阻值、允许误差（精度等级）、额定功率、温度系数、噪声、最高工作电压、高频特性等。在选用电阻器时一般只考虑标称阻值、允许误差和额定功率这三项最主要的参数,其他参数在有特殊需要时才考虑。

1. 标称阻值

电阻器表面所标注的阻值叫标称阻值。不同精度等级的电阻器,其阻值系列不同。标称阻值是按国家规定的电阻器标称阻值选定的,标称阻值系列如表 2-1-1 所示,阻值单位为欧姆（Ω）。

表 2-1-1 电阻器标称阻值系列

标称阻值系列	允许误差	精度等级	电阻器标称值
E6	±20%	Ⅲ	1.0　1.5　2.2　3.3　4.7　6.8
E12	±10%	Ⅱ	1.0　1.2　1.5　1.8　2.2　2.7　3.3　3.9　4.7　5.6　6.8　8.2
E24	±5%	Ⅰ	1.0　1.1　1.2　1.3　1.5　1.6　1.8　2.0　2.2　2.4　2.7　3.0　3.3　3.6　3.9　4.3　4.7　5.1　5.6　6.2　6.8　7.5　8.2　9.1

注：表中数值再乘以 10^n,其中 n 为正整数或负整数。

2. 允许误差

电阻器的允许误差就是指电阻器的实际阻值对于标称阻值的允许最大范围,它标志着电阻器的阻值精度。普通电阻器的误差有 +5%、+10%、+20% 三个等级,允许误差越小,电阻器的精度越高。精密电阻器的允许误差可分为 +2%、+1%、+0.5%、…、+0.001% 等十几个等级。

3．额定功率

电阻器通电工作时，本身要发热，如果温度过高就会将电阻器烧毁。在规定的温度中允许电阻器承受的最大功率，即在此功率限度以下，电阻器可以长期稳定地工作、不会显著改变其性能、不会损坏的最大功率限度就称为额定功率。电阻器的额定功率系列如表 2-1-2 所示。

表 2-1-2　电阻额定功率系列

线绕电阻额定功率系列	非线绕电阻额定功率系列
0.05　0.125　0.25　0.5　1　2　4　8　12　16　25　40　50　75　100　150　250　500	0.05　0.125　0.25　0.5　1　2　5　10　25　50　100

（四）电阻器的质量判别

电阻器的电阻体或引线折断以及烧焦等，可以从外观上看出。内部损坏或阻值变化较大，可用万用表欧姆档测量核对。若电阻内部或引线有缺陷，以致接触不良时，用手轻轻地摇动引线，可以发现松动现象，用万用表测量时，指针指示不稳定。

（五）规格标注方法

由于受电阻器表面积的限制，通常只在电阻器外表面上标注电阻器的类别、标称阻值、精度等级和额定功率，对于额定功率小于 0.5 W 的小电阻器，一般只标注阻值和允许误差，材料类型和功率常从其外形尺寸和颜色来判断。电阻器的规格标注通常采用文字符号和色标法两种方法。

1．文字符号直标法

文字符号直标法又分为直标法、文字符号法和数码法。

1）直标法

直标法是在电阻器表面将电阻器的材料类型和主要参数的数值直接标出，如图 2-1-7 所示。

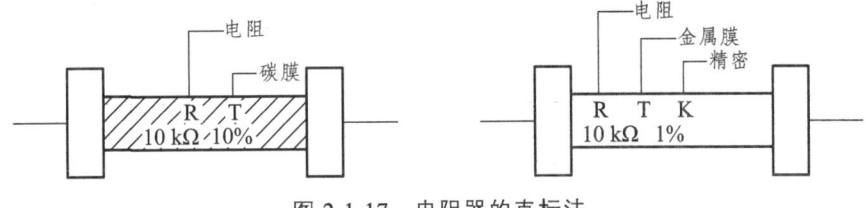

图 2-1-17　电阻器的直标法

图 2-1-18（a）表示标称阻值为 20 kΩ、允许偏差为 ±0.1%、额定功率为 2 W 的线绕电阻器；

图 2-1-18（b）表示标称阻值为 2 kΩ、额定功率为 4 W 的线绕电阻器；

图 2-1-18（c）表示标称阻值为 1.2 kΩ、允许偏差为 ±10%、额定功率为 0.5 W 的碳膜电阻器。

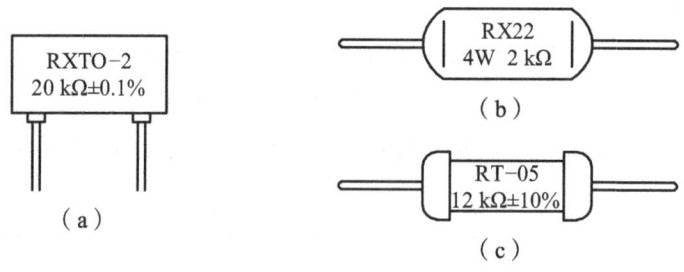

图 2-1-18 用直标法表示阻值的电阻器

（1）阻值。

电阻的单位为欧姆，用"Ω"表示，千欧用"kΩ"表示，兆欧用"MΩ"表示。

$$1 \text{ M}\Omega = 1\,000 \text{ k}\Omega；1 \text{ k}\Omega = 1\,000 \text{ }\Omega$$

（2）允许误差。

允许误差直接标注在管体上。

（3）额定功率。

通常额定功率 2 W 以下的电阻不标，通过外形尺寸即可判定。额定功率 2 W 以上的电阻均在电阻体上标出。

（4）材料类型。

2 W 以下的小功率电阻，对于普通碳膜和金属膜电阻，通过外表颜色可以判定，通常碳膜电阻涂绿色或棕色，金属膜电阻涂红色。2 W 以上的大功率电阻大部分在电阻体上以符号标出。

2）文字符号法

用阿拉伯数字和文字符号两者有规律的组合来表示电阻的标称值，如图 2-1-19 所示，其允许偏差用文字符号来表示，D 表示 ±0.5%，F 表示 ±1%，J 表示 ±5%，K 表示 ±10%，M 表示 ±20%。当电阻的阻值小于 10 Ω 时，以 ×R× 表示（×代表数字），将 R 看作小数点。图 2-1-20 所示为用文字符号法表示阻值的电阻器。

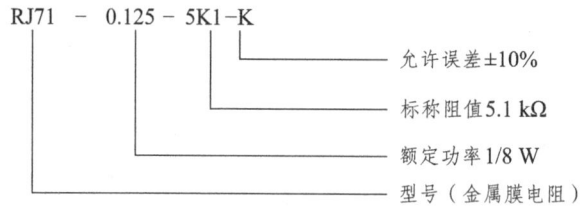

图 2-1-19 文字符号法

图 2-1-20 用文字符号法表示阻值的电阻器

3）数码法

数码法用三位阿拉伯数字表示，前两位表示阻值的有效数字，第三位表示有效数字后面零的个数，常见于贴片电阻或微调电位器上。当电阻的阻值小于10 Ω时，以×R×表示（×代表数字），将R看作小数点。如图2-1-21所示，该贴片电阻的阻值为22×10^3 Ω，即22 kΩ。

图2-1-21 用数码法表示阻值的电阻器

2. 色标法

色标法指的是用不同颜色的色带或色点标志在电阻器表面上，以表示电阻器的标称阻值和允许误差。色标法具有颜色醒目、标志清晰、无方向性的优点，小型化的电阻器都采用色标法。如表2-1-3所示为色标所代表的意义。

表2-1-3 色标所代表的意义

颜色	棕	红	橙	黄	绿	蓝	紫	灰	白	黑	金	银	无色
有效数字	1	2	3	4	5	6	7	8	9	10			
乘数	10	10^2	10^3	10^4	10^5	10^6	10^7	10^8	10^9	1	10^{-1}	10^{-2}	
允许误差	±1%										±5%	±10%	±20%

色环电阻器有四环、五环两种标法。

四色环电阻器：表示标称电阻值和精度。

五色环电阻器：表示标称电阻值（三位有效数字）及精度。

1）四色环

如图2-1-22（a）所示是用四色环表示标称阻值和允许偏差，其中，前三条色环表示此电阻的标称阻值，最后一条表示其偏差。

如图2-1-22（b）所示色环颜色依次为黄、紫、橙、金，则此电阻器标称阻值为47×10^3 = 47（kΩ），偏差±5%。

如图2-1-22（c）所示电阻器的色环颜色依次为蓝、灰、金、无色（即只有三条色环），则电阻器标称阻值为68×10^{-1} = 6.8（Ω），偏差±20%。

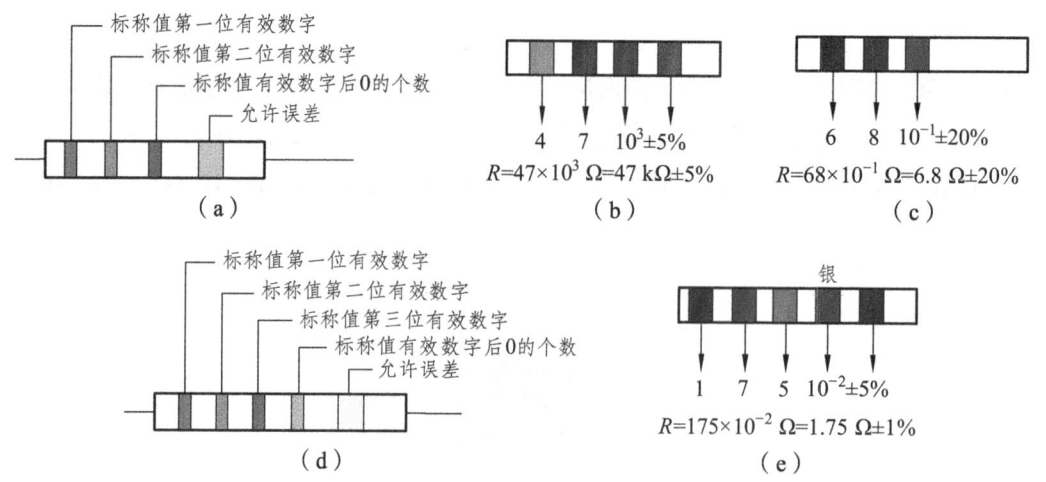

图 2-1-22 色环电阻表示法

2）五色环

如图 2-1-22（d）所示是五色环表示法，精密电阻器是用五条色环表示标称阻值和允许偏差，通常五色环电阻识别方法与四色环电阻一样，只是比四色环电阻器多一位有效数字。

如图 2-1-22（e）所示电阻器的色环颜色依次为棕、紫、绿、银、棕，其标称阻值为 $175 \times 10^{-2} = 1.75$（Ω），偏差为 ±1%。

（六）性能测量

电阻器的主要参数数值一般都标注在电阻器的外表上。电阻器的阻值，在保证测试精度的条件下，可用多种仪器进行测量，也可采用电流表电压表法或比较法。仪器的测量误差应比被测试电阻器允许偏差至少小两个等级。

当电阻的参数标志因某种原因脱落或欲知道其精确阻值时，就需要对电阻的阻值进行测量。对于常用的碳膜、金属膜电阻器以及线绕电阻器的阻值，可使用指针式万用表的欧姆档测量其阻值。欧姆档用"Ω"表示，分为 $R \times 1$、$R \times 10$、$R \times 100$、$R \times 1k$ 和 $R \times 10k$ 五档。

1. 测量普通电阻

使用指针式万用表的欧姆档可以测量电阻的阻值。欧姆档用"Ω"表示，分为 $R \times 1$、$R \times 10$、$R \times 100$、$R \times 1k$ 和 $R \times 10k$ 五档。具体测量步骤如下：

步骤一：选择档位。根据电阻的标称值，选择一个合适的档位，在不知电阻阻值的情况下，选择 $R \times 100$ 档或 $R \times 1k$ 档。

步骤二：欧姆调零。将两表笔短接调整欧姆档零位调整旋钮，使表针指向电阻刻度线右端的零位。若指针无法调到零点，说明表内电池电压不足，应更换电池。

步骤三：测量并读数。用两表笔分别接触被测电阻两引脚进行测量。正确读出指针所指电阻的数值，再乘以倍率（$R \times 100$ 档应乘 100，$R \times 1k$ 档应乘 1 000……），就是被测电阻的阻值。

步骤四：归位。测量结束后，应拔出表笔，将选择开关置于"OFF"档或交流电压最高档位，收好万用表。

测量电阻时应注意：

（1）为使测量较为准确，测量时应使指针指在刻度线中心位置附近。若指针偏角较小或很大，应换用临近的档位。

（2）每次换档后，应再次调整欧姆档零位调整旋钮，然后再测量。

（3）两只表笔不要长时间碰在一起。

（4）两只手不能同时接触两根表笔的金属杆或被测电阻的两个引脚，最好用右手同时持两根表笔。

（5）长时间不使用欧姆档，应将表中电池取出。

2. 测量热敏电阻

步骤一：测量常温下热敏电阻的阻值。将两表笔接触热敏电阻的两引脚测出其实际阻值，并与标称阻值相对比，二者相差在 ±2 Ω内即为正常。实际阻值若与标称阻值相差过大，则说明其性能不良或已损坏。

步骤二：判断热敏电阻的好坏和温度系数的正负。将一热源（例如加热过的电烙铁）靠近热敏电阻对其加热，同时用万用表监测其电阻值是否随温度升高，观察阻值如何变化，如果阻值变大，则该热敏电阻为正温度系数热敏电阻（PTC）；反之，则为负温度系数热敏电阻（NTC）。若阻值无变化，说明其性能变劣，不能继续使用。

测量时应注意：

（1）不要使热源与 PTC 热敏电阻靠得过近或直接接触热敏电阻，以防止将其烫坏。

（2）测试时，不要用手捏住热敏电阻体，以防止人体温度对测试产生影响。

3. 测量光敏电阻

步骤一：测量常光照射下光敏电阻的阻值。将两表笔接触光敏电阻的两引脚测出其实际阻值，并与标称阻值相对比，二者相差在 ±2 Ω内即为正常。实际阻值若与标称阻值相差过大，则说明其性能不良或已损坏。

步骤二：判断光敏电阻的好坏。将一光源（例如点亮的白炽灯）靠近光敏电阻对其光照，同时用万用表监测其电阻值是否随光照变化，观察阻值如何变化。正常情况下，光照加强，阻值变小；光照变弱，阻值变大。

测量时应注意：

测试过程中不要用手捏住光敏电阻体，以防止人体温度对测试产生影响。

二、电位器

（一）电位器的图形符号

电位器阻值单位与电阻相同，基本单位也是欧姆，用符号Ω表示。电位器在电路中用字母 R_P 表示，图 2-1-23 所示为电位器的电路符号。

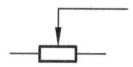

图 2-1-23　电位器的电路符号

（二）常用的电位器实物图

1. 碳膜电位器

图 2-1-24 所示为碳膜电位器。碳膜电位器常用在各种音响电路中，用于调节音量或音调。其价格便宜，缺点是使用时间过久后，碳粒容易脱落，阻值变得忽大忽小，影响电路正常工作。

图 2-1-24　碳膜电位器

2. 线绕电位器

线绕电位器是一种阻值呈线性变化的精密电位器，其外形如图 2-1-25 所示，常用于各种电机调速电路中。

图 2-1-25　线绕电位器

3. 带开关的碳膜电位器

图 2-1-26 所示为带开关的碳膜电位器，是音响电器的音量与电源开关两用元件，其中两侧的引脚为电源开关，中间三个引脚为电位器的三个引脚。

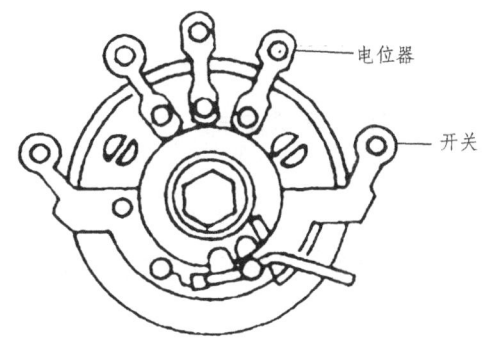

图 2-1-26　带开关的碳膜电位器

（三）电位器标称值

读取电位器标称值的方式如图 2-1-27 所示。

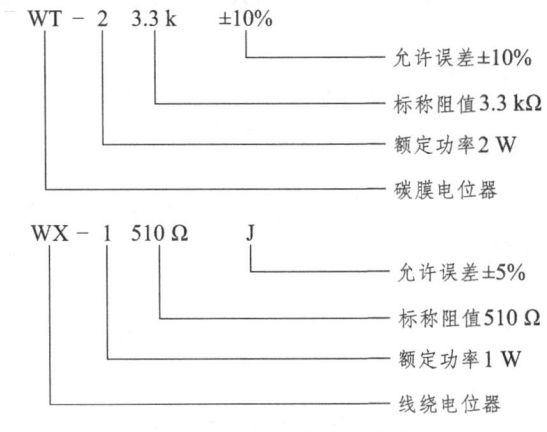

图 2-1-27　电位器标称值

（四）测量电位器

电位器动触点与电阻体接触是否良好的检测方法是：用万用表的欧姆档（根据标称阻值的大小选好量程），两表笔分别接电位器的一个固定引线脚与动触点引线脚，然后慢慢地旋转转轴，这时表针应平稳地向一个方向移动，阻值不应有跌落和跳跃现象，表明滑动触点与电阻体接触良好。检测时应注意表笔与引线脚不应有断开现象，否则将影响测量结果的准确性。

【巩固练习】

1．电阻包括哪些类型？
2．电阻值的标注方法有哪些？
3．如何对电位器进行微调？

操作实训

【实训任务】

电阻、电位器的识别与测量。

【实训目标】

1．了解电阻的分类；
2．理解电阻、电位器的标注方法与测试方法。

【实训意义】

1．能够理解和识别电阻；
2．学习电阻、电位器基本电子元器件的识别与检测，并为学习未来课程打下良好基础。

【实训工具】

电阻若干、电位器若干、MF47型万用表。

【任务实施】

一、电阻的识别

1．制作色环电阻板若干块，每块可放置不同的色环电阻20只，要求学生读出该色环电阻的阻值，并记录。

2．制作标志具体阻值的电阻板，每块放置不同阻值的电阻20只，要求学生注明该电阻的色环，并相互交换检验，反复练习识别速度和准确性。

二、用万用表测量电阻

选用无标识的电阻若干个，通过万用表测量。要求达到测量快速、准确、区分正确。

三、用万用表测量电位器

1．测量两固定端的阻值。
2．测中间滑动片与固定端的阻值，旋转电位器，观察其阻值变化情况。

四、填写结果

按四环电阻写出下列电阻值并将结果填入表2-1-4中。

表2-1-4

由色环写出具体阻值				由具体阻值写出色环			
色环	阻值	色环	阻值	阻值	色环	阻值	色环
棕黑黑		棕黑红		0.5 Ω		2.7 kΩ	
红黄黑		绿棕棕		1 Ω		3 kΩ	
橙橙黑		棕黑绿		36 Ω		5.6 kΩ	
黄紫橙		蓝灰橙		220 Ω		6.8 kΩ	
灰红红		红紫黄		470 Ω		8.2 kΩ	
白棕黄		紫绿棕		750 Ω		24 kΩ	
黄紫棕		橙黑橙		1 kΩ		39 kΩ	
橙黑棕		橙橙橙		1.2 kΩ		47 kΩ	
紫绿红		红红红		1.8 kΩ		100 kΩ	
白棕棕		棕灰红		2 kΩ		150 kΩ	
电位器测量	固定端阻值			型号和含义		质量好坏	

任务二　电容元件

【学习目标】
1．认识常用的电容器外形特征。
2．识读电容器上的标识和图形符号。
3．掌握电容相关参数的检测。
4．了解电容的连接判断。

【知识要点】
1．电容的基本性质。
2．电容的分类与作用。
3．电容的检测。

【理论知识】

电容是组成电路的基本电子元件之一，在各种电子产品和电力设备中被广泛应用。电容在电路中起着储存电荷的作用，它具有隔直流、通交流的特性，因此常用于电源滤波、交流耦合、去耦、旁路、振荡和定时等电路中。

电子制作中需要用到各种各样的电容器，它们在电路中分别起着不同的作用。与电阻器相似，通常简称其为电容，用字母 C 表示。顾名思义，电容器就是"储存电荷的容器"。尽管电容器品种繁多，但它们的基本结构和原理是相同的。两片相距很近的金属中间被某物质（固体、气体或液体）所隔开，就构成了电容器。两片金属叫作极板，中间的物质叫作介质。

电容器在电路中具有隔断直流、通过交流的特性，通常可完成滤波、旁路、级间耦合以及与电感线圈组成振荡回路等功能。

不同的电容器储存电荷的能力也不相同。规定把电容器外加 1 V 直流电压时所储存的电荷量称为该电容器的电容量。电容的基本单位为法拉（F）。但实际上，法拉是一个很不常用的单位，因为电容器的容量往往比 1 F 小得多，常用微法（μF）、纳法（nF）、皮法（pF）（皮法又称微微法）等，它们的关系是：

$$1 \text{ 法拉（F）} = 1\,000\,000 \text{ 微法（μF）}$$

$$1 \text{ 微法（μF）} = 1\,000 \text{ 纳法（nF）} = 1\,000\,000 \text{ 皮法（pF）}$$

一、符　号

电容器在电路图中用字母 C 表示，常用图形符号如表 2-2-1 所示。

表 2-2-1　常用电容器的图形符号

图形符号	—∣∣—	—∣∣⁺—	⧣	⧣	⧣⧣
名　称	电容器	电解电容器	可变电容器	微调电容器	同轴双可变电容

二、种　类

电容器的种类很多，分类方法也各不同。通常按介质材料不同分为纸介电容器、有机薄膜电容器、瓷介电容器、玻璃釉电容器、云母电容器、电解电容器等。按结构不同分为固定电容器、可变电容器、半可变电容器等。另外，还有多种片式电容器。如：片式独石电容器、片式有机薄膜电容器、片式云母电容器、片式钽电解电容器和片式铝电解电容器。其中以片式独石电容器产量最大，这种片式电容器是由多个单层陶瓷电容器片叠置并联而成。最多见的是电解电容和瓷片电容。

（一）电解电容

图 2-2-1 所示为电解电容的电路图形符号。图 2-2-2 所示为电解电容的各种实物照片。

图 2-2-1　电解电容的电路图形符号

（a）铝电解电容　　　　　（b）钽电解电容

（c）贴片铝电解电容　　　（d）贴片钽电解电容

图 2-2-2　电解电容

（二）瓷介电容

图 2-2-3 所示为无极性电容的电路图形符号，图 2-2-4～2-2-6 所示为无极性电容的各种实物图。

图 2-2-3　无极性电容的电路图形符号　　　图 2-2-4　瓷片电容

图 2-2-5 独石电容

图 2-2-6 贴片陶瓷电容

(三) 薄膜电容

薄膜电容有金膜电容和箔式电容，金膜电容根据介质的不同一般有聚丙烯电容和聚酯电容（即涤纶电容，见图 2-2-7）。

图 2-2-7 涤纶电容

(四) 微调电容

图 2-2-8 所示为微调电容的电路符号，图 2-2-9 所示为微调电容的实物图。

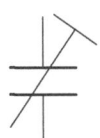

图 2-2-8 微调电容的电路符号　　　　图 2-2-9 微调电容的实物图

(五) 可变电容

图 2-2-10 所示为单联可变电容符号，图 2-2-11 所示为双联可变电容符号，图 2-2-12 所示为可变电容实物图。

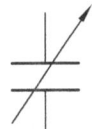　　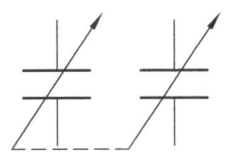　　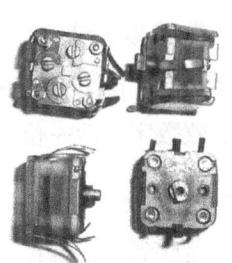

图 2-2-10 单联可变电容　　图 2-2-11 双联可变电容　　图 2-2-12 可变电容实物图

三、参　数

表示电容器性能的参数很多，这里介绍一些常用的参数。

（一）标称容量与允许误差

电容量是电容器的最基本的参数。标在电容器外壳上的电容量数值称为标称电容量，是标准化了的电容值，由标准系列规定。常用的标称系列和电阻器的相同。不同类别的电容器，其标称容量系列也不一样。当标称容量范围在 0.1～1 μF 时，标称系列采用 E6 系列。当标称容量范围在 1～100 μF 时，采用 1、2、4、6、8、10、15、20、30、50、60、80、100 系列。对于电解电容器采用 E6 系列。

标称容量与实际电容量有一定的允许误差，允许误差用百分数或误差等级表示。允许误差分为五级：±1%、±2%、±5%、±10%和±20%。有的电解电容器的容量误差范围较大，在 -20%～+100%。

（二）额定工作电压

电容器的额定工作电压是指电容器长期连续可靠工作时，极间电压不允许超过的规定电压值，否则电容器就会被击穿损坏。额定工作电压数值一般以直流电压在电容器上标出。

（三）绝缘电阻

电容器的绝缘电阻是指电容器两极间的电阻，或叫漏电电阻。电容器中的介质并不是绝对的绝缘体，多少有些漏电。除电解电容器外，一般电容器漏电电流是很小的。显然，电容器的漏电电流越大，绝缘电阻越小。当漏电电流较大时，电容器发热，发热严重时导致电容器损坏。使用中，应选择电阻大的为好。

四、规格标注方法

电容器的规格标注方法有直标法、数码表示法和色标法。

（一）直标法

它是将主要参数和技术指标直接标注在电容器表面上。电容量的单位用 F、mF、μF、nF、pF 表示。允许误差直接用百分数表示。

（二）数码表示法

不标单位，直接用数码表示容量。用三位数码表示容量大小，单位为 pF，前两位数字是电容量的有效数字，后一位是零的个数。

（三）色标法

色标法通常有三种颜色，沿着引线方向。前两种色标表示有效数字，第三色标表示有效数字后面零的个数，单位为 pF。

五、性能测量

电容器在使用之前要对其进行检查,检查电容器是否短路、断路、漏电、失效等。

(一)漏电测量

用万用表的 $R\times 1k$ 或 $R\times 10k$ 档测量电容器时除空气电容器外,指针一般回到某位置附近,指针稳定时的读数为电容器的绝缘电阻,阻值越大,表明漏电越小。如指针距零欧近,表明漏电太大不能使用。有的电容器漏电电阻到达位置后,向零欧方向摆动,表明漏电严重,也不能使用。

(二)短路和断路测量

用万用表的欧姆档根据被测量电容器的容量选择适当量程来测量电容是否断路。对于 $0.01\mu F$ 以下的小电容,指针偏转极小,不易看出,需用专门仪器测量。如果指针一点都不偏转,调换表笔以后仍不偏转,表明电容器已经断路。

如果指针偏转到零欧姆处不再返回,表明电容器已经击穿短路。对于可变电容器可将表笔分别接到动片和定片上,然后慢慢转动动片,如果出现电阻为零,说明有碰片现象,可用工具消除碰片,恢复正常。

(三)电容量的测量

1. 用指针式万用表测量电容

步骤一:选择万用表档位。

针对不同容量选用合适的量程。一般情况下,$1\sim 47\mu F$ 的电容,可用 $R\times 1k$ 档测量;大于 $47\mu F$ 的电容可用 $R\times 100$ 档测量。

步骤二:测量。

将万用表红表笔接负极,黑表笔接正极,在刚接触的瞬间,万用表指针即向右偏转较大偏度(对于同一电阻档,容量越大,摆幅越大),接着逐渐向左回转,直到停在某一位置。此时的阻值便是电解电容的正向漏电阻,此值略大于反向漏电阻。电解电容的漏电阻一般应在几百千欧以上;否则,将不能正常使用。在测试中,若正向、反向均无充电的现象,即表针不动,则说明电解电容的容量消失或内部断路;如果所测阻值很小或为零,说明电容漏电大或已击穿损坏,不能再使用。

步骤三:判别极性。

对于正、负极标志不明的电解电容器,可利用上述测量漏电阻的方法加以判别。即先任意测一下漏电阻,记住其大小,然后交换表笔再测出一个阻值。两次测量中阻值大的那一次便是正向接法,即黑表笔接的是正极,红表笔接的是负极。

步骤四:估测容量。

使用万用表电阻档,采用给电解电容进行正、反向充电的方法,根据指针向右摆动幅度的大小,可估测出电解电容的容量。

2. 用指针式万用表测量无极性电容

无极性电容的容量一般比较小，用指针式万用表进行测量，只能定性地检查其是否有漏电，内部短路或击穿现象。测量时，选用万用表 $R\times10\,\mathrm{k}$ 档，将两表笔分别任意接电容的两个引脚，阻值应为无穷大。若测出阻值（指针向右摆动）为零，则说明电容漏电损坏或内部击穿。若无极性电容的容量较大（$0.01\,\mu\mathrm{F}$ 以上），则指针会发生轻微的偏转，可用万用表的 $R\times10\,\mathrm{k}$ 档直接测试电容器有无充电过程以及有无内部短路或漏电，并可根据指针向右摆动的幅度大小估计出电容器的容量。

3. 用指针式万用表测量双联可变电容

首先，用手轻轻旋动转轴，应感觉十分平滑，不应感觉有时松时紧甚至有卡滞现象。将转轴向前、后、上、下、左、右等各个方向推动时，转轴不应有松动的现象。

然后，用一只手旋动转轴，另一只手轻轻摸动片组的外缘，不应感觉有任何松脱现象。转轴与动片之间接触不良的可变电容器，是不能再继续使用的。

最后，将万用表置于 $R\times10\,\mathrm{k}$ 档，一只手将两个表笔分别接可变电容器的动片和定片的引出端，另一只手将转轴缓缓旋动几个来回，万用表指针都应在无穷大位置不动。在旋动转轴的过程中，如果指针有时指向零，说明动片和定片之间存在短路点。

4. 用数字万用表检测电容器

某些数字万用表具有测量电容的功能，如图 2-2-13 所示，其量程分为 $2\,\mu$、$20\,\mu$ 和 $200\,\mu$ 三档。测量时可将已放电的电容两引脚直接插入表板上的电容测量插孔中，选取适当的量程后就可读取并显示数据。

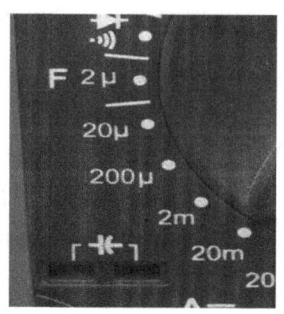

图 2-2-13 数字万用表测量电容功能

（四）判别电解电容器的极性

因电解电容量正反向不同接法时的绝缘电阻相差较大，所以可用万用表欧姆档测量电解电容器的漏电电阻，并记下该阻值，然后调换表笔再测一次，两次漏电阻中，大的那次，黑表笔接电解电容器的正极，红表笔接负极。

电容器的选用涉及很多问题。首先是耐压的问题。加在一个电容器的两端的电压超过了它的额定电压，电容器就会被击穿损坏。一般电解电容的耐压分档为 $6.3\,\mathrm{V}$、$10\,\mathrm{V}$、$16\,\mathrm{V}$、$25\,\mathrm{V}$、$50\,\mathrm{V}$ 等。

【巩固练习】

1．电容包括哪些类型？
2．电容有哪些作用？
3．怎样检测电容，怎样判别其极性？

操作实训

【实训任务】

电容的识别与测量。

【实训目标】

1．了解电容的分类；
2．理解电容的标注方法与测试方法。

【实训意义】

1．能够理解和识别电容；
2．学习电容基本电子元器件的识别与检测，并为学习未来课程打下良好基础。

【实训工具】

电容若干、MF47型万用表。

【任务实施】

电容的识别：准备电容若干，要求学生分别用四种方式测试出相应电容，读出各个电容的电容量，并记录。

活动一：用指针式万用表测量电容。
活动二：用指针式万用表测量无极性电容。
活动三：用指针式万用表测量双联可变电容。
活动四：用数字万用表检测电容器。

任务三　电感元件、变压器

【学习目标】

1．认识常用的电感器外形特征。
2．识读电感器上的标识和图形符号。
3．掌握电感相关参数的检测。
4．了解电感的连接判断。

【知识要点】

1. 电感的基本性质。
2. 电感的分类与作用。
3. 电感的检测。

【理论知识】

电阻和电容都是标准元件，而电感除了少数可采用的现成元件外，通常为非标准元件，需要根据电路要求自行设计、制作，或要求厂家定制。

变压器是将两组或两组以上的线圈绕在同一个线圈骨架上，或绕在同一铁芯上制成的。若线圈是空心的，就是"空心变压器"；若在绕制的线圈中插入铁氧体磁芯，则称为"铁氧体磁芯变压器"；如果在线圈中插入铁芯，则称为"铁芯变压器"。

电感器（简称电感）也是构成电路的基本元件，在电路中有阻碍交流电通过的特性。其基本特性是通低频、阻高频，在交流电路中具有扼流、降压、谐振等作用。

一、电感器

（一）电感器

电感器在电子制作中虽然使用得不是很多，但它们在电路中同样重要。我们认为电感器和电容器一样，也是一种储能元件，它能把电能转变为磁场能，并在磁场中储存能量。电感器用符号 L 表示，它的基本单位是亨利（H），常用毫亨（mH）为单位。它经常和电容器一起工作，构成 LC 滤波器、LC 振荡器等。另外，人们还利用电感的特性，制造了阻流圈、变压器、继电器等。

电感器的特性恰恰与电容的特性相反，它具有阻止交流电通过而让直流电通过的特性。

（二）电感器的分类

电感的种类很多，而且分类标准也不一样。通常按电感量变化情况分为固定电感器、可变电感器、微调电感器等；按电感器线圈内介质不同分为空心电感器、铁芯电感器、磁芯电感器、铜芯电感器等；按绕制特点分为单层电感器、多层电感器、蜂房电感器等。图 2-3-1 所示为电感的电路图形符号，图 2-3-2 所示为常用电感实物图。

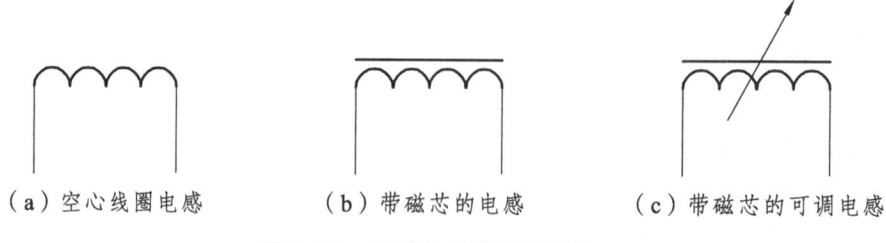

（a）空心线圈电感　　（b）带磁芯的电感　　（c）带磁芯的可调电感

图 2-3-1　电感的电路图形符号

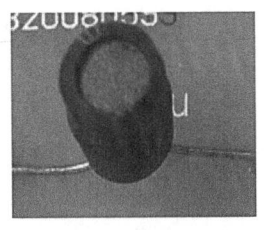
（a）立式电感

（b）贴片电感

（c）铁芯线圈电感

（d）带磁芯的可调电感

图 2-3-2　常用电感实物图

小小的收音机上就有不少电感线圈，几乎都是用漆包线绕成的空心线圈或在骨架磁芯、铁芯上绕制而成的。如有天线线圈（它是用漆包线在磁棒上绕制而成的）、中频变压器（俗称中周）、输入输出变压器等。

二、变压器

它是由铁芯和绕在绝缘骨架上的铜线圈构成的。绝缘铜线绕在塑料骨架上，每个骨架需绕制输入和输出两组线圈。线圈中间用绝缘纸隔离。绕好后将许多铁芯薄片插在塑料骨架的中间。这样就能够使线圈的电感量显著增大。变压器利用电磁感应原理从它的一个绕组向另几个绕组传输电能量。变压器在电路中具有重要的功能：耦合交流信号而阻隔直流信号，并可以改变输入输出的电压比，利用变压器使电路两端的阻抗得到良好匹配，以获得最大限度的传送信号功率。

电力变压器就是把高压电变成民用市电，而我们的许多电器都是使用低压直流电源工作的，需要用电源变压器把 220 V 交流市电变换成低压交流电，再通过二极管整流、电容器滤波，形成直流电供电器工作。

三、电感器的选用常识

（1）根据电路的要求选择不同的电感器。

首先应明确其使用的频率范围。铁芯线圈只能用于低频，铁氧体线圈、空心线圈可用于高频；其次要搞清线圈的电感量和适用的电压范围。

（2）在使用时，要注意通过电感器的工作电流应小于它的允许电流。否则，电感器将发热，使其性能变坏甚至烧坏。

(3）在安装时，要注意电感元件之间的相互位置，因电感线圈是磁感应元件，一般应使相互靠近的电感线圈的轴线互相垂直。

四、电感器与变压器的测试

（一）电感器的测试

（1）外观检查：观察线圈引线是否断裂、脱焊，绝缘材料是否烧焦，表面是否破损。

（2）使用万用表检查：通过指针式万用表测量线圈阻值来判断其好坏，即检测电感是否有短路、断路或绝缘不良等情况。一般电感线圈的直流阻值很小（零点几欧姆），由于低频扼流圈的电感量大，其线圈的圈数相对较多，因此直流电阻相对较大（几百至几千欧姆）。当测得的电阻为无穷大时，表明线圈内部或引出端已经断线；如果表针指示为零，则说明电感内部短路。

（3）绝缘检查：对低频阻流圈，应检查线圈和铁芯之间的绝缘电阻，即检查线圈引出线与铁芯或金属屏蔽罩之间的电阻，阻值应该为无穷大，否则说明该电感绝缘不良。

（4）检查磁芯可调电感：可调磁芯应不松动、未断裂，应能够使用无感改锥进行伸缩调整。

（5）电感量的测量：测量电感量需要使用万用电桥或电感测试仪。

（二）变压器的测试

主要测试变压器的直流电阻和绝缘电阻。

1. 直流电阻检查

由于变压器的直流电阻很小，所以一般用万用表的 $R \times 1$ 档来测绕组的电阻值，可判断绕组有无短路或断路现象。对于某些晶体管收音机中使用的输入、输出变压器，由于它们体积相同，外形相似，一旦标志脱落，直观上很难区分，此时可根据其线圈直流电阻值进行区分。一般情况下，输入变压器的直流电阻值较大，初级多为几百欧，次级多为 $100 \sim 200 \ \Omega$；输出变压器的初级多为几十至上百欧，次级多为零点几至几欧。

2. 绝缘电阻测量

变压器各绕组之间以及绕组和铁芯之间的绝缘电阻可用 500 V 或 1 000 V 兆欧表（摇表）进行测量。根据不同的变压器，选择不同的摇表。一般电源变压器和扼流圈应选用 1 000 V 摇表，其绝缘电阻应不小于 1 000 MΩ；晶体管输入变压器和输出变压器用 500 V 摇表，其绝缘电阻应不小于 100 MΩ。若无摇表，也可用万用表的 $R \times 10 \ \text{k}\Omega$ 档，测量时，表头指针应不动（相当电阻为∞）。

【巩固练习】

1．电感有哪些作用？

2．怎样检测电感，并判别其极性？

操作实训

【实训任务】

电感的识别与测量。

【实训目标】

1．了解电感的分类；

2．理解电感的标注方法与测试方法。

【实训意义】

1．能够理解和识别电感；

2．学习电感基本电子元器件的识别与检测，并为学习未来课程打下良好基础。

【实训工具】

电感若干、MF47型万用表。

【任务实施】

识别并检测元件盒中的电感，测量电感的阻值，并将读取的标称值和测量数据填入表2-3-1中。

表 2-3-1

序号	电感类型	电感好坏
1		
2		
3		
4		

任务四 半导体器件

【学习目标】

1．掌握半导体的基本概念。

2．掌握半导体的分类与作用。

3．了解二极管、三极管的判别与检测。

【知识要点】

1．二极管、三极管的结构和符号。

2．二极管、三极管的分类与作用。

3．二极管、三极管的判别。

【理论知识】

晶体二极管是用半导体材料制成的,因此称为"半导体二极管",因其化学结构为晶状体,所以又称为"晶体二极管",其核心是一个 PN 结,基本特性是单向导电性。晶体二极管广泛应用于各种电子设备中。

放大电路又称放大器,是指能把微弱的电信号转换为较强的电信号的电子线路。放大器的核心元件(即放大元件)是半导体三极管。

一、二极管

(一)结构和符号

在一个 PN 结的 P 区和 N 区各接出一条引线,然后再封装在管壳内,就制成了一只晶体二极管。二极管的结构如图 2-4-1(a)所示;在电路中的符号如图 2-4-1(b)所示,电路符号中,箭头指向为正向导通电流方向;如图 2-4-1(c)所示为二极管的外形图。

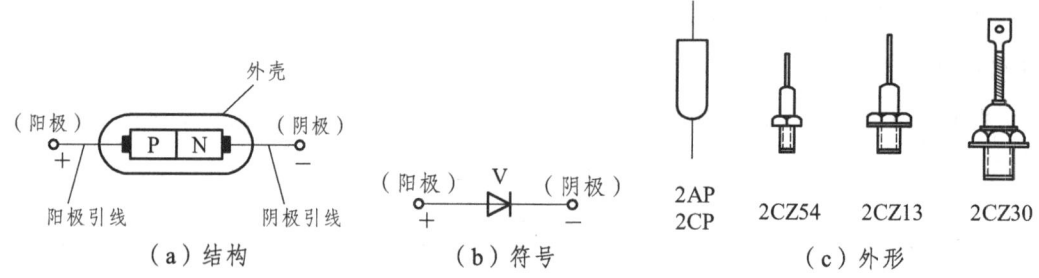

图 2-4-1 二极管的结构、符号及外形

(二)二极管的类型

1. 普通二极管

1)整流二极管

整流二极管主要用于整流电路,即把交流电变换成脉动的直流电。整流二极管为面接触型,其结电容较大,因此工作频率范围较窄(3 kHz 以内)。常用的型号有 2CZ 型、2DZ 型等,还有用于高压和高频整流电路的高压整流堆,如 2CGL 型、DH26 型 2CL51 型等。如图 2-4-2 所示为整流二极管 1N4007,有灰色带标记的引脚为二极管的负极,另外无标记的引脚为正极。

图 2-4-2 整流二极管 1N4007

2）检波二极管

其主要作用是把高频信号中的低频信号检出，为点接触型，其结电容小，一般为锗管。检波二极管常采用玻璃外壳封装，主要型号有 2AP 型和 1N4148（国外型号）等。

如图 2-4-3 所示为检波二极管 2AP9 实物图，带黑色条纹标志的一脚为二极管的负极，无标志的引脚为二极管的正极。

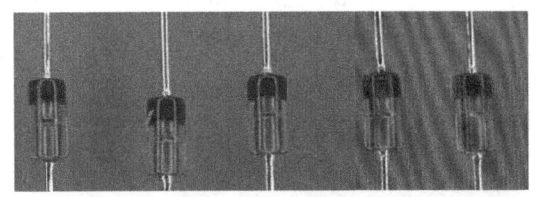

图 2-4-3　检波二极管 2AP9

3）开关二极管

如图 2-4-4 所示为开关二极管 1N4148，有黑色带标记的引脚为二极管的负极，另外无标记的引脚为正极。

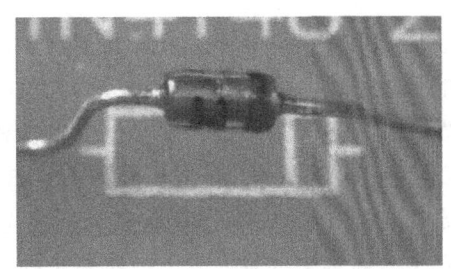

图 2-4-4　开关二极管 1N4148

2. 特殊二极管

1）稳压二极管

稳压二极管也叫稳压管，它是用特殊工艺制造的面结型硅半导体二极管，其特点是工作于反向击穿区，实现稳压功能；其被反向击穿后，当外加电压减小或消失，PN 结能自动恢复而不至于损坏。稳压管主要用于电路的稳压环节和直流电源电路中，常用的有 2CW 型和 2DW 型。

（1）单向稳压二极管。

图 2-4-5 所示为单向稳压二极管的电路符号，图 2-4-6 所示为单向稳压二极管的实物图。

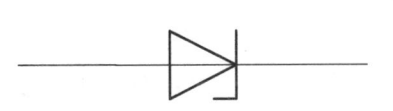　　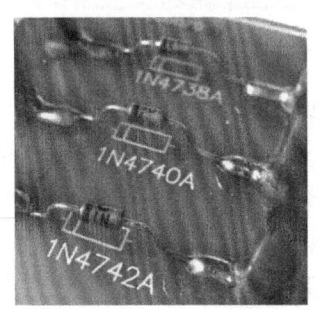

图 2-4-5　单向稳压二极管的电路符号　　图 2-4-6　单向稳压二极管的实物图

（2）双向稳压二极管。

如图 2-4-7 所示为双向稳压二极管的电路符号。如图 2-4-8 所示为双向稳压二极管，它由是两个稳压二极管对接而成，从外形上看不出其极性。

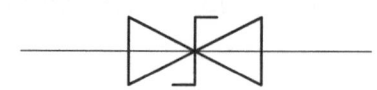

图 2-4-7　双向稳压二极管的电路符号

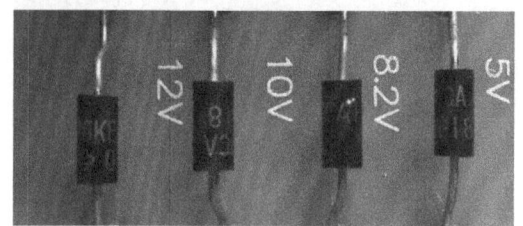

图 2-4-8　双向稳压二极管的实物图

2）发光二极管

发光二极管简写作 LED。它通常用砷化镓或磷化镓等材料制成，当有电流通过它时便会发出一定颜色的光。按发光的颜色不同，发光二极管可分为红色、黄色、绿色、蓝色、变色和红外发光二极管等。按照发光颜色数多少不同，其可分为单色和双色发光二极管两大类。一般情况下，通过 LED 的电流为 10～30 mA，正向压降为 1.5～3 V。LED 可用直流、交流、脉冲等电源驱动，但必须串接限流电阻 R。LED 能把电能转换成光能，广泛应用在音响设备、数控装置、微机系统的显示器上。新买来的发光管，管脚较长的一个是正极。

如图 2-4-9 所示，三个引脚的发光二极管为双色发光二极管，其中一脚为公共端，另外两个引脚加不同的电压可以显示不同的颜色。如图 2-4-10 所示为发光二极管的电路符号。

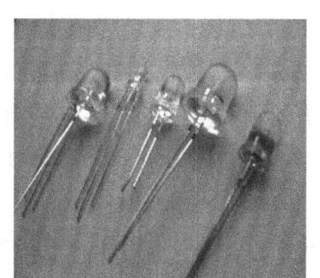

图 2-4-9　发光二极管实物图

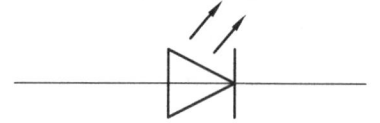

图 2-4-10　发光二极管电路符号

3）光电二极管

光电管又称光敏管。和稳压管一样，其 PN 结也工作在反偏状态。光敏二极管与发光二极管的封装类似，引脚为一长脚和一短脚，从外观上很难区分。如果是金属外壳的光敏二极管，如图 2-4-11 所示，则很容易辨别，在其顶部有一个透明的小凸透镜，用于会聚外界光线。其特点是：无光照射时其反向电流很小，反向电阻很大；当有光照射时，其反向电阻减小，反向电流增大。光电管常用在光电转换控制器或光的测量传感器中，其 PN 结面积较大，是专门为接收入射光而设计的。光电管在无光照射时的反向电流叫作暗电流,有光照射时的电流叫作光电流(或亮电流)。其典型产品有 2CU、2DU 系列。如图 2-4-12 所示是光敏二极管的电路符号。

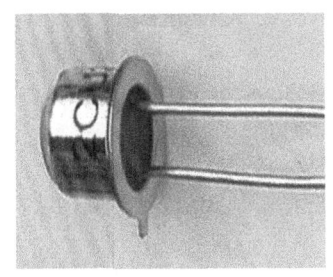
图 2-4-11 光敏二极管实物图

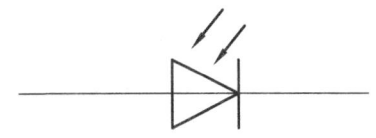
图 2-4-12 光敏二极管的电路符号

4)变容二极管

变容二极管是利用 PN 结加反向电压时,PN 结此时相当于一个结电容。反偏电压越大,PN 结的绝缘层加宽,其结电容越小。如 2CB14 型变容二极管,当反向电压在 3~25 V 变化时,其结电容在 20~30 pF 变化。它主要用在高频电路中作自动调谐、调频、调相等。

5)红外发射与接收二极管

(1)红外接收二极管。

常见的红外线接收二极管的颜色通常呈黑色,如图 2-4-13 所示。识别引脚时,面对受光视窗,从左至右,分别为正极和负极。另外,在红外线接收二极管的管体顶端有一个小斜切平面,通常带有此斜切平面一端的引脚为负极,另一端为正极。红外接收二极管的图形符号与光敏二极管相同。

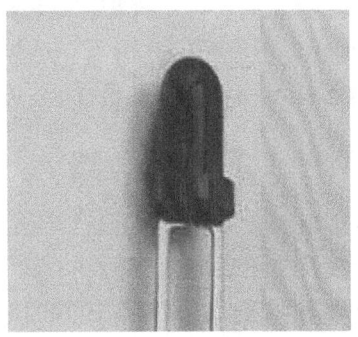
图 2-4-13 红外接收二极管

(2)红外发射二极管。

红外线发射二极管有两个引脚,通常长引脚为正极,短引脚为负极。因红外线发光二极管呈透明状,所以管壳内的电极清晰可见,内部电极较宽较大的一个为负极,而较窄且小的一个为正极。

将万用表置于 $R \times 1$ k 档,测量红外线发射二极管的正、反向电阻。通常,正向电阻应在 30 kΩ左右,反向电阻要在 500 kΩ以上,这样的管子才可正常使用。要求反向电阻越大越好。

如图 2-4-14 所示为红外线发射二极管，红外线发射二极管的图形符号与发光二极管相同。

图 2-4-14　红外线发射二极管

6）贴片二极管

（1）普通贴片二极管。

贴片二极管俯视，一边带彩色线的是负极，另一边是正极。

（2）贴片发光二极管。

如图 2-4-15 所示为贴片发光二极管正面和背面图，贴片二极管正面发光部分由透明材料制成，上有极性标志，正面有色点的为发光二极管的负极。

（a）正面

（b）反面

图 2-4-15　贴片发光二极管正反面

（三）二极管使用注意事项

二极管使用时，应注意以下事项：

（1）二极管应按照用途、参数及使用环境选择。

（2）使用二极管时，正、负极不可接反。通过二极管的电流，承受的反向电压及环境温度等都不应超过手册中所规定的极限值。

（3）更换二极管时，应用同类型或高一级的代替。

（4）二极管的引线弯曲处距离外壳端面应不小于 2 mm，以免造成引线折断或外壳破裂。

（四）二极管判别

1．极性的判别

（1）看外壳上的符号标记：通常在二极管的外壳上标有二极管的符号。如图 2-4-1（b）所示，标有三角形箭头的一端为正极，另一端为负极。

（2）看外壳上标记的色点：在点接触二极管的外壳上，通常标有色点（白色或红色）。除少数二极管（如2AP9、2AP10等）外，一般标记色点的这端为正极。

（3）将万用表拨在 $R\times 100$ 或 $R\times 1\,k$ 电阻档上（$R\times 1$ 档电流太大，可能烧毁管子，用 $R\times 10\,k$ 档电压太高，易使管子击穿）。

（4）用万用表红黑两支表笔分别接触二极管的两个电极测其阻值，记下此时的阻值。两支表笔调换，再测一次阻值。两次测量中，阻值小的那一次是二极管的正向电阻，黑表笔接触的是二极管的正极，红表笔接触的是二极管的负极。方法如图2-4-16所示。

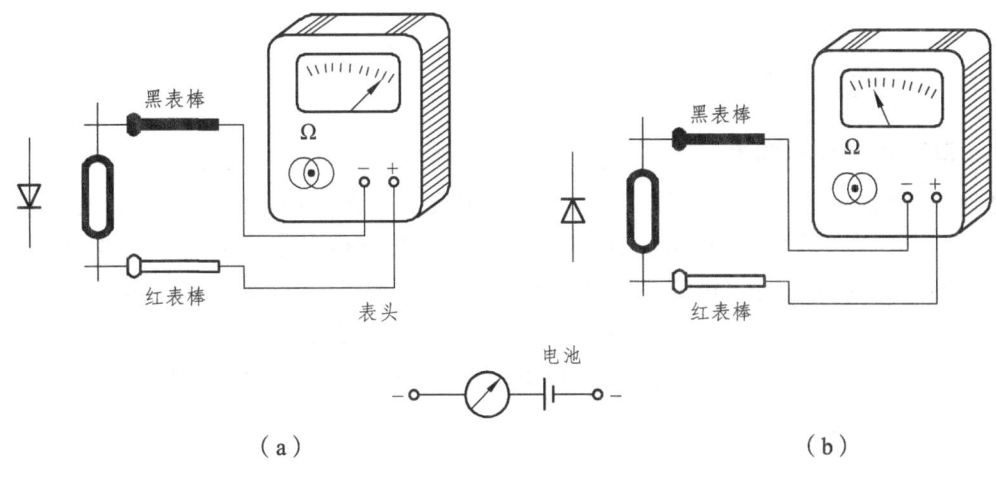

图 2-4-16 二极管极性的判别

2. 好坏的判别

二极管好坏的判别，通过测量二极管的正、反向电阻进行判别。用万用表 $R\times 100$ 或 $R\times 1\,k$ 档测量二极管的正反向电阻，正向电阻越小越好，反向电阻越大越好。但若正向电阻太大或反相电阻太小，表明二极管的检波与整流效率不高。若正向电阻无穷大（表针不动），说明二极管内部断路；若反相电阻接近零，表明二极管已击穿。内部断开或击穿的二极管均不能使用。

如图2-4-17所示，将万用表置于 $R\times 100$ 档，将表笔接二极管的任意两极，先读出一阻值，然后交换表笔再测一次，又测得一电阻值，其中阻值小的一次为正向电阻，阻值大的一次为反向电阻。

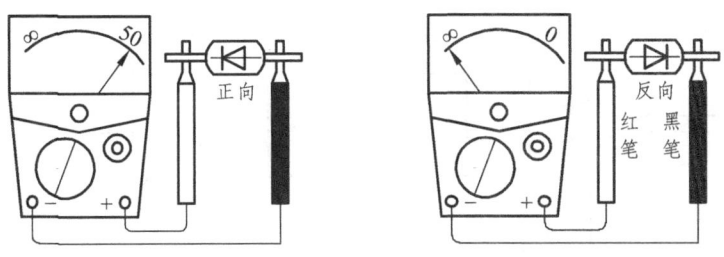

图 2-4-17 万用表判断二极管的好坏

注意：正常锗材料二极管其正向电阻应为几百欧至几千欧，反向电阻接近∞。不论何种材料的二极管，正、反向阻值相差越多表明二极管的性能越好，如果正、反向阻值相差不大，此二极管不宜选用。如果测得的正向电阻太大也表明二极管性能变差，若正向阻值为∞，表明二极管已经开路。若测得的反向电阻很小，甚至为零，说明二极管已击穿。

3. 材料的判别

测正向电阻时，若表针指示在中间偏右一点，是硅材料二极管；如表针偏右靠近满度，而又不到满度，是锗材料二极管。测反向电阻时，若表针不动，是硅材料二极管；若表针只动一点，是锗材料二极管。

（五）测量发光二极管

1. 指针式万用表测量

发光二极管的正向阻值比普通二极管正向电阻大，一般在 10 kΩ 的数量级，反向电阻在 500 kΩ 以上。并且发光二极管的正向压降比较大，如果用万用表 $R\times 1k$ 以下各档，因表内电池仅为 1.5 V，不能使发光二极管正向导通并发光。一般用 $R\times 10k$ 档（内部电池是 9 V）进行测试，这样可测出正向电阻，同时可看到发光二极管发出微弱的光。若测得正、反向电阻都很小，说明内部击穿短路。若测得正、反电阻都是无穷大，说明内部开路。

2. 数字万用表测量

数字万用表的"二极管"档能够提供 3 V、1 mA 电源，所以可直接测 LED 的正向导通压降，一般在 2 V 以下，此时管子会发微光。

将数字万用表置于"二极管"档，将两只表笔分别互换测量两次，正常的 LED 在测量时应有一次可发出微光，此时红表笔所接为 LED 的正极，黑表笔所接为 LED 的负极。

二、三极管

（一）三极管的结构和型号

晶体三极管是半导体基本元器件之一，具有电流放大作用，是电子电路的核心元件。如图 2-4-18 所示是扩音器示意图。

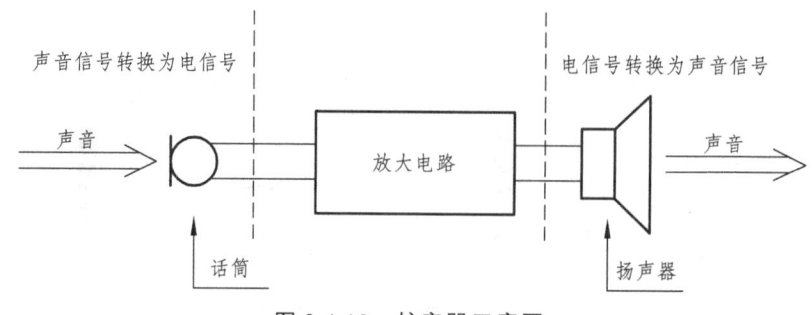

图 2-4-18　扩音器示意图

三极管是在一块半导体基片上制作两个相距很近的 PN 结，两个 PN 结把整块半导体分成三部分：中间部分是基区，两侧部分是发射区和集电区，排列方式有 PNP 和 NPN 两种，从三个区引出相应的电极，分别为基极 b、发射极 e 和集电极 c。如图 2-4-19 所示为三极管的构成。

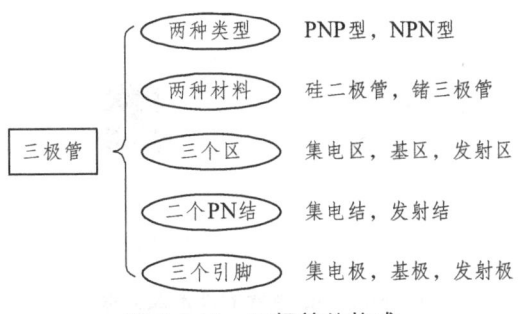

图 2-4-19　三极管的构成

发射区和基区之间的 PN 结叫发射结，集电区和基区之间的 PN 结叫集电结。基区很薄，而发射区较厚，杂质浓度大，PNP 型三极管发射区"发射"的是空穴，其移动方向与电流方向一致，故发射极箭头向里；NPN 型三极管发射区"发射"的是自由电子，其移动方向与电流方向相反，故发射极箭头向外。发射极箭头指向也是 PN 结在正向电压下的导通方向。硅晶体三极管和锗晶体三极管都有 PNP 型（见图 2-4-20）和 NPN 型（见图 2-4-21）两种类型。

如图 2-4-22 所示为三极管结构符号，三极管的外形及封装如图 2-4-23 所示。

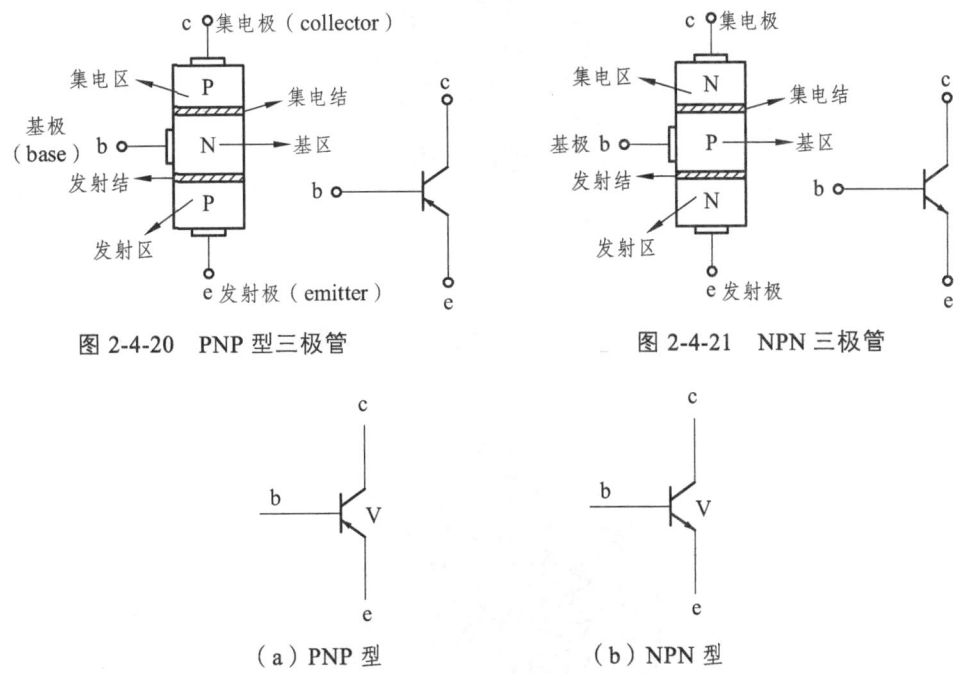

图 2-4-20　PNP 型三极管　　　　图 2-4-21　NPN 三极管

（a）PNP 型　　　　（b）NPN 型

图 2-4-22　三极管的符号

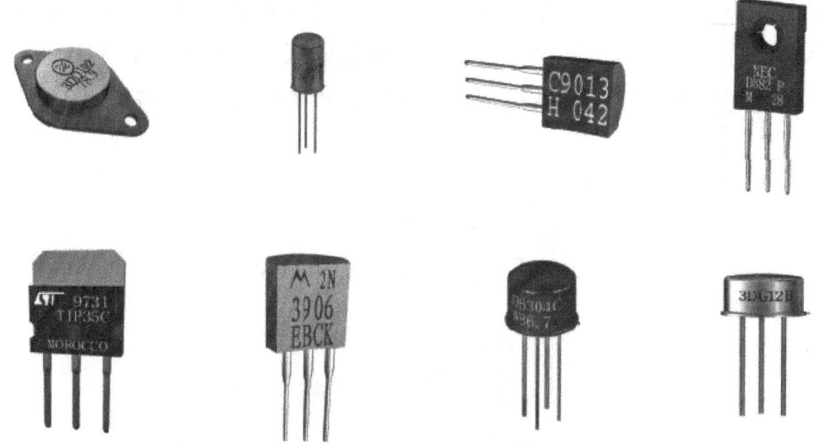

图 2-4-23　三极管的外形及封装

下面介绍几种常见的三极管类型。

1. 普通小功率三极管

如图 2-4-24 所示为 9013 三极管，其为普通小功率三极管，引脚顺序为 E、B、C（引脚向下，面向元件型号）。

图 2-4-24　9013 三极管

2. 中功率三极管

如图 2-4-25 所示为 NPN 型中功率三极管 TIP41，其引脚顺序为 B、C、E（引脚向下，面向元件型号）。

图 2-4-25　NPN 型中功率三极管 TIP41

3. 金属外壳三极管

如图 2-4-26 所示为开关三极管 2N2222A，该三极管为 NPN 型三极管，采用金属外壳封装，其引脚顺序如图 2-4-27 所示，引脚向下，从凸起位置依次为 E、B、C。

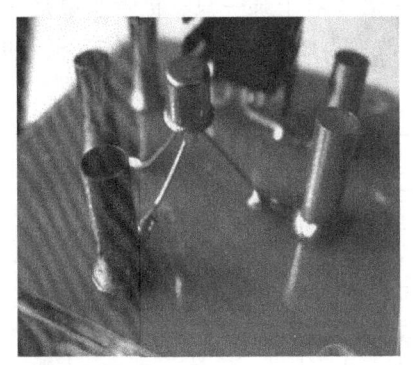

图 2-4-26 开关三极管 2N2222A

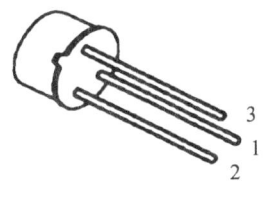

TO-39

图 2-4-27 开关三极管 2N2222A 引脚顺序

4. 大功率金属外壳三极管

如图 2-4-28 所示为大功率金属外壳三极管，其外壳通常为集电极（C），另外两个引脚分别为基极（B）和发射极（C）。

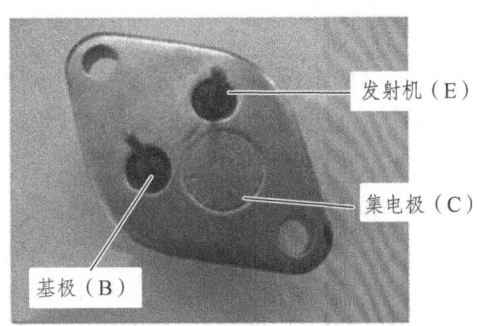

图 2-4-28 大功率金属外壳三极管

5. 贴片三极管

如图 2-4-29 所示为贴片三极管 8550。8550 为小功率 PNP 三极管，其贴片型号为 2TY，引脚顺序如图中所示。

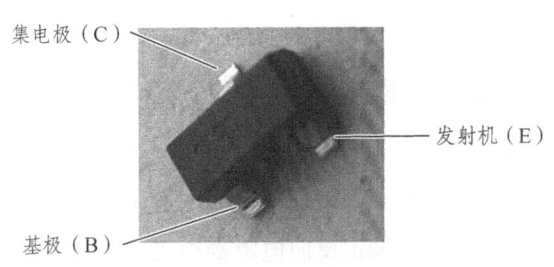

图 2-4-29 贴片三极管 8550

（二）晶体三极管的电流放大作用

晶体三极管具有电流放大作用，其实质是三极管能以基极电流微小的变化量来控制集电极电流较大的变化量。这是三极管最基本的、最重要的特性。我们将$\Delta I_c/\Delta I_b$的值称为晶体三极管的电流放大倍数，用符号"β"表示。电流放大倍数对于某一只三极管来说是一个定值，但随着三极管工作时基极电流的变化也会有一定的改变。如图 2-4-30 为晶体三极管的电流放大作用示意图。

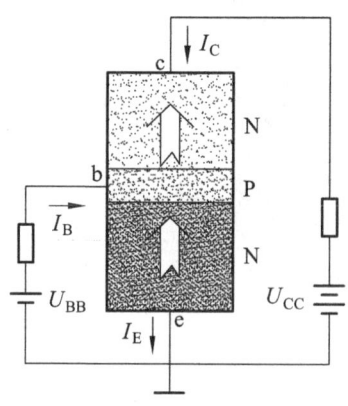

图 2-4-30　晶体三极管的电流放大作用示意图

（三）晶体三极管的三种工作状态

截止状态：当加在三极管发射结的电压小于 PN 结的导通电压，基极电流为零，集电极电流和发射极电流都为零，三极管这时失去了电流放大作用，集电极和发射极之间相当于开关的断开状态，我们称三极管处于截止状态。

放大状态：当加在三极管发射结的电压大于 PN 结的导通电压，并处于某一恰当的值时，三极管的发射结正向偏置，集电结反向偏置，这时基极电流对集电极电流起着控制作用，使三极管具有电流放大作用，其电流放大倍数$\beta = \Delta I_c/\Delta I_b$，这时三极管处于放大状态。

饱和状态：当加在三极管发射结的电压大于 PN 结的导通电压，并当基极电流增大到一定程度时，集电极电流不再随着基极电流的增大而增大，而是处于某一定值附近不怎么变化，这时三极管失去电流放大作用，集电极与发射极之间的电压很小，集电极和发射极之间相当于开关的导通状态。三极管的这种状态我们称之为饱和导通状态。

根据三极管工作时各个电极的电位高低，就能判别三极管的工作状态，因此，电子维修人员在维修过程中，经常要拿万用电表测量三极管各脚的电压，从而判别三极管的工作情况和工作状态。

（四）三极管的质量判别及代换方法

1. 三极管质量好坏的判别

根据 PN 结的单向导电性，我们可以检查三极管内各极间 PN 结的正反向电阻，如果相差较大，说明三极管基本是好的。如果正反向电阻都很大，说明三极管内部有断路或 PN 结性能不好；如果正反向电阻都很小，说明三极管极间短路或击穿。

2. 三极管的代换方法

通过上述方法的判断,如果发现电路中的三极管已损坏,更换时一般应遵循下列原则:

(1)更换时,尽量更换相同型号的三极管。

(2)无相同型号更换时,新换三极管的极限参数应等于或大于原三极管的极限参数,如参数 ICM、PCM、U(BR)CEO 等。

(3)性能好的三极管可代替性能差的三极管。如穿透电流 ICEO 小的三极管可代换 ICEO 大的,电流放大系数 β 高的可代替 β 低的。

(4)在集电极耗散功率允许的情况下,可用高频管代替低频管,如 3DG 型可代替 3DX 型。

(5)开关三极管可代替普通三极管,如 3DK 型代替 3DG 型,3AK 型代替 3AG 型管。

3. 三极管三个极与管型的判别

常用三极管的封装形式有金属封装和塑料封装两大类,引脚的排列方式具有一定的规律,底视图位置放置,使三个引脚构成等腰三角形的顶点,从左向右依次为 e、b、c;对于中小功率塑料三极管按图使其平面朝向自己,三个引脚朝下放置,则从左到右依次为 e、b、c。目前,国内各种类型的晶体三极管有许多种,管脚的排列不尽相同,在使用中不确定管脚排列的三极管,必须进行测量确定各管脚正确的位置,或查找晶体管使用手册,明确三极管的特性及相应的技术参数和资料。判别方法如下:

1)判别方法一

(1)将万用表置于欧姆 $R \times 100$ 档,如图 2-4-31 所示将三支引脚两两相测,找到阻值小的两次(一般为 10~30 Ω,因万用表而异),其中公共的引脚为基极 b。

若是黑表笔接的基极,则该管为 NPN 型管;

若是红表笔接的基极,则该管为 PNP 型管。

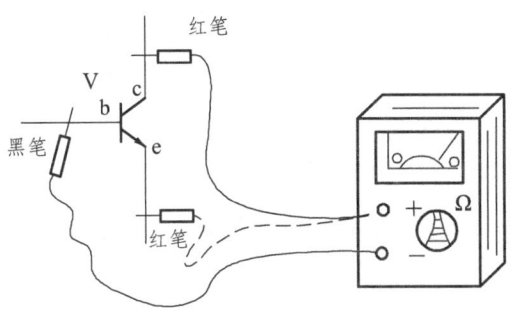

图 2-4-31 三极管基极的判别

(2)当 b 极和管型确定以后,也可以用下面的方法判别 c、e 两极:将万用表拨到 $R \times 1$k 档,若为 NPN 型三极管,假定剩下的两个极中一个为集电极,用左手大拇指和食指将基极和这个假定的集电极捏住,但注意两个极不要接触到一起,然后右手用黑表笔接触假定的集电极,红表笔接触假定的发射极,测阻值,记下阻值大小,然后假定刚才的发射极为集电极,同样的方法再次测量电阻值,阻值小的那次假定的集电极就是真正的集电极。集电极找到了,剩下的那个极就是发射极。

2）判别方法二

将万用表置于 HFE 档，将三极管按假定的 E、C 插入万用表的"三极管测量插座"中，其中基极和三极管的极性（NPN 或 PNP）必须正确，观察并记录显示的被测管 HFE 值；交换假定的 C、E 之后再测一次。两次测量中指针偏转较大的一次为正确插入，由此可以判断出被测管的 E 和 C。

注意：指针式万用表黑表笔连接内部电池的正极，红表笔连接内部电池的负极，使用时应该注意。

如图 2-4-32 所示为常用三极管型号的外形及封装形式，有助于对其理解记忆。

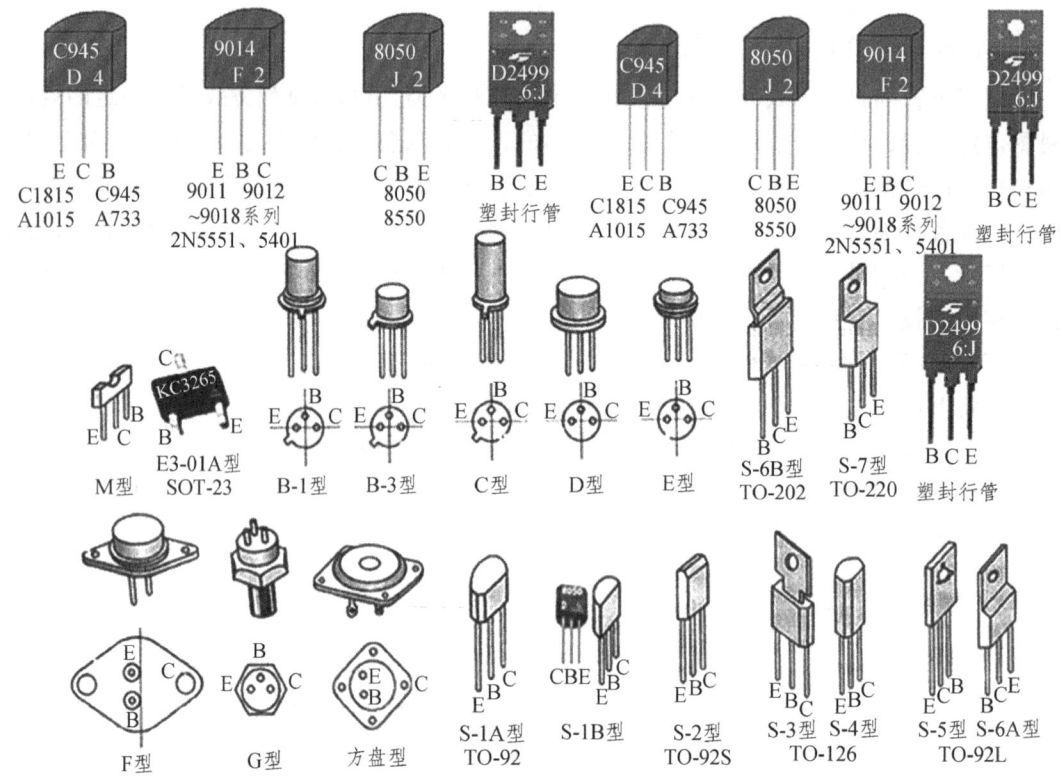

图 2-4-32　常用三极管型号的外形及封装形式

【巩固练习】

1．二极管、三极管的结构与符号分别是什么？

2．二极管、三极管的分类是什么？各自的作用是什么？

3．如何测试二极管、三极管的性能？

4．请标出图 2-4-33 所示的二极管的引脚极性。

图 2-4-33　二极管的引脚极性

操作实训

【实训任务】

二极管、三极管的判别。

【实训目标】

1．了解二极管、三极管的结构与分类；

2．理解二极管、三极管的作用及检测方法。

【实训意义】

1．能够理解二极管、三极管的分类和作用；

2．学习二极管、三极管的测量与性能测试。

【实训工具】

二极管若干、三极管若干、万用表。

【任务实施】

一、二极管判别

（一）极性的判别

按照判别方法进行正确检测，测量结果填入表 2-4-1 中。

（二）好坏的判别

按照判别方法进行正确检测，测量结果填入表 2-4-1 中。

（三）材料的判别

按照判别方法进行正确检测，测量结果填入表 2-4-1 中。

表 2-4-1

序号	型号	正向电阻		反向电阻		质量	材料
		阻值（Ω）	正极所用表笔	阻值（Ω）	正极所用表笔		
1							
2							
3							
4							

二、三极管的判别

（一）基极的判别

按照判别方法进行正确检测，测量结果填入表 2-4-2 中。

（二）管型的判别

按照判别方法进行正确检测，测量结果填入表 2-4-2 中。

（三）集电极的判别

按照判别方法进行正确检测，测量结果填入表 2-4-2 中。

表 2-4-2

序号	型号	基极判别		管型	集电极判别		材料
1		黑笔接基极电阻值			第一次假设电阻值	是否正确	
		红笔接基极电阻值			第二次假设电阻值	是否正确	
2		黑笔接基极电阻值			第一次假设电阻值	是否正确	
		红笔接基极电阻值			第二次假设电阻值	是否正确	
3		黑笔接基极电阻值			第一次假设电阻值	是否正确	
		红笔接基极电阻值			第二次假设电阻值	是否正确	

【任务考核】

考核标准见表2-4-3。

表 2-4-3

考核内容及要求	配分	评分标准	扣分	备注
一、元件分类	50分	1. 各种电子元件分错类别，每件扣5分 2. 不能正确说出元件名称，每件扣5分		
二、元件判别	50分	1. 色环电阻读值，每错一次扣5分 2. 万用表测电阻没有校准零位扣5分 3. 万用表选错档位扣5分 4. 测量电阻不会读数扣5分 5. 不会识别二极管的极性扣5分 6. 不会识别二极管的好坏扣5分 7. 三极管基极的判别错误扣10分 8. 三极管管型的判别错误扣10分 9. 三极管集电极的判别错误扣10分		
三、操作过程要求	若需扣分应从总分中扣除	1. 违反操作规程或安全法规，每次扣5~40分 2. 发生安全操作事故（设备短路、触电、将他人烫伤、创伤）、损坏公物扣5~40分 3. 发生重大事故者本次考核为0分		
四、安全文明生产 （一）安全生产 （二）文明生产		1. 违反文明生产规定，每次扣5分 2. 不严格执行安全、文明规定者酌情扣分		

任务五　常用电力电子器件

【学习目标】
1. 了解城轨交通车辆使用的主要电力电子器件类型。
2. 掌握常用电力电子器件的工作原理及应用场合。
3. 熟悉城轨车辆整流、斩波和逆变电路的工作原理。

【知识要点】
1. 了解晶闸管的结构、符号与类型。
2. 掌握晶闸管的工作原理和主要参数。
3. 掌握大功率晶体管 GTR 的结构和工作原理。
4. 熟悉常见全控型电力电子器件的结构、符号及其工作原理。
5. 掌握驱动与保护电路的分类与实现方法。

【理论知识】

一、常用电力电子器件类型、原理与应用

（一）门极关断晶闸管（GTO）

1. GTO 的结构及工作原理

门极关断晶闸管（Gate Turn-Off thyristor，GTO）是一种具有自断能力的晶闸管。处于断态时，如果有阳极正向电压，在其门极加上正向触发脉冲电流后，GTO 可由断态转入通态，已处于通态时，门极加上足够大的反向脉冲电流，GTO 由通态转入断态。由于不需用外部电路强迫阳极电流为 0 而使之关断，仅由门极加脉冲电流去关断它，所以在直流电源供电的 DC-DC，DC-AC 变换电路中应用时不必设置强迫关断电路。这就简化了电力变换主电路，提高了工作的可靠性，减少了关断损耗，与 SCR 相比还可以提高电力电子变换的最高工作频率。因此，GTO 是一种比较理想的大功率开关器件。如图 2-5-1 所示为门极关断晶闸管（GTO）外形及原理图。

（a）GTO 外形

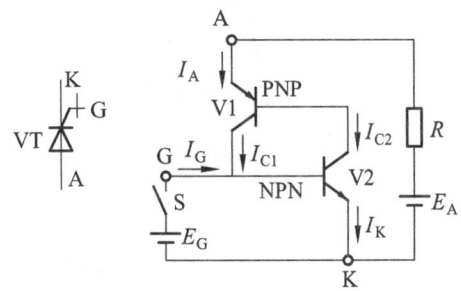
（b）GTO 图形符号与工作原理图

图 2-5-1　门极关断晶闸管（GTO）外形及原理图

2. GTO 的驱动电路

由于 GTO 是电流驱动型，所以它的开关频率不高。GTO 驱动电路通常包括开通驱动电路、关断驱动电路和门极反偏电路三部分，可分为脉冲变压器耦合式和直接耦合式两种类型。用理想的门极驱动电流去控制 GTO 的开通和关断过程，以提高开关速度，减少开关损耗。

GTO 要求有正值的门极脉冲电流，触发其开通；但在关断时，要求有很大幅度的负脉冲电流使其关断。因此，全控器件 GTO 的驱动器比半控型 SCR 复杂。门极电路的设计不但关系到元件的可靠导通和关断，而且直接影响到元件的开关时间、开关损耗、工作频率、最大重复可控阳极电流等一系列重要指标。门极电路包括门极开通电路和门极关断电路，如图 2-5-2 所示。

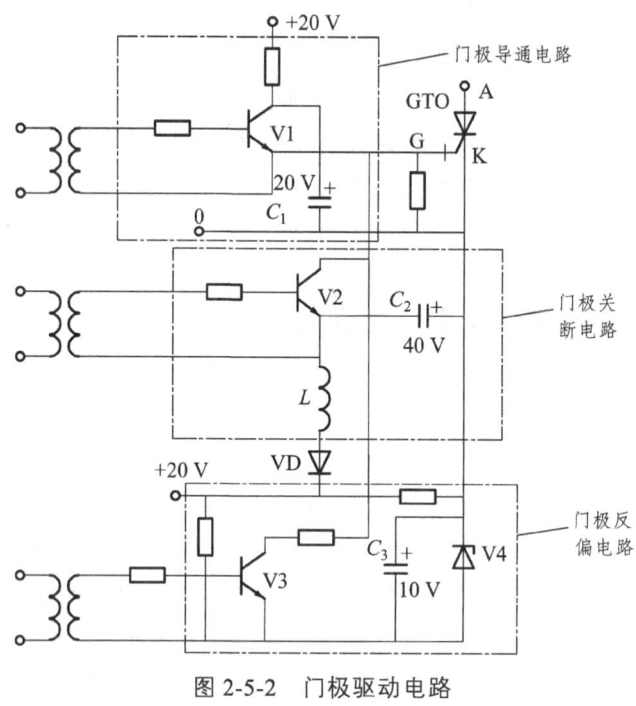

图 2-5-2 门极驱动电路

理想的门极驱动信号（电流、电压）波形如图 2-5-3 所示。

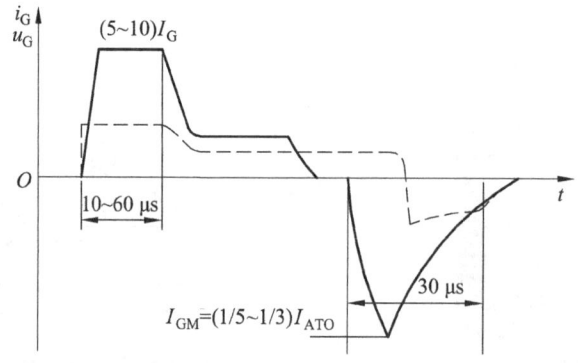

图 2-5-3 GTO 门极驱动信号波形

注：实线为电流波形，虚线为电压波形。

(二）大功率晶体管 GTR

1. 大功率晶体管的结构和工作原理

电力晶体管（Giant Transistor，GTR）按英文直译为巨型晶体管，是一种耐高电压、大电流的双极结型晶体管（Bipolar Junction Transistor，BJT）。如图 2-5-4 所示为 GTR 结构、电气图形符号和内部载流子流动。

GTR 的结构和工作原理与普通的双极结型晶体管基本原理是一样的。其最主要的特性是耐压高、电流大、开关特性好。

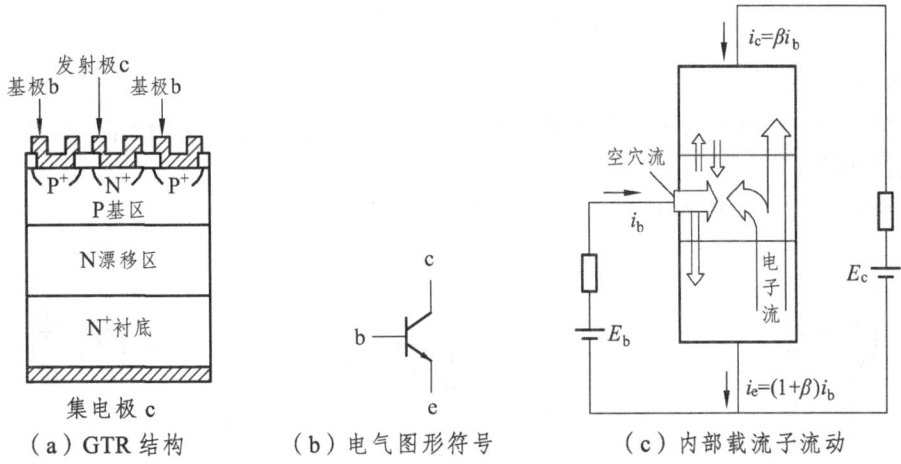

图 2-5-4 GTR 结构、电气图形符号和内部载流子流动

在电力电子技术中，GTR 主要工作在开关状态。晶体管通常连接成共发射极电路，NPN 型 GTR 通常工作在正偏（$I_b>0$）时大电流导通、反偏（$I_b<0$）时处于截止高电压状态。

给 GTR 的基极施加幅度足够大的脉冲驱动信号，它将工作于导通和截止的开关工作状态。

2. GTR 的驱动与保护

图 2-5-5 所示为 GTR 基极驱动电流波形。

1）对基极驱动电路的要求

（1）实现主电路与控制电路间的电隔离。

（2）在使 GTR 导通时，基极正向驱动电流应有足够陡的前沿，并有一定幅度的强制电流。

（3）GTR 导通期间，在任何负载下，基极电流都应使 GTR 处在临界饱和状态。

（4）在使 GTR 关断时，应向基极提供足够大的反向基极电流。

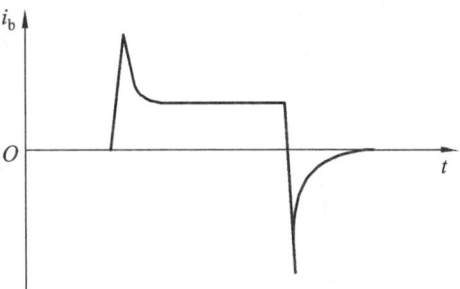

图 2-5-5 GTR 基极驱动电流波形

（5）应有较强的抗干扰能力，并有一定的保护功能。

2）基极驱动电路

图 2-5-6 所示为实用的 GTR 驱动电路。

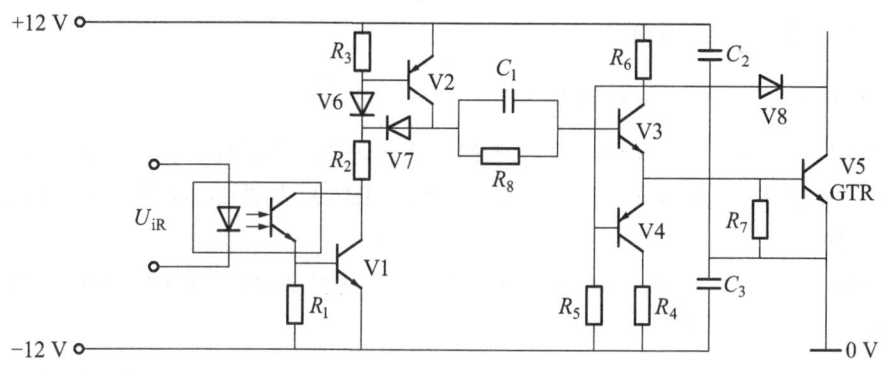

图 2-5-6 实用的 GTR 驱动电路

3）集成化驱动

集成化驱动电路除克服了一般电路元件多、电路复杂、稳定性差和使用不便的缺点，还增加了保护功能。

GTR 保护电路：一般采用缓冲电路，如图 2-5-7 所示。

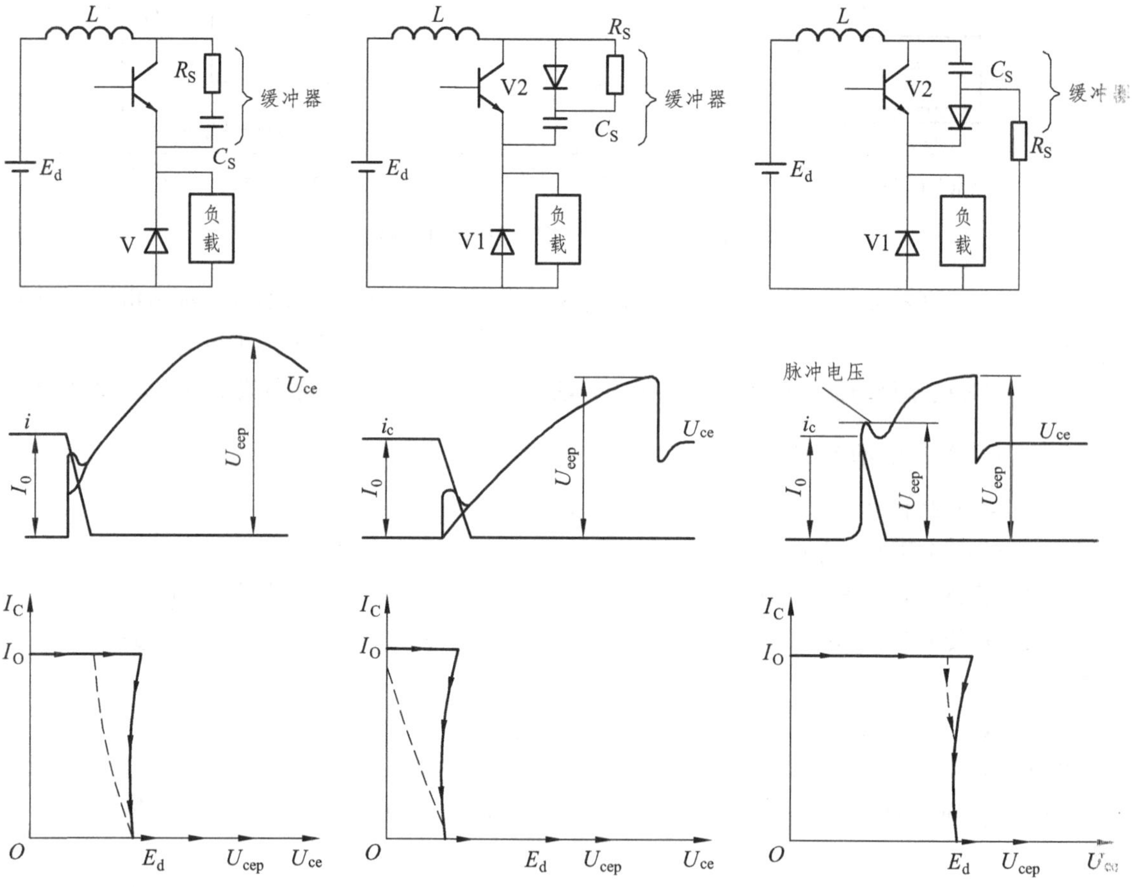

(a) RC 缓冲电路　　(b) 充放电型 R-C-VD 缓冲电路　　(c) 阻止放电型 R-C-VD 缓冲电路

图 2-5-7 GTR 缓冲电路

（三）功率场效应晶体管 MOSFET

金属-氧化层-半导体-场效晶体管，简称金氧半场效晶体管（Metal-Oxide-Semiconductor Field-Effect Transistor，MOSFET）是一种可以广泛使用在模拟电路与数字电路的场效晶体管（Field-Effect Transistor）。MOSFET 依照其"通道"的极性不同，可分为 n-type 与 p-type 的 MOSFET，通常又称为 NMOSFET 与 PMOSFET，其他简称包括 nMOSFET、pMOSFET、nMOSFET、pMOSFET 等。

1. MOSFET 的结构与工作原理

特征：单极型、多数载流子、"零结"、电压可控。

优点：开关速度快、损耗低、驱动电流小、无二次击穿现象等（与 GTR 相比）。

缺点：电压还不能太高、电流容量也不能太大。

实用：低压、小功率、高频（数百千赫）开关。

图 2-5-8 所示为功率 MOSFET 结构和电气图形符号。

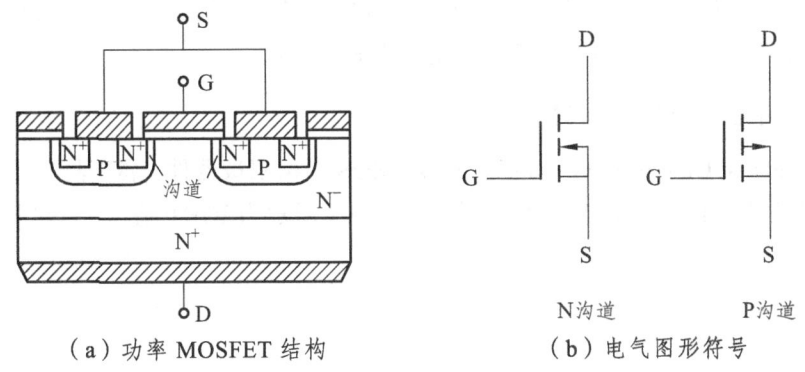

（a）功率 MOSFET 结构　　（b）电气图形符号

图 2-5-8　功率 MOSFET 结构和电气图形符号

当 D、S 加正电压（漏极为正，源极为负），栅源电压 $U_{GS}=0$ 时，P 体区和 N 漏区的 PN 结反偏，D、S 之间无电流通过；如果在 G、S 之间加一正电压 U_{GS}，栅极的正电压会将其下面 P 区中的空穴推开，而将 P 区中的少数载流子电子吸引到栅极下面的 P 区表面。当 U_{GS} 大于某一电压 U_T（称开启电压或阈值电压）时，栅极下 P 区表面的电子浓度将超过空穴浓度，从而使 P 型半导体反型成 N 型半导体而成为反型层，该反型层形成 N 沟道而使 PN 结 J_1 消失，漏极和源极导电。

U_{GS} 超过 U_T 越多，导电能力越强，漏极电流越大。

2. 功率 MOSFET 的主要参数

1）漏极电压 U_{DS}

U_{DS} 是 MOSFET 的额定电压，选用时必须留有较大安全余量。

2）漏极最大允许电流 I_{DM}

I_{DM} 是 MOSFET 的额定电流，其大小主要受管子的温升限制。

3）栅源电压 U_{GS}

栅极与源极之间的绝缘层很薄，承受电压很低，一般不得超过 20 V，否则绝缘层可能被击穿而损坏，使用中应加以注意。

为安全可靠，选用 MOSFET 时，对电压、电流的额定等级都应留有较大余量。

3．功率 MOSFET 的保护措施

（1）防止静电击穿。

（2）防止偶然性振荡损坏器件。

（3）防止过电压。

（4）防止过电流。

（5）消除寄生晶体管和二极管的影响。

（四）绝缘栅双极晶体管 IGBT

绝缘栅双极晶体管（Insulate-Gate Bipolar Transistor，IGBT）综合了电力晶体管（Giant Transistor，GTR）和电力场效应晶体管（Power MOSFET）的优点，具有良好的特性，应用领域很广泛；IGBT 也是三端器件：栅极、集电极和发射极。

1．IGBT 的结构与工作原理

IGBT（Insulated Gate Bipolar Transistor）是 MOS 结构双极器件，属于具有功率 MOSFET 的高速性能与双极的低电阻性能的功率器件。图 2-5-9 所示为 IGBT 结构、简化等效电路和电气图形符号。

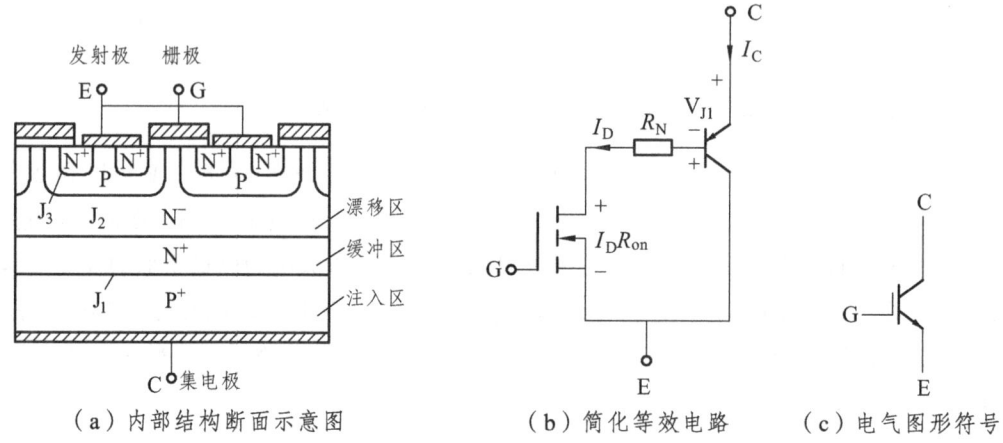

图 2-5-9　IGBT 结构、简化等效电路和电气图形符号

IGBT 的开关作用是通过加正向栅极电压形成沟道，给 PNP 晶体管提供基极电流，使 IGBT 导通。反之，加反向门极电压消除沟道，流过反向基极电流，使 IGBT 关断。IGBT 的驱动方法和 MOSFET 基本相同，只需控制输入极 N-沟道 MOSFET，所以具有高输入阻抗特性。当 MOSFET 的沟道形成后，从 P+ 基极注入 N-层的空穴（少子），对 N-层进行电导调制，减小 N-层的电阻，使 IGBT 在高电压时，也具有低的通态电压。

2. IGBT 的擎住效应（自锁效应）

定义：器件导通后其栅极不再具有控制能力。

形成原因：由于 NPN 晶体管基极与发射极之间存在体区短路电阻，P 形体区的横向空穴电流会在该电阻上产生压降，相当于对 J_3 结施加正偏压，一旦 J_3 开通，栅极就会失去对集电极电流的控制作用。车辆牵引系统是一个大电感，电压和电流的冲击很大，容易使 IGBT 满足寄生晶体管开通擎住的条件，形成动态擎住效应。

防止办法：IGBT 必须具有足够的电流容量且通过合适的栅极电阻 R_g 延长 IGBT 关断时间。

3. IGBT 驱动电路设计要求

驱动电路是电力电子主电路与控制电路之间的接口，对整个装置的运行效率、可靠性和安全性都有重要的意义。

（1）驱动电路的内阻应尽可能小；驱动电路与 IGBT 的连线应尽可能短。

（2）用内阻小的驱动源对栅极电容放电；IGBT 开通后，栅极驱动源应能提供足够电压。

（3）驱动电压 U_{GE} 要综合考虑，当 U_{GE} 正向增大时，一般选 15～20 V；在 IGBT 反向关断时，须施加一负偏压 U_{GE}，一般取 –1～–10 V。

（4）需提供良好的过压和过流保护功能。

二、电流电压变换电路

（一）直流斩波电路

定义：将恒定直流电压变换成为负载所需的直流电压的变流电路。

1. 斩波器的调压原理

如图 2-5-10 所示为斩波器的调压原理。

平均负载电压 E_0 可用下式表示：

$$E_0 = E\frac{t_{on}}{t_{on}+t_{off}} = E\frac{t_{on}}{t} = \alpha E$$

式中，t_{on} 为导通时间，t_{off} 为关断时间，$T = t_{on} + t_{off}$ 为斩波周期，$\alpha\left(=\dfrac{t_{on}}{T}\right)$ 为斩波器的导通比。

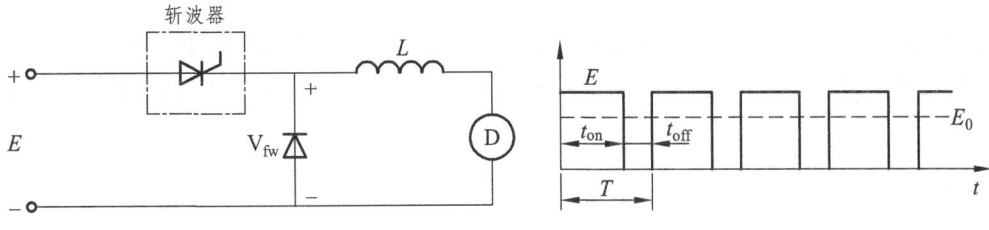

图 2-5-10　斩波器的调压原理

2. 导通比控制

定义：只要调节 α，即可调节负载的平均电压。

实现方法：

（1）脉宽调制：保持斩波频率 f 不变，只改变导通时间 t_{on}，简称定频调宽。

（2）频率调制：改变斩波周期 T，同时保持（α）导通时间 t_{on} 或者关断时间 t_{off} 不变，简称定宽调频。

（3）脉宽和频率综合调制：按照某种规律同时改变导通时间 t_{on} 和斩波周期 T。通常是分段地改变斩波周期 T，而连续地控制 t_{on}。

对于斩波器传动，脉宽调制是优先选用的一种方法。

降压斩波器：斩波器电路结构所产生的输出电压低于输入电压（即 $E_0<E$）。

升压斩波器：改变斩波器的电路结构，即能提供较高的负载电压（即 $E_0>E$），如图 2-5-11 所示。

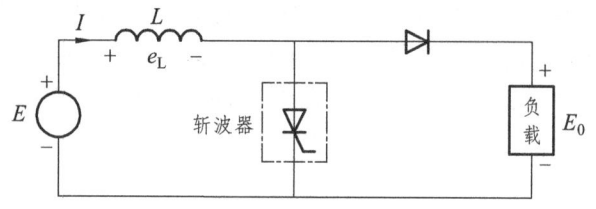

图 2-5-11　升压斩波器

3．斩波器供电的谐波问题和解决办法

谐波问题：电源电流谐波与斩波频率、电流脉动幅值等因素有关系。

解决办法：

（1）提高斩波频率：实际使用的斩波频率一般在 200～400 Hz。

（2）采用多相多重斩波器：将多个斩波器并联给一台牵引电动机供电，各个基本斩波器在相位上有规律地相互错开运行，则构成多相多重斩波器。

（二）逆变电路

1．逆　变

逆变是整流的逆过程。

2．分　类

有源逆变电路：直流电能通过逆向变换，向交流电源反馈能量的逆变电路。

无源逆变电路：直流电能通过逆向变换，得到交流电能直接供给负载，其输出端没有电源。

3．组　成

逆变电路是电力电路及缓冲电路、控制电路、电力电子器件的门控电路。

4．优　点

逆变电路的优点是性能可靠，动、静态性能卓越、节能等。

5. 正弦脉宽调制（PWM）逆变电路

把逆变电路的输出电压斩波成为脉冲，通过改变脉冲的宽度、数量或者分布规则，以改变输出电压的数值和频率，如图 2-5-12 所示为其工作原理。

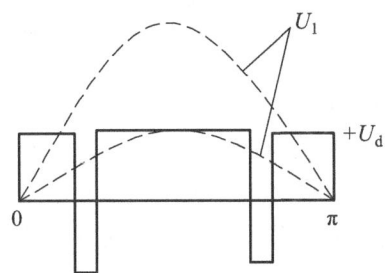

图 2-5-12　PWM 控制电压的工作原理

脉宽调制特点：只需对逆变器本身加以控制，使调压、调频一次完成；调节迅速而不需增加功率设备。

6. 正弦脉宽调制（SPWM）逆变电路

在城市轨道交通车辆中，逆变电路的负载大多是感应要求可以调压、调频，而且输出是正弦波形。

为此可以把一个正弦半波作 i 等分，把正弦曲线每一等份所包含的面积，都用一个与其面积相等的等幅矩形脉冲来代替。如图 2-5-13 所示为与正弦波等效的等幅矩形脉冲序列波。

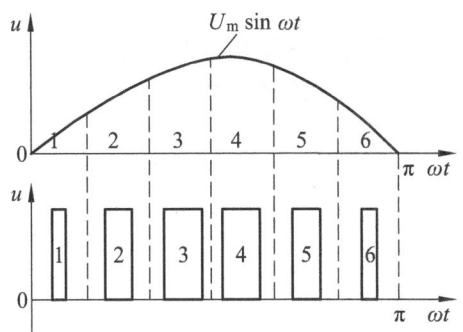

图 2-5-13　与正弦波等效的等幅矩形脉冲序列波

三、轨道交通车辆电磁兼容

电磁兼容性（EMC）是电气装置在其电气环境中正常工作且不对该环境中任何事物造成不能承受的电磁干扰的能力。

电磁兼容范围：覆盖所有的设备以及轨道车辆与相应的供电输入/输出的接口，甚至包括轨道车辆的受电弓。

（一）电磁兼容设计标准

（1）所有车辆设备的电磁干扰不应干扰车载设备或其他轨道设备的正常运行。

（2）车载设备应具有足够的自身抗电磁干扰能力，以使其能正常运行。

（二）车辆及其环境之间的干扰

1. 轨道车辆产生的场衰减乱真辐射

移动式无线电设备及私人手机、无线电及电视接收机、空中安全设备、道路安全设备、点对点无线电链路及列车无线电通信、内置心脏电子起搏器的人、铁路公司的无线电服务等。

2. 轨道车辆产生的传导辐射

轨道车辆车顶供电电网与运行轨道之间的回流电流引起传导干扰电流，大部分回流电流从接地轨道流向土壤，并在建筑物的接地系统产生杂散电流。

轨面信号系统是主要的敏感元件，供电电网、轨道车辆本身都可能对车辆线路产生谐波电流。

（三）轨道车辆 EMC 措施

（1）做好接地和连接。对电子控制装置的箱体、支架、装配骨架等进行接地和连接。

（2）处理好屏蔽，就是把所有屏蔽层连接到车体上。

（3）电路中尽可能考虑滤波。滤波的作用：降低电子元件传导干扰和提高抗干扰能力。

此外，所有带继电器、接触器之类感性负载的机械连接应配有合适的暂态抑制装置，而带控制和信号元件的机械接触器应配有合适的变阻器。

（4）注意电缆的敷设。提高电磁兼容性的基本方法：考虑 EMC/EMI 来选择和布置电缆。

【巩固练习】

1．城轨交通车辆使用的主要电力电子器件类型都有哪些？
2．请简述常用电力电子器件的工作原理及应用场合。

项目三 直流电路

任务一 直流电路的组成

【学习目标】
1. 了解电路的基本组成、电路的三种工作状态。
2. 掌握电流、电压、电功率、电能等基本概念。
3. 掌握电阻定律、欧姆定律和焦耳定律。
4. 能够对电阻、电感、电容进行正确地识别和测量。
5. 掌握基尔霍夫定律、叠加定理和戴维南定理及其应用。

【知识要点】
1. 直流电路的基本组成、工作状态。
2. 电流、电压、电功率、电能等基本概念。
3. 电阻定律、欧姆定律和焦耳定律。

【理论知识】
世界各国的城市轨道交通的供电电压都在直流 550～1 500 V 之间，我国采用的是 750 V 和 1 500 V 两个电压等级的直流电，由此可知，直流电路是城市轨道交通供电系统中非常重要的组成部分。本节课就来认识一下直流电路。

一、直流电路的基本结构

电流所流过的路径称为电路。它是为了某种需要由电工设备或元件按一定方式组合起来的。

电路的结构形式和所能完成的任务是多种多样的，最典型的是照明电路。如图 3-1-1 所示为电路实物图和原理图。

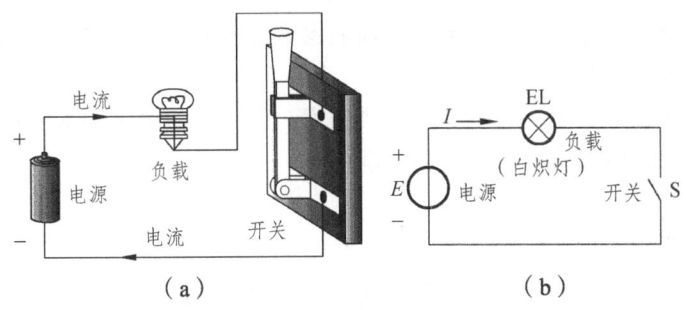

图 3-1-1 电路实物图和原理图

电源：将非电能形态的能量转换成电能的供电设备。如发电机、电池等。
负载：将电能转换成非电能形态能量的用电设备。如电动机、照明灯等。
中间环节：传递信号、传输电能。

实际应用中，中间环节还必须有一些辅助设备，如控制电路通、断的开关及保障安全用电的熔断器等。

在工程技术中，为了方便，常用国家标准统一规定的电路图形符号代表实物绘制出表示电路结构的图形，称为电路图。部分电路图形符号如表 3-1-1 所示。

表 3-1-1 常见电路图图形文字符号

名称	图形符号	文字符号	名称	图形符号	文字符号	名称	图形符号	文字符号
发电机	─(~)─	D	导线	连接 不连接		电容器	─┤├─	C
电池	─┤├─	E	接地 接机壳		GND	可变电容		C
开关	─/─	S	保险丝		DJ	空心电感		L
电灯	⊗	G	电阻	─□─	R	铁芯线圈		L
电铃			可变电阻		R	电流表	(A)	
蜂鸣器			电位器		RP	电压表	(V)	

二、电路模型及状态

（一）电路模型

由理想元件组成的与实际元件相对应的电路，就是实际电路的模型，称为电路模型。电路模型是指理想状态下的电路，电路模型中的元件均是经过科学抽象的理想元件，就是把电路的一些参数理想化，不考虑一些作用非常弱的参数（次要因素），如导线电阻、电源电阻、导线电容、漏感、分布参数等。

建立理想模型的意义在于，忽略一些次要因素，便于抓住电路的本质特征，简化电路的分析，但还能保证由此引出的误差在许可范围内。

（二）电路状态

由前面的电路图可以看出，灯泡是否发光显示所处电路的工作状态。直流电路中，电路的工作状态主要有以下三种。

1．通路（闭路）

如图 3-1-2 所示，闭合开关，灯泡发光、电流表指针偏转，这是因为电源与负载接通，构成闭合回路，电路中有电流，我们称此时的电路为通路，也叫闭路。

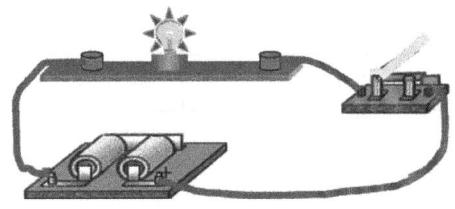

图 3-1-2　通路

2．断　路

如图 3-1-3 所示，打开开关或让电路某处断开，灯泡熄灭、电流表指针复位至零，这是因为电源与负载没有接通，电路中没有电流，称此时的电路为开路，也叫断路。

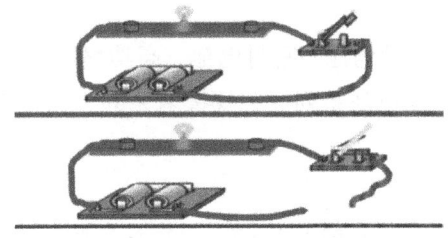

图 3-1-3　断路

3．短　路

接通电路，将电流表两端用导线短接，电流表指针复位至零，此时电流表中没有电流，称电流表处于短路，也叫捷路，如图 3-1-4 所示。将灯泡两端用导线瞬间短接，电流表指针大幅偏转（应避免，这种情况会损坏电流表），称为负载短路；将电池两端用导线瞬间短接，就是将电源短路，它会使电路中的电流很大，造成电源损坏，应避免。前两种情况属于局部短路，后一种情况属于全部短路。

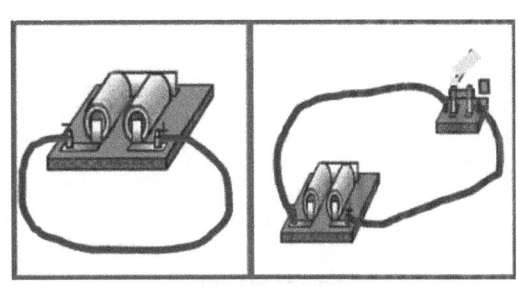

图 3-1-4　短路

注意：发生短路时，因电流过大往往引起设备损坏或火灾等，应该尽量避免。

电路不同工作状态的特点总结如表 3-1-2 所示。

表 3-1-2　电路不同工作状态的特点

状态	特　　　　点	
通路	电路接通	有电流通过
开路	电路一处或多处断开	无电流通过
短路	导线未经负载直接构成回路	电流很大，易引起电路烧毁等严重事故

三、电池及应用

（一）电池的分类

（1）按工作性质分：原电池（又称为一次电池），蓄电池（又称为二次电池），燃料电池（又称为连续电池），储备电池（又称为激活电池）等。

（2）按电解质分：酸性电池、碱性电池、中性电池、有机电解质电池、非水无机电解质电池、固体电解质电池。

（3）按电池的特性分：高容量电池、密封电池、高功率电池、免维护电池、防爆电池等。

（4）按正负极材料分：锌锰电池系列、镍镉镍氢系列、铅酸系列、锂电池系列等。

（二）电池组

在负载要求电源提供较高电压或较大电流时，单个电池就不能胜任了，此时可将多个电池连接在一起给负载供电。这些连接在一起的电池叫电池组。

（1）把一个电池的正极与另一个电池的负极相连接，称为电池的串联，组成的电池组称为串联电池组。当负载需要较高电压时，可由串联电池组供电。

（2）把各电池的正极接在一起，负极接在一起，称为电池的并联，组成的电池组称为并联电池组。当负载需要提供的电流大于单个电池的额定放电电流时，可由并联电池组供电。

（3）电池连接中既有串联又有并联，称为电池的混联，组成的电池组称为混联电池组。当负载同时需要较高电压和较大电流时，可使用混联电池组。

【巩固练习】

1．电路由哪些部分组成？
2．电路的三种状态是什么？
3．如何画出电路模型图？

操作实训

【实训任务】

识、画电路图，识别常用电池。

【实训目标】
1．理解直流电路组成；
2．理解电路图的识、画。

【实训意义】
1．能够识别并画出电路图；
2．能够识别常用电池。

【实训工具】
相应的设备实物或设备模型，多媒体教室。

【任务实施】
一、识、画电路图

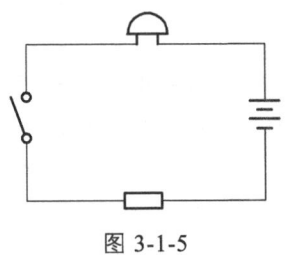

图 3-1-5

试着读一读、说一说它的组成。

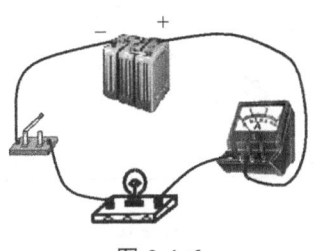

图 3-1-6

试着画出相应的电路图。注意在电流表符号两端要标明"＋""－"。

二、识别常用电池

对提前找来的各种新旧电池，请同学们识别，说一说它们的名称，有什么特点和实际应用。

任务二 电路的特性参数

【学习目标】

1．理解参考方向的含义和作用，会解决电路中的实际问题。
2．理解电动势、电位和电能的物理概念。
3．理解电流、电压和电功率的概念，并能进行简单计算。
4．能正确选择和使用电工仪表。
5．掌握测量电流、电压的基本方法。

【知识要点】

1．电路参考方向的含义及作用。
2．电动势、电位、电能的基本概念。
3．电流、电压和电功率的基本概念及计算方法。

【理论知识】

电流是看不见摸不着的，需要通过仪器测量相关的量才能分析。一辆卡罗拉轿车启动电路不工作，经检验点火开关、启动马达等器件都是好的，到底是什么问题你能检测出来吗？

一、电　流

我们知道，水能在管中流动，称之为水流；同样，电子也能在导线中流动，这种电子的流动就叫作电流。

如图 3-2-1 所示，当我们合上电源开关的时候，电灯就会发光，这是因为在电路中有电流通过。电流虽然用肉眼看不见，但是可以通过它的各种表现而被人们所觉察。

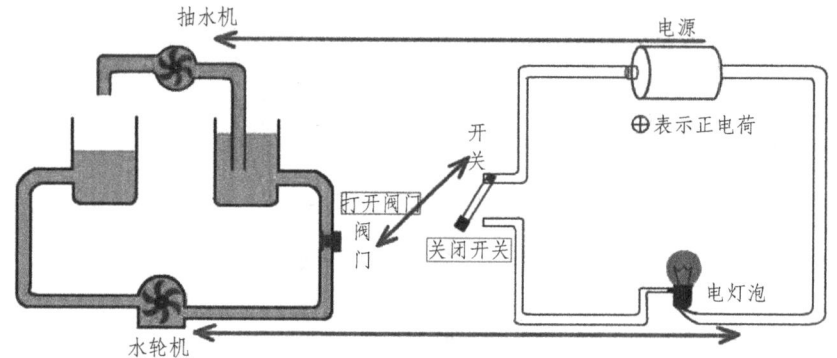

图 3-2-1　水流与电流的产生

（一）电流的大小和单位

电流的大小用电流强度来衡量。电流强度简称电流，用 I 表示，数值上等于单位时间内通过导体某横截面的电量。单位时间内通过导体横截面的电荷量越多，就表示流过该导体的电流越大。设在时间 t 内通过导体横截面的电量为 Q，则电流 I 为

$$I = \frac{Q}{t}$$

式中，Q 的单位为库仑（C）；t 的单位为秒（s）；电流 I 的单位为安培（A），简称安。电流的单位还有千安（kA）、毫安（mA）、微安（μA），它们之间的换算关系是：

$$1\,\text{kA} = 1\,000\,\text{A}；1\,\text{A} = 1\,000\,\text{mA}；1\,\text{mA} = 1\,000\,\mu\text{A}$$

电流对负载有各种不同的作用和效应，热和磁效应总是伴随电流一起发生，如图 3-2-2 所示。

热效应 总是出现	磁效应 总是出现	光效应在气体和一些半导体中出现	化学效应在导电的溶液中出现	对人体生命的效应
电熨斗、电烙铁、熔断器	继电器线圈、开关装置	白炽灯、发光二极管	蓄电池的充电过程	事故、动物麻醉

图 3-2-2　电流的作用和效果

所谓参考方向是对电流任意假定的方向，是为分析与计算电路所设定的参考。

在分析电路时，往往难于事先知道电流的实际方向，而且时变电流的实际方向又随时间不断变化，不能够在电路图上标出适合于任何时刻的电流实际方向。为了电路分析和计算的需要，我们任意规定一个电流参考方向，用箭头标在电路图上，电流的实际方向与参考方向相同，则电流取正值，反之，电流取负值；同样，由相关电量计算出的电流值，若为正，则说明电流实际方向与参考方向相同；若为负，则说明电流实际方向与参考方向相反。

（二）电流的方向

如图 3-2-3 所示，实际上，导体中的电流是由负电荷在导体中流动形成的，而我们习惯上规定正电荷运动的方向或负电荷运动的相反方向作为电流的方向（实际方向）。所以，导体中的电流不仅具有大小，而且具有方向性。

要特别指出的是，电流的实际方向（真实方向）和参考方向（假定方向）是两个不同的概念，如图 3-2-4 所示。电路中电流的实际方向是客观存在的，电流的参考方向是根据分析计算的需要任意假定的。电流的参考方向一经选定，在电路分析与计算的过程中不允许变动。

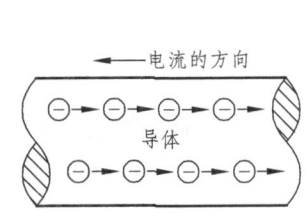

图 3-2-3　电流方向示意图

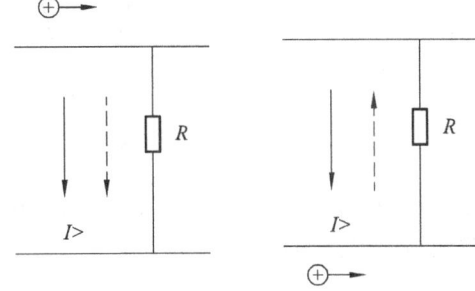

图 3-2-4　电流的实际方向和参考方向

1. 直流方向

大小和方向都不随时间而变化的电流为恒定直流，简称直流，如图 3-2-5 所示。

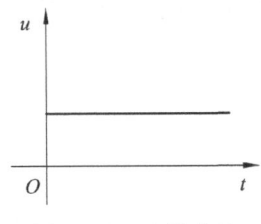

图 3-2-5　直流电流

2. 脉动直流方向

方向始终不变、大小随时间而变化的电流称为脉动直流电流，如图 3-2-6 所示。

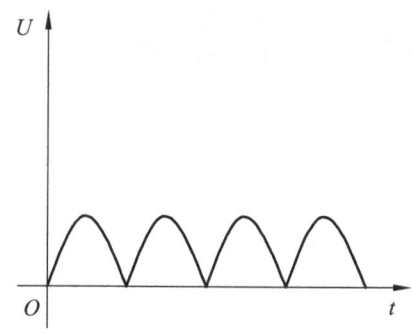

图 3-2-6 脉动直流电

3. 交流电方向

大小和方向均随时间变化的电流称为交流电流，通常其大小和方向随时间作周期性变化，简称交流。我国电力系统使用的是正弦交流电，如图 3-2-7 所示。

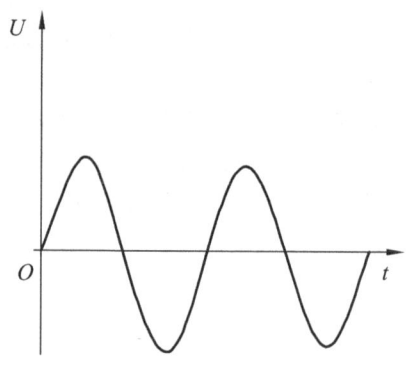

图 3-2-7 正弦交流电

在实际测量中，使用电流表或万用表电流档串联入被测电路中，且要注意极性，严禁将电流表并联在被测电路两端。

（三）电流产生的条件

（1）必须具有能够自由移动的电荷（金属中只有负电荷移动，电解液中为正负离子同时移动）。

（2）导体两端存在电压差（要使闭合回路中得到持续电流，必须要有电源）。

（3）电路必须为通路。

（四）电流的效应

1. 热效应

导体通电时会发热，把这种现象叫作电流热效应，例如电阻通电后会发热。

2. 磁效应

电流的磁效应（动电会产生磁）：奥斯特发现：任何通有电流的导线，都可以在其周围产生磁场的现象，称为电流的磁效应，例如继电器线圈通电后会产生磁吸力。

3. 化学效应

电的化学效应主要是电流中的带电粒子（电子或离子）参与而使得物质发生了化学变化，例如蓄电池的充电过程。

（五）电流的作用

导体中的电流看不见、听不着，但是导体有电流时，会发生特殊的现象，就是由于电流的热效应。如图 3-2-8 所示，这就是一个普通串联灯泡电路，灯泡的灯丝一般是用熔点很高的钨丝做成的，金属导电靠的是金属导体中的大量能自由移动的电子，当闭合开关时，电路就有电流回路，金属导体中有电流时，就会使带负电的电子定向移动而做功，消耗电能，转化为内能、光能等，当灯丝的温度很高时，灯泡就会发光。

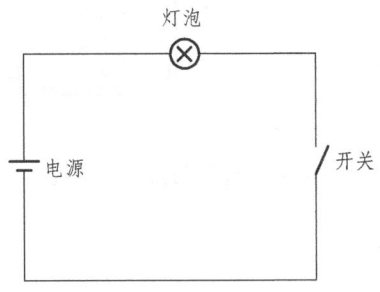

图 3-2-8　电流的热效应电路图

二、电　压

（一）电压与电动势

如图 3-2-9 所示，高度不同产生压力的不同，产生了势能，导致水的流动。电压也是一样，因为两点间存在电势差，导致了正的带电离子从高电势向低电势流动，从而形成电流。电流形成的根本原因是导体两端存在电势差，我们常见的干电池、锂电池和铅酸电池，两个接线端子都存在电压。

电压是用来表示电场力移动电荷做功本领的物理量。在物理上定义为 a、b 两点之间的电压 U_{ab}，在数值上就等于电场力将单位正电荷从 a 点移到 b 点所做的功。数学表达式为 $U_{ab} = W_{ab}/q$。

电源中非静电力把正电荷从负极移到正极所做的功与该电荷电量的比值，称为电源的电动势。电动势是用来表示电源移动电荷做功本领的物理量，用字母"E"表示。电源的电动势，在数值上等于电源把单位正电荷从负极 b（低电位）经由电源内部移到电源的正极 a（高电位）所做的功。

用公式表示为

$$E = \frac{W}{Q}$$

式中，W 是非静电力做的功，单位为焦耳（J）；Q 是被移动的电荷的电量，单位为库仑（C）；E 是电动势，单位为伏特（V）。

电源电动势的大小仅决定于电源本身，与外接电路的负载无关，不同的电源其电动势也不尽相同。

在电源内部，正电荷是从负极板移至正极板，所以，规定电源电动势的方向是从电源的负极经内部指向正极。

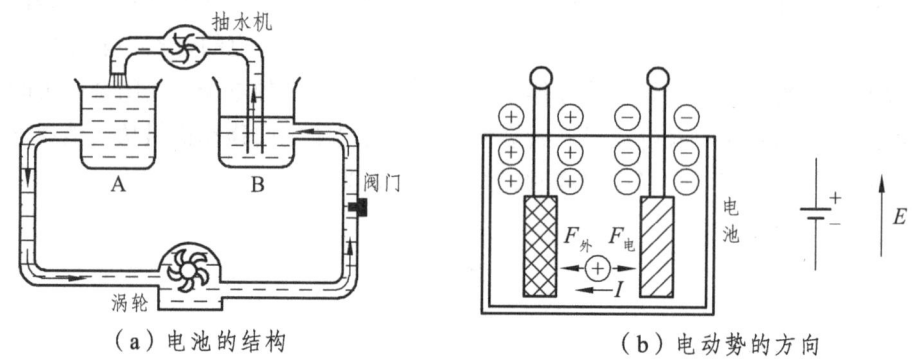

图 3-2-9　电动势形成示意图

（二）电压的单位和大小

保证水池 A、B 的水面总有一定的高度差（水位差），能使水管中有源源不断的水流。类似分析，若保证电路中总有一定的电位差，就能使电路中有源源不断的电流。

高中物理学中对电压的定义：电场力把单位正电荷从电场中的一点移到另一点所做的功。

在国际单位制中，电压和电动势的单位都是伏特（焦耳/库仑），简称"伏"，用大写字母"V"表示。1 伏特等于对每 1 库仑的电荷做了 1 焦耳的功，即 V = J/C。另外还有千伏（kV）、毫伏（mV）和微伏（μV），它们的换算关系如下

$$1 \text{ V} = 10^3 \text{ mV} = 10^{-3} \text{ kV}$$

从工程应用的角度来讲，电路中的电压是产生电流的根本原因；在数值上，电压等于电路中两点电位的差值。

（三）电压的方向

电工技术的问题分析中，电压的实际方向规定为由高电位（"+"极性）端指向低电位（"−"极性）端，即为电位降低的方向，因此电压又称作电压降。电源电动势的实际方向规定为在电池内部由低电位（"−"极性）端指向高电位（"+"极性）端，即为电位升高的方向。

实际测量中，可以使用电压表或万用表电压档直接并联在被测电路的两端，且要注意极性。

三、电　位

电位和水位相似，某处水位有多高，要有一个计算水位高度的基准点（称参考点）；同样电路中某点电位是多少，也必须有一个参考点（通常以大地为参考点即零电位点，在电子电路中，一般以金属外壳或某公共点作为参考点）。电路中各点相对于参考点的电压，就叫该点的电位。例如：设电路中 c 点为参考点，则 a 点相对于 c 点的电压 U_{ac} 就是 a 点的电位，用 V_a 表示，其单位为伏特（V）。

注意：电路中选择的参考点不同，各点的电位也不同，比如计算讲台的桌面高度，选择的参考点不同，讲台的桌面高度就会出现不同的值。以地面为参考点时桌面高度为正值；以屋顶为参考点时桌面高度为负值；以讲台的桌面为参考点时桌面高度为零。规定不同点的点位，比参考点高的电位为正，比参考点低的电位为负。

有了电位的概念，电压的定义还可以表示为：a 与 b 两点间的电压等于 a 与 b 两点的电位之差，即 $U_{ab} = V_a - V_b$。

在外电路中，正电荷在电场力的作用下，从电位高处移动到电位低处而做功，所以，规定电压的方向由高电位指向低电位。两点间的电压也叫电位差、电位降或电压降。

衡量电位高低必须有一个计算电位的起点，称零电位点，该点电位为 0 V。先选定零电位点，电路中任何一点与零电位点之间的电压，就是该点的电位。电位具有相对性，规定参考点的电位为零电位。因此，相对于参考点较高的电位呈正电位，较参考点低的电位呈负电位。

四、电　能

电场力做的功就是电路所消耗的电能，由电压公式 $U = W/Q$ 知，电能 $W = QU$，由于 $Q = It$，所以：

$$W = QU = UIt$$

国际单位制下，电能的单位是焦耳（J），也用千瓦时（kW·h，俗称度）表示。电能可直接用电能表（电度表）测出。

如图 3-2-10 所示为电能与其他形式能相互转换示意图。

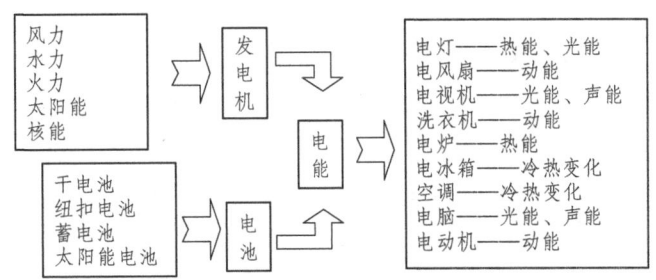

图 3-2-10　电能与其他形式能相互转换示意图

电功率是指单位时间内电流所做的功，即在单位时间内有多少电能转化为了其他形式的能。如果负载电阻 R 两端电压为 U，流过 R 的电流为 I，在时间 t 内电流流过负载所做的功为 W，则电功率为

$$P = \frac{W}{t}$$

将 $W = UIt$ 代入上式可得：$P = UI$。

上面两式中，U 的单位为 V；I 的单位为 A；t 的单位为 s；W 的单位为 J；P 的单位为瓦特，简称瓦（W）。功率的单位还有千瓦（kW）和毫瓦（mW），它们之间的关系如下：

$$1 \text{ kW} = 1\,000 \text{ W}；1 \text{ W} = 1\,000 \text{ mW}$$

从功率的定义可以看出，功率表示了电能转换的速度，反映了一个用电设备的做功能力。用电设备的功率越大，做功能力越强。

电功的测量一般用电能表，如图 3-2-1 所示为家用的电能表，也称电度表。

图 3-2-11　电能表

【巩固练习】

1．说明电流、电压的形成方式、计算方法。
2．电位的含义及电能的计算公式是什么？

操作实训

【实训任务】

直流电路电流、电压的测量。

【实训目标】

1．学习正确选择和使用电工仪表。
2．掌握测量电流、电压的基本方法。

【实训意义】

1．测量基本用电参数；
2．练习测量小型用电设备的电流、电压。

【实训工具】

（1）实验线路板一块，工具一套。

(2)直流稳压电源(3~6 V)或电池组。
(3)多量程直流电流表一只,多量程直流电压表一只。
(4)小灯泡两个,开关一个,导线若干。

【任务实施】

直流电流用直流电流表或万用表的直流电流档来测量。测量时,要将电流表串联接在被测的电路中;应保证电流从直流电流表的"+"端流入,从"-"端流出;同时要选择好电流表的量程(测量范围),使其大于实际电流的数值,否则可能烧坏电流表。

直流电压用直流电压表或万用表的直流电压档来测量。测量时,要将电压表并连接在被测电路的两端;应保证直流电流从直流电压表的"+"端流入,从"-"端流出;同时要选择好电压表的量程(测量范围),使其大于实际电压的数值,否则可能烧坏电压表。

在不能预先估计电流和电压大小时,可先从最大量程开始,用电路开关迅速试触,看指针的偏转是否在最大量程之内,如果超过最大量程,就要改用更大量程的表;如果指针的偏转较小,就要改用较小的量程,让指针尽量接近满刻度,这样测量结果更加准确。

如图 3-2-12 所示为实验电路。

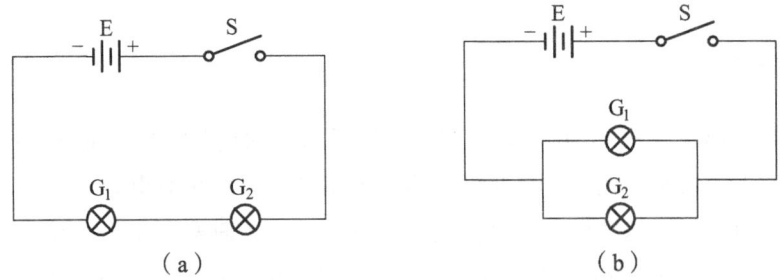

图 3-2-12 实验电路

(1)选择电源电压 3 V,将电流表接入电路,分别测出实验电路中干路和各灯泡中的电流值,填入表中。

(2)选择电源电压 6 V,将电压表接入电路,分别测出实验电路中总电路和各灯泡两端的电压值,填入表中。

【巩固练习】

1.电流表应怎样接入电路?如若接错,会有什么后果?
2.电压表应怎样接入电路?如若接错,会有什么后果?
3.若用万用表测量直流电路的电流、电压,还应注意什么问题?
4.小结测量小型用电设备电流、电压的方法及注意事项。

任务三 电路的连接方式

【学习目标】

1.了解电阻器及其参数,会计算导体电阻。

2．能区别线性电阻和非线性电阻，了解其典型应用。
3．能根据被测电阻的数值和精度，使用万用表测量电阻。
4．了解电阻元件电压与电流的关系，掌握欧姆定律。
5．掌握电阻串联、并联及混联的连接方式。

【知识要点】

1．电阻器的特性及应用，电阻定律。
2．电路的串联、并联和混联方式。
3．欧姆定律。

【理论知识】

在我们的日常生活中，家里的配电箱中的熔断器熔断后，所有其他的用电器都断电无法工作；还有一种情况，如果家里的用电器其中一个损坏了，其他用电器不会断电停止工作。大家想一想，这是什么原因？这些用电器是如何连接的？在城市轨道交通供电系统中，我们需不需要这些类型的电路？

一、欧姆定律

欧姆（1787—1854）——德国物理学家。欧姆最重要的贡献是建立电路定律。他于1825年开始进行这方面的实验：他拉直金属丝，测定出不同金属的相对电导率；设计利用电流通过导线的磁效应引起磁针偏转而显示电流大小的仪器，用来研究电流与导线长度的关系等。

1827年欧姆发表了有关电路的实验成果，就是现在众所周知的欧姆定律。电阻的单位欧姆，就是为了纪念他而以其姓氏命名的。

如图 3-3-1 所示为电阻、电流、电压关系示意图。

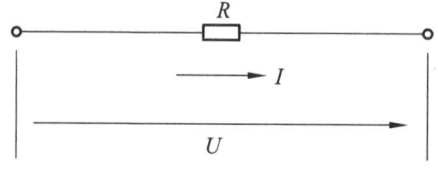

图 3-3-1　电阻、电流、电压关系示意图

实验可以得到，电路中的电流 I 与其两端的电压 U 成正比，与其电阻 R 成反比，这就是部分电路的欧姆定律，可用下式表示：

$$I = \frac{U}{R}$$

式中，U 的单位为伏特（V）；R 的单位为欧姆（Ω）；I 的单位为安培（A）。

一个包含有内阻的电源和负载组成的闭合电路叫全电路，全电路包括内电路和外电路。如图 3-3-2 所示为全电路欧姆定律示意图。

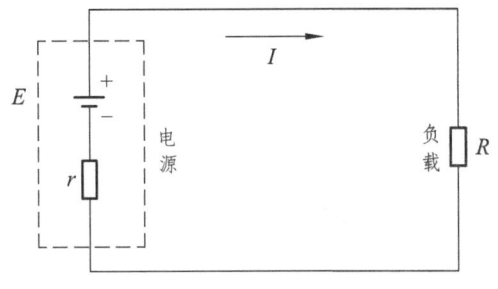

图 3-3-2　全电路欧姆定律示意图

闭合电路中，电流与电源的电动势成正比，与电路中的内电阻和外电阻之和成反比，这就是全电路的欧姆定律。

$$I = \frac{E}{R+r}$$

式中，E 是电源电动势，单位为伏特（V）；R 是负载电阻，r 是电源内阻，单位为欧姆（Ω）；I 是电流，单位为安培（A）。

二、电阻及其特性

当电流通过导体时会受到阻力，这是因为自由电子在运动中会不断与导体中的原子、分子发生碰撞，使自由电子受到一定的阻力。这就如同你在人员密集、拥挤的场所行走时会不断与周围的人发生碰撞，使你受到一定的阻力一样。导体对通过它的电流呈现的阻碍作用叫电阻，用 R 表示。

电阻的单位是欧姆（Ω），简称欧。当导体两端的电压是 1 伏特（V）、导体内通过的电流是 1 安培（A）时，这段导体的电阻就是 1 欧姆（Ω）。常用的电阻单位还有千欧（kΩ）、兆欧（MΩ），它们之间的换算关系为：1 kΩ = 1 000 Ω，1 MΩ = 1 000 kΩ。

实验表明，导体的电阻不随导体两端电压大小而变化，即使导体两端没有电压，导体中没有电流，导体仍然有电阻。在温度不变的情况下，决定导体电阻大小的因素：一是导体的导电性能，二是导体的几何尺寸。实验证明：同一材料的导体，在温度不变时，其电阻 R 与导体的长度 L 成比，与导体的横截面面积 S 成反比。这个实验结论叫电阻定律，可用下式表示：

$$R = \rho \frac{L}{S}$$

式中，ρ 是导体材料的电阻率，它反映该材料的导电特性。如果 L 的单位为米（m），S 的单位为平方米（m²），则 ρ 的单位为欧米（Ω·m）。不同材料，其电阻率不同。例如，在 20 ℃时，银的电阻率为 1.65×10^{-8}，铜的电阻率为 1.75×10^{-8}，铝的电阻率为 2.83×10^{-8}。

三、伏安特性曲线

（一）定　义

以电压为横坐标、电流为纵坐标，可画出电阻的 U-I 关系曲线，称为电阻元件的伏安特性曲线，如图 3-3-3 所示。

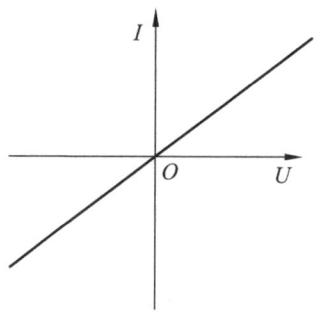

图 3-3-3　伏安特性曲线

一些材料的导体，当温度升高时，其电阻率上升，电阻值增大；另一些材料的导体，其电阻率随温度升高而下降，电阻值也随之减小。随温度升高阻值增大的电阻称为正温度系数电阻；随温度升高阻值减小的电阻称为负温度系数电阻。

（二）线性电阻

电阻两端的电压与通过它的电流成正比，其伏安特性曲线为直线，这类电阻称为线性电阻，其电阻值为常数。一般常温下金属导体的电阻是线性电阻，在电子产品中主要用作分流、分压、限流和降压。陶瓷管型启动式线绕电阻器、电力铝壳电阻器常用在高电压、大功率、大电流的电路中。如图 3-3-4 所示为陶瓷管型启动式线绕电阻器，如图 3-3-5 所示为电力铝壳电阻器。

图 3-3-4　陶瓷管型启动式线绕电阻器

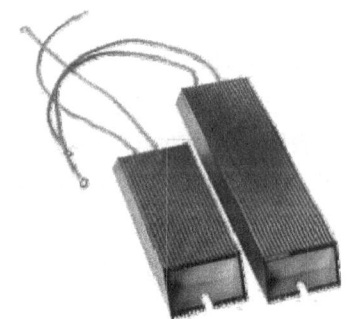

图 3-3-5　电力铝壳电阻器

（三）非线性电阻

电阻两端的电压与通过它的电流不是正比关系，其伏安特性曲线不是直线，这类电阻称为非线性电阻，其电阻值不是常数。由于它们几乎都是用半导体材料做成的，因此这类电阻也称为"半导体电阻"。像光敏电阻、热敏电阻等，在不同的电压、电流情况下，电阻值不同。光敏电阻主要用于各种光电控制系统、光电自动开关门、声光控照明系统和报警器等方面。正温度系数热敏电阻（PTC）一般用于电冰箱压缩机启动电路、彩色显像管消磁电路、电动机过压过流过热保护电路、限流电路和恒温加热电路等方面；负温度系数热敏电阻（NTC）

一般用于各种电子产品温度补偿、温度控制和稳压电路等方面。如图 3-3-6 所示为光敏电阻，如图 3-3-7 所示为热敏电阻。

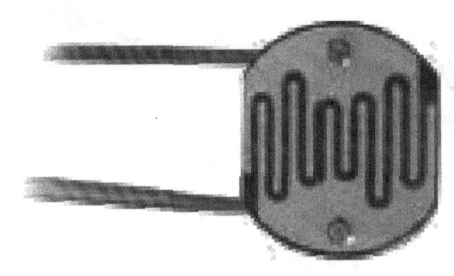

图 3-3-6　光敏电阻

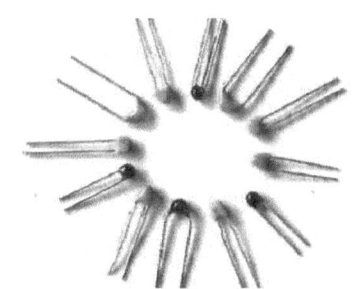

图 3-3-7　热敏电阻

四、电路的连接方式

（一）串联电路

1. 实验一

首先，通过一个小实验，我们来观察电路所发生的变化。该电路中，两个小灯泡都发光时，取下其中一个小电灯，观察到的现象：另一只小电灯也同时熄灭。

如图 3-3-8 所示，把电路元件逐个顺次连接起来的电路，称为串联电路。根据上面实物图，画出对应的电路图如图 3-3-9 所示。

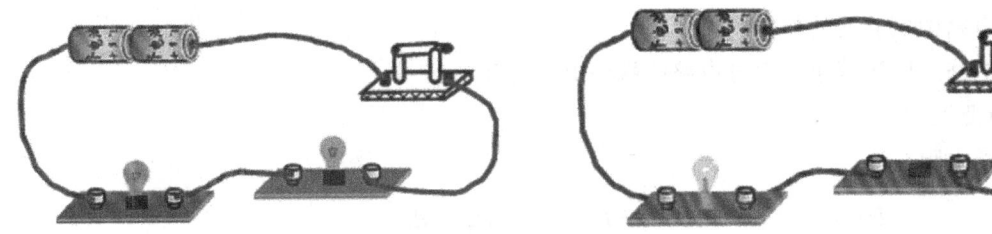

图 3-3-8　串联电路实物图

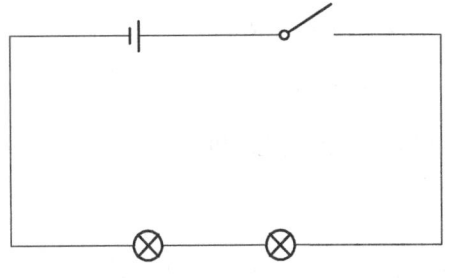

图 3-3-9　串联电路图

2. 实验二

观察如图 3-3-10 所示电路发生的现象，在两个小灯泡串联的电路上，再串联一个小电灯，接通电路后，观察到电灯变暗。

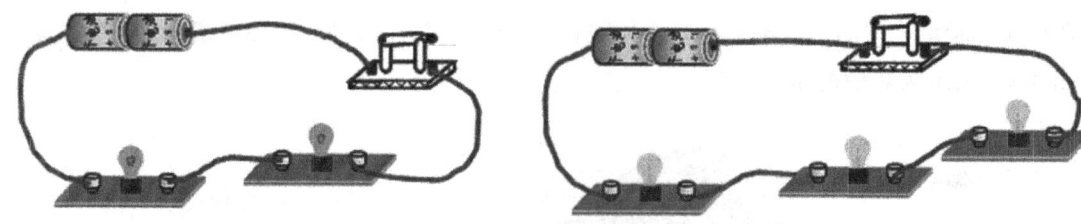

图 3-3-10 串联电路示例图

观察上面实验现象,总结该电路的特点:
(1)电流只有一条路径;
(2)各用电器间相互影响;
(3)开关控制整个电路的通断,且与开关的位置无关。

3. 电阻的串联

1)定 义

电阻的串联:把两个或两个以上的电阻依次连接起来,使电流只有一条通路,如图3-3-11所示。

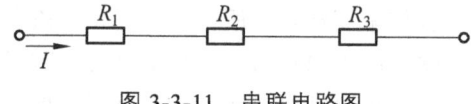

图 3-3-11 串联电路图

2)特 点
(1)电路中电流处处相等。
(2)电路总电压等于各部分电路两端的电压之和。

3)重要性质
(1)总电阻:

$$U = IR;\ U_1 = IR_1;\ U_2 = IR_2;\ \cdots;\ U_n = IR_n$$

$$U = U_1 + U_2 + U_3 + \cdots + U_n$$

$$IR = IR_1 + IR_2 + IR_3 + \cdots + R_n$$

$$R = R_1 + R_2 + R_3 + \cdots + R_n$$

结论:串联电路的总电阻等于各个电阻之和。

(2)电压分配:

$$I = \frac{U_1}{R_1};\ I = \frac{U_2}{R_2};\ I = \frac{U_3}{R_3};\ \cdots;\ I = \frac{U_n}{R_n}$$

$$\frac{U_1}{R_1} = \frac{U_2}{R_2} = \frac{U_3}{R_3} = \cdots = \frac{U_n}{R_n} = I$$

结论:串联电路中各电阻两端的电压与它的阻值成正比。

若两个电阻串联，则

$$U_1 = IR_1; \quad U_2 = IR_2; \quad I = \frac{U}{R_1 + R_2}$$

$$U_1 = \frac{R_1}{R_1 + R_2}U; \quad U_2 = \frac{R_2}{R_1 + R_2}U$$

（3）功率分配：

$$P = IU = I^2R$$

$$P_1 = I^2R_1; \quad P_2 = I^2R_2; \quad P_3 = I^2R_3; \quad \cdots; \quad P_n = I^2R_n$$

$$\frac{P_1}{R_1} = \frac{P_2}{R_2} = \frac{P_3}{R_3} = \cdots = \frac{P_n}{R_n}$$

结论：串联电路中各电阻消耗的功率与它的阻值成正比。

【例1】 有一盏额定电压 $U_1 = 40\text{ V}$，额定电流 $I = 5\text{ A}$ 的电灯，应该怎样把它接入电压 $U = 220\text{ V}$ 的照明电路中？

解：将电灯（设电阻为 R_1）与一只分压电阻 R_2 串联后，接入 $U = 220\text{ V}$ 电源上，如图3-3-12所示。

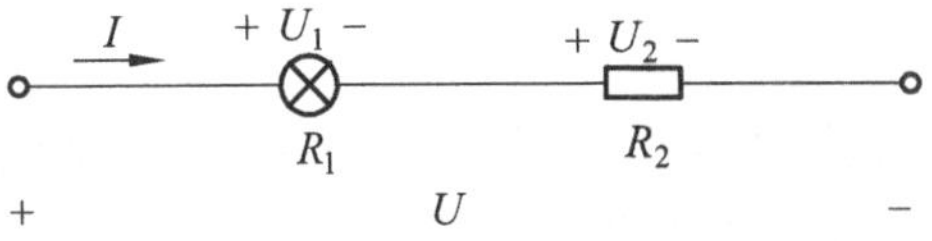

图3-3-12 连接有电灯的串联电路

解法一：分压电阻 R_2 上的电压

$$U_2 = U - U_1 = 220 - 40 = 180\text{（V）}，且 U_2 = R_2I$$

则

$$R_2 = \frac{U_2}{I} = \frac{180}{5} = 36\text{（Ω）}$$

解法二：利用两只电阻串联的分压公式

$$U_1 = \frac{R_1}{R_1 + R_2}U，且 R_1 = \frac{U_1}{I} = 8\text{（Ω）}$$

可得

$$R_2 = R_1\frac{U - U_1}{U_1} = 36\text{（Ω）}$$

将电灯与一只36 Ω的分压电阻串联后，接入 $U = 220\text{ V}$ 的照明电路中即可。

（二）并联电路

1. 实验一

和研究串联电路类似，观察电路中所发生的变化。该电路中，两个小灯泡都发光时，取下其中一个小电灯，观察到的现象：另一只小电灯仍在发光。

如图 3-3-13 所示，把用电器并列连接起来的电路，称为并联电路。根据上面实物图，画出对应的电路如图 3-3-14 所示。

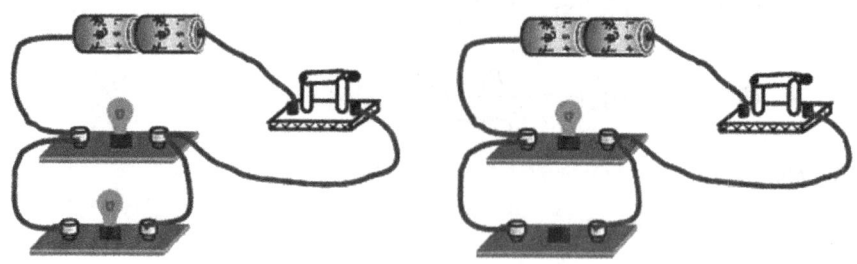

图 3-3-13　并联电路实物图

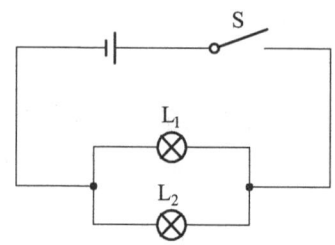

图 3-3-14　并联电路图

2. 实验二

观察如图 3-3-15 所示电路发生的现象，在两个小灯泡并联的电路上，再并联一个小电灯，接通电路后，观察到电灯的亮度基本不变。

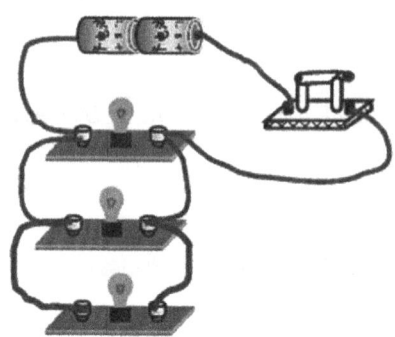

图 3-3-15　并联电路示例图

观察上面实验现象，总结该电路的特点：
（1）电流路径至少有两条；
（2）各元件电流的通断互不影响；
（3）开关作用：与位置无关、干路开关控制整个电路、支路开关控制它所在的支路。

3. 电阻的并联

1）定　义

电阻的并联：把若干个电阻一端连接在一起，另一端连接在一起，如图 3-3-16 所示。

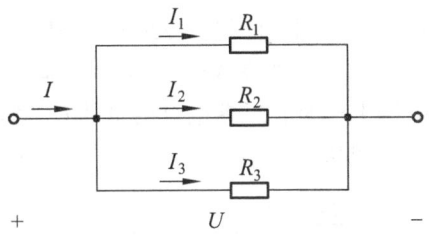

图 3-3-16 并联电路图

2）特　点

（1）电路中各支路两端的电压相等；

（2）电路中总电流等于各支路的电流之和。

3）重要性质

（1）总电阻：

设电压为 U，根据欧姆定律，则

$$I = \frac{U}{R}\ ;\ I_1 = \frac{U}{R_1}\ ;\ I_2 = \frac{U}{R_2}\ ;\ \cdots\ ;\ I_n = \frac{U}{R_n}$$

因为

$$I = I_1 + I_2 + I_3 + \cdots + I_n$$

所以

$$\frac{1}{R} = \frac{1}{R_1} + \frac{1}{R_2} + \frac{1}{R_3} + \cdots + \frac{1}{R_n}$$

结论：并联电路总电阻的倒数等于各个电阻的倒数之和。

（2）电流分配：

$$U = I_1 R_1\ ;\ U = I_2 R_2\ ;\ U = I_3 R_3\ ;\ \cdots\ ;\ U = I_n R_n$$

$$I_1 R_1 = I_2 R_2 = I_3 R_3 = \cdots = I_n R_n = U$$

结论：并联电路中通过各个电阻的电流与它的阻值成反比。

当只有两只电阻并联时

$$I_1 = \frac{R_2}{R_1 + R_2} I\ ;\ I_2 = \frac{R_1}{R_1 + R_2} I$$

（3）功率分配：

$$P_k = UI_k = \frac{U^2}{R_k}$$

$$P_1 R_1 = P_2 R_2 = P_3 R_3 = \cdots = P_n R_n$$

结论：并联电路中各个电阻消耗的功率与它的阻值成反比。

【例2】 如图 3-3-17 所示,电源供电电压 $U = 220\text{ V}$,每根输电导线的电阻均为 $R_1 = 1\text{ }\Omega$,电路中一共并联 100 盏额定电压 220 V、功率 40 W 的电灯。假设电灯正常发光时电阻值为常数。试求:(1)当只有 10 盏电灯工作时,每盏电灯的电压 U_L 和功率 P_L;(2)当 100 盏电灯全部工作时,每盏电灯的电压 U_L 和功率 P_L。

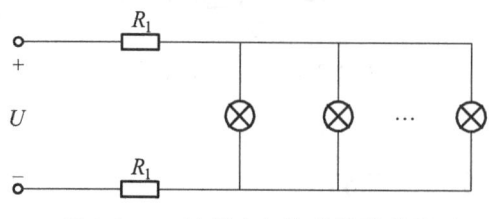

图 3-3-17 连接有灯泡的并联电路

解: 每盏电灯的电阻为 $R = \dfrac{U^2}{P} = 1\,210\text{ }\Omega$,$n$ 盏电灯并联后的等效电阻为

$$R_n = \dfrac{R}{n}$$

根据分压公式,可得每盏电灯的电压 $U_L = \dfrac{R_n}{2R_1 + R_n}U$,功率 $P_L = \dfrac{U_L^2}{R}$。

(1)当只有 10 盏电灯工作时,即 $n = 10$,则 $R_n = R/n = 121\text{ }\Omega$,因此

$$U_L = \dfrac{R_n}{2R_1 + R_n}U \approx 216\text{ (V)},\quad P_L = \dfrac{U_L^2}{R} \approx 39\text{ (W)}$$

(2)当 100 盏电灯全部工作时,即 $n = 100$,则 $R_n = R/n = 12.1\text{ }(\Omega)$,则

$$U_L = \dfrac{R_n}{2R_1 + R_n}U \approx 189\text{ (V)},\quad P_L = \dfrac{U_L^2}{R} \approx 29\text{ (W)}$$

(三)混联电路

1. 混联

既有电阻的串联又有电阻的并联,称为电阻的混联。

2. 复杂混联电路的分析及计算步骤

(1)首先整理清楚电路中电阻的串、并联关系,必要时重新画出串、并联关系明确的电路图;

(2)利用串、并联等效电阻公式计算出电路中总的等效电阻;

(3)利用已知条件进行计算,确定电路的端电压与总电流;

(4)根据电阻分压关系和分流关系,逐步推算出各支路的电流或各部分的电压。

【例3】 如图3-3-18所示,已知 $R_1 = R_2 = 8\text{ }\Omega$,$R_3 = R_4 = 6\text{ }\Omega$,$R_5 = R_6 = 4\text{ }\Omega$,$R_7 = R_8 = 24\text{ }\Omega$,$R_9 = 16\text{ }\Omega$,电压 $U = 224\text{ V}$。

试求:

（1）电路总的等效电阻 R_{AB} 与总电流 I_Σ；
（2）电阻 R_9 两端的电压 U_9 与通过它的电流 I_9。

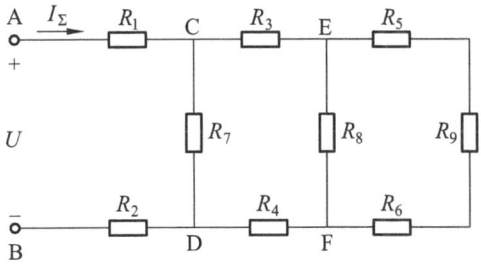

图 3-3-18　混联电路

解：

（1）R_5、R_6、R_9 三者串联后，再与 R_8 并联，E、F 两端等效电阻

$$R_{EF} = (R_5 + R_6 + R_9) // R_8 = 12 \;(\Omega)$$

R_{EF}、R_3、R_4 三电阻串联后，再与 R_7 并联，C、D 两端等效电阻

$$R_{CD} = (R_3 + R_{EF} + R_4) // R_7 = 12 \;(\Omega)$$

总的等效电阻 $R_{AB} = R_1 + R_{CD} + R_2 = 28 \;(\Omega)$

总电流　　$I_\Sigma = U / R_{AB} = 224/28 = 8 \;(A)$

（2）利用分压关系求各部分电压：$R_{CD} = R_{CD} I_\Sigma = 96 \;(V)$

$$U_{EF} = \frac{R_{EF}}{R_3 + R_{EF} + R_4} U_{CD} = \frac{12}{24} \times 96 = 48 \;(V)$$

$$I_9 = \frac{U_{EF}}{R_5 + R_6 + R_9} = 2 \;(A), \quad U_9 = R_9 I_9 = 32 \;(V)$$

五、电路的实际应用

（一）直流在轨道交通中的应用

如图 3-3-19 所示为双机组双边供电方式，分别向上行、下行车辆进行主备供电，两个相邻的牵引变电站同时向站内同一馈电区间供电。

如图 3-3-20 所示为城市轨道交通牵引供电系统：从主降压变电站及其以后部分，包括：直流牵引变电所、馈电线、接触网、走行轨及回流线等。

（二）直流在生活中的应用

如图 3-3-21 所示为直流在生活中的应用。

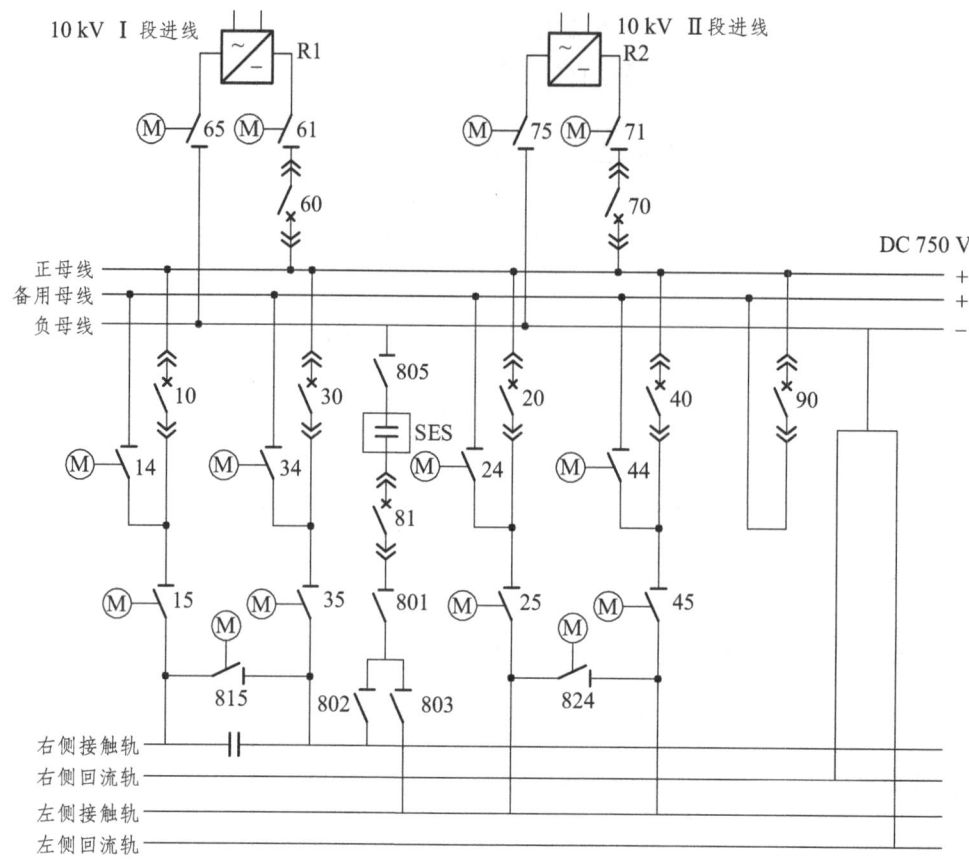

图 3-3-19 双机组双边供电示意图

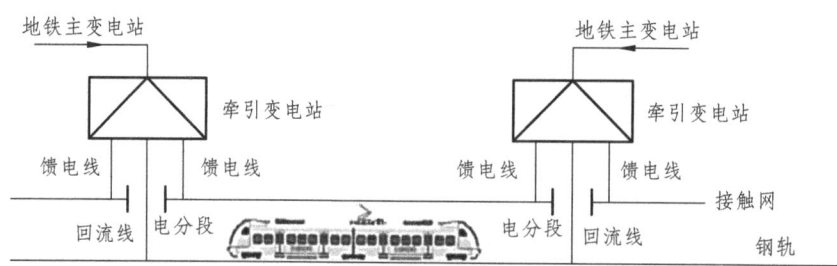

图 3-3-20 城市轨道交通牵引供电系统

图 3-3-21 直流在生活中的应用

【巩固练习】

1．电路连接的三种方式是什么？
2．串联、并联及混联电路的特点分别是什么？
3．混联电路的整理方法是什么？

操作实训

【实训任务】

电阻的测量。

【实训目标】

1．学习根据被测电阻的数值和精度要求选择不同的测量方法。
2．学习使用万用表的欧姆档、兆欧表测量电阻的方法。
3．掌握使用单臂电桥测量电阻的方法。

【实训意义】

1．测量基本用电参数——电阻；
2．练习测量不同电路连接方式中的电阻。

【实训工具】

（1）万用表、单臂电桥、兆欧表各一只。
（2）1 Ω～1 MΩ不同阻值的固定电阻 10 只。
（3）三相异步电动机 1 台。

【任务实施】

电阻按其阻值的大小可分为三类：低值电阻（1 Ω以下）；中值电阻（1 Ω～1 MΩ）；高值电阻（1 MΩ以上）。

低值电阻如导线、接触电阻、线绕电阻等，其电阻值测量应使用专门的测量仪器，如直流双臂电桥；中值电阻在实践中应用较多，如电位器、变阻抗器、各种定值电阻等，常用的测量方法有伏安法、万用表法、直流单臂电桥法，具体测量方法由测量精度要求决定（一般测量采用伏安法、万用表法，精密测量用直流单臂电桥法）；高值电阻主要是绝缘电阻，常用的测量方法有兆欧表法。

1．万用表法测电阻

（1）原理说明：使用万用表的欧姆档测电阻，是一种简便、易行的粗测量手段。被测电阻值 $R=$ 面板读数×倍率，例如用 $R×10\ \Omega$ 档测量时，面板读数为 150，则表示被测电阻阻值为 $150×10\ \Omega=1\ 500\ \Omega$。

（2）注意问题：待测电阻必须在不带电的情况下进行测量；万用表选择开关置于任一欧姆档时，应先进行欧姆调零，若无法调零，则应更换电池后再试；为了使测量更准确，应选择合适的量程，使指针指在中央刻度线（欧姆中心值）左右 1/3 范围内。

2. 单臂电桥法测电阻

（1）原理说明：单臂电桥又称惠斯通电桥，如图3-3-22所示，由三个已知电阻（R_1、R_2、和R）和一个待测电阻（R_x）共同构成桥式电路。在C、D点之间架有一"桥"，检流计用来指示"桥"上电流情况。

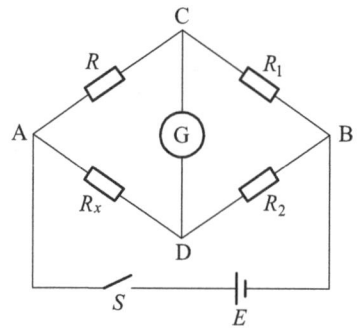

图 3-3-22　单臂电桥法示意图

调节R的值，到检流计指针指零，称电桥达到平衡状态。

$$U_{CB} = R_1 \frac{E}{R_1 + R} = U_{DB} = R_2 \frac{E}{R_2 + R_x}$$

整理化简：

$$R_x = \frac{R_2}{R_1} R$$

表达式中R_1、R_2是以比值形式出现的，称R_2/R_1为比例臂（比率臂、倍率）；R是用来调节电桥以达到平衡状态的，称为比较臂；R_x是待测电阻，称为测量臂。这样，整个电桥就是由四个桥臂和一个"桥"共同构成。测量时，调整桥臂上的已知电阻，直到检流计电流等于零，即指针不偏转，此时待测电阻R_x＝比较臂的读数×倍率。

如图3-3-23所示是直流单臂电桥的面板，其中四个比较臂阻值之和即为比较臂读数。

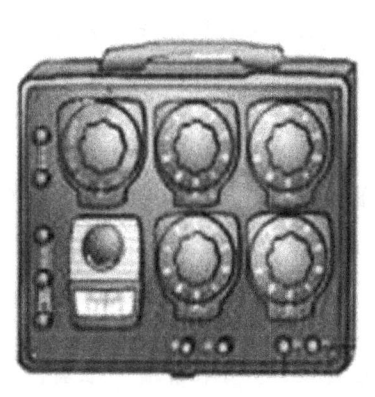
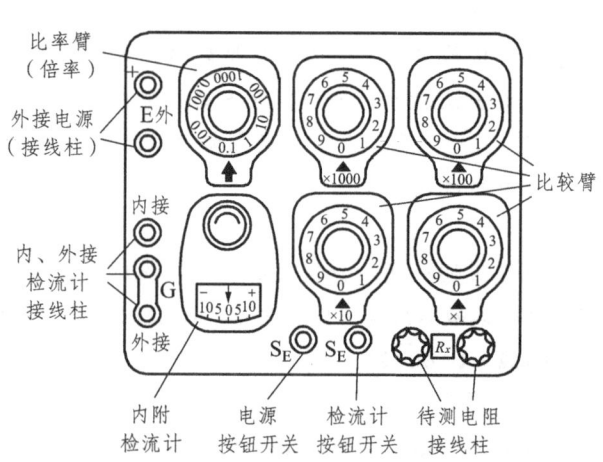

图 3-3-23　直流单臂电桥面板示意图

由上可知，R_X的值决定于R_1、R_2、和R的值，与电源电压无关，测量时避免了电源电压波动的影响，因此误差较小，精度较高。

（2）注意问题：尽量减小被测电阻与电桥的连接电阻；恰当选择倍率，使比较臂的四档都被利用；正确操作按钮开关顺序；测量完毕，立即将检流计锁扣锁上。

3．兆欧表法测电阻

兆欧表由一个手摇发电机、表头和三个接线柱（L：线路端、E：接地端、G：屏蔽端）组成，如图 3-3-24 所示。

图 3-3-24　兆欧表示意图

（1）原理说明：兆欧表主要用于测量绝缘电阻，如三相异步电动机定子绕组的相间绝缘和对地绝缘，接触器的相间绝缘等。测量时，一般只需将兆欧表的"L"与被测导体相连，"E"和另一被测导体、地或设备外壳相连。

（2）注意问题：摇动手柄，应由慢渐快增加到 120 r/min，手摇发电机时要保持匀速。若发现指针指零，应立即停止摇动手柄。在匀速摇动手柄 1 min 以后且待指针稳定时，方可读数。

任务四　基尔霍夫定律

【学习目标】

1．了解支路、节点、回路和网孔的概念。
2．掌握基尔霍夫电流、电压定律。
3．能应用基尔霍夫电流、电压定律列出两个网孔的电路方程。

【知识要点】

1．基尔霍夫电压定律、基尔霍夫电流定律。
2．基尔霍夫定律的应用。

【理论知识】

电路是由多个元件互联而成的整体，在这个整体当中，元件除了要遵循自身的电压电流关系（即元件自身的 VCR——Voltage Current Relation）外，同时还必须要服从电路整体上的电压电流关系，即电路的互联规律。基尔霍夫定律就是研究这一规律的。

基尔霍夫定律由两个定律组成，是分析与计算电路的基本定律。

支路：由一个或几个元件首尾相接构成的无分支电路。在图3-4-1所示电路图中，R_1和E_1构成一条支路，R_2和E_2构成一条支路，R_3是另一条支路。

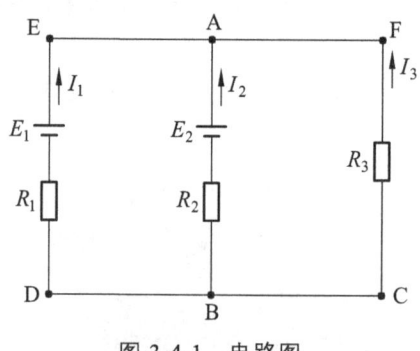

图 3-4-1　电路图

节点：三条或三条以上的支路汇聚的点。图3-4-1中的A点和B点都是节点。

回路：电路中任一闭合路径。图3-4-1中的CDEFC、AFCBA、EABDE都是回路。

网孔：没有支路的回路称为网孔。图3-4-1中的电路有两个网孔，分别是AFCBA、EABDE。

一、基尔霍夫电流定律（KCL）

基尔霍夫电流定律用来确定连接在同一节点上的各支路电流之间的关系。

定律形式一：电路中任意一个节点上，流入节点的电流之和等于流出节点的电流之和。

$$\sum I_入 = \sum I_出$$

定律形式二：在任意节点上，任一瞬间，各支路电流的代数和等于零。

$$\sum i = 0，对任意波形的电流$$

$$\sum I = 0，直流电路$$

一般规定：流入节点的电流取正值，流出节点的电流值取负值（反之亦然）。

注意的问题：

（1）对于含有n个节点的电路，只能列出$n-1$个独立的电流方程；

（2）列节点电流方程时，只需考虑电流的参考方向，而无须考虑电流的实际方向，当所计算的电流的数值为负值时，说明实际的电流方向与所选定的电流的参考方向相反。当所计算的电流的数值为正值时，说明实际的电流方向与所选定的电流的参考方向相同。

KCL不仅适用于节点，也可推广应用于包括数个节点的闭合面（可称为广义节点），即通过任一封闭面的所有支路电流的代数和恒等于零。

二、基尔霍夫电压定律（KVL）

基尔霍夫电压定律用来确定回路中各段电压之间的关系。

表述1：在任一瞬间沿回路绕行一周，所有电动势的代数和等于电压降的代数和，写作：

$$\sum E = \sum U = \sum IR$$

如图3-4-1所示电路选逆时针为绕行方向。则：$E_2 - E_1 = U_4 - U_3$。

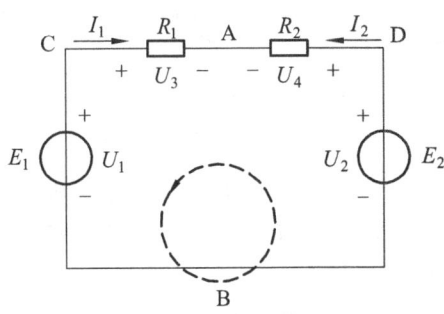

图3-4-2　KVL示意图

式中各电压和电动势的正、负符号的确定方法如下：

（1）首先选定各支路电流的方向。

（2）选择回路的绕行方向（既可沿着顺时针方向绕行，也可沿着逆时针方向绕行）。

（3）电阻元件的端电压为 $\pm IR$，当通过电阻的电流方向与绕行方向一致，该电阻上的电压取正号；否则取负号。

（4）电源电动势为 $\pm E$，当电源电动势的标定方向与回路绕行方向一致时，选取正号；否则取负号。不考虑流过电源的电流方向。

表述2：在任何时刻，沿着电路中的任一回路绕行方向，回路中各段电压的代数和恒等于零，即：

$$\sum U = 0$$

如图3-4-2所示电路选逆时针为绕行方向。则：$U_4 - U_3 - E_2 + E_1 = 0$。

式中各电压和电动势的正、负符号的确定方法如下：

（1）首先选定各支路电流的方向；

（2）选择回路的绕行方向（既可沿着顺时针方向绕行，也可沿着逆时针方向绕行）；

（3）电阻元件的端电压为 $\pm IR$，当通过电阻的电流方向与绕行方向一致，该电阻上的电压取正号；否则取负号。

（4）电源电压为 $\pm U$，当电源电压方向与回路绕行方向一致时，选取正号；否则取负号。不考虑流过电源的电流方向。

KVL不仅适用于电路中任一闭合回路，还可推广应用于任一不闭合回路。

三、支路电流法

凡不能用电阻串、并联等效简化的电路都称为复杂电路，如图3-4-3所示。

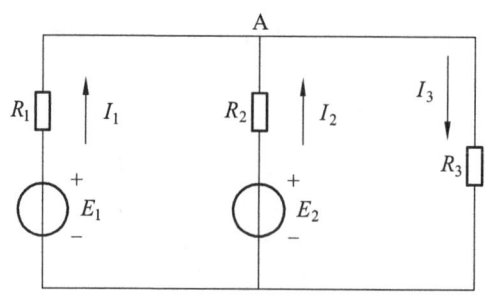

图 3-4-3　复杂电路示意图

支路电流法是计算复杂电路的一种基本方法，其基本原则是：以支路电流为求解对象，应用基尔霍夫电流、电压定律对节点和回路列出所需的方程组，然后求解各支路电流。

用支路电流法求解电路的步骤：

步骤一　确定支路数 b，选择各支路电流参考方向。

步骤二　根据节点数列写独立的 KCL 方程。

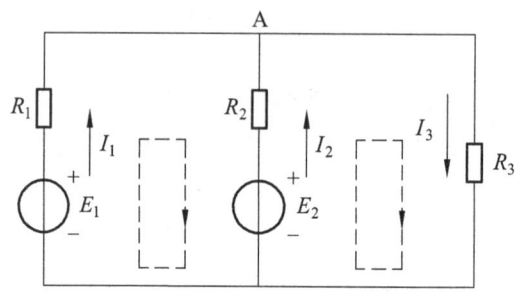

图 3-4-4　支路电流法

$I_1 + I_2 - I_3 = 0$，对于有 n 个节点的电路，只能列出 $(n-1)$ 个独立的 KCL 方程式。

步骤三　应用 KVL 列出余下的 $b-(n-1)$ 个方程。

$$E_1 - E_2 = R_1 I_1 - R_2 I_2, \quad E_2 = R_2 I_2 + R_3 I_3$$

注意：所列回路电压方程必须是独立的方程，一般可以网孔为回路列电压方程；电压方程数视未知量减电流方程数所定。

步骤四　联立方程组，求解出各支路电流。

【巩固练习】

1．什么是基尔霍夫电流定律？
2．什么是基尔霍夫电压定律？
3．如何利用支路电流法求解复杂电路中的电流和电压？

操作实训

【实训任务】

节点电流和回路电压的规律。

【实训目标】

总结电路中节点电流及回路电压的规律。

【实训工具】

（1）实验接线板一块。

（2）直流稳压电源两台（输出电压一台 1.5 V，一台 12 V），或双路直流电源一台。

（3）万用表一只，毫安表（10 mA）三只。

（4）电阻 1 kΩ、4 kΩ、5 kΩ 各一只。

【任务实施】

如图 3-4-5 所示为测试电路图。

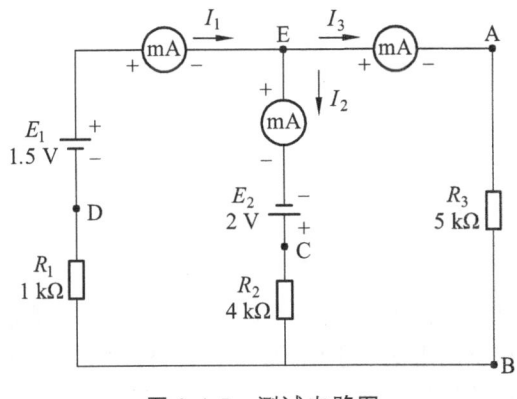

图 3-4-5　测试电路图

（1）按照实验电路连接各元件及毫安表，读出各毫安表的数值，填入表 3-4-1 测量值 1 栏中。

（2）用万用表直流电压档测量 U_{AB}、U_{CB} 和 U_{DB}，填入表 3-4-1 测量值 1。

（3）将 E_1 改为 2 V，E_2 改为 1.5 V，再读各毫安表，再测 U_{AB}、U_{CB} 和 U_{DB}，填入表 3-4-1 测量值 2 栏中。

表 3-4-1

测量值	被测段	U_{AB}	U_{CB}	U_{DB}
测量值 1				
测量值 2				

【任务分析】

（1）对于节点 E，找出流入节点的电流和流出节点的电流，它们之间是什么关系？可以得出什么结论？

（2）对于如图 3-4-5 所示电路图中回路 ECBDE，找出沿某一绕行方向上，所有电动势的代数和与各电阻上电压降的代数和，它们之间是什么关系？可以得出什么结论？

项目四 交流电路

任务一 正弦交流电路

【学习目标】
1. 了解什么是正弦交流电及产生过程。
2. 掌握正弦交流电的三要素。
3. 掌握正弦交流电的表示方法。

【知识要点】
1. 正弦交流电的要素。
2. 正弦交流电的表示方法。

【理论知识】

在现代工农业生产及日常生活中,除了必须使用直流电的特殊情况外,绝大多数时候都是应用交流电,如发电厂提供的电能、生活生产用电、科学实验用电等。那交流电有哪些特性呢?下面介绍交流电的相关知识。

如果在电路中电动势的大小与方向均随时间按正弦规律变化,由此产生的电流、电压大小和方向也是正弦的,这样的电路称为正弦交流电路。

一、正弦交流电的三要素

(一) 最大值和有效值

(1) 最大值(幅值)。在一个周期里最大的瞬时值叫最大值,它是交流电的振幅,通常用大写字母并加注下标 m 表示。如 I_m、U_m 及 E_m。如图 4-1-1 中 I_m。

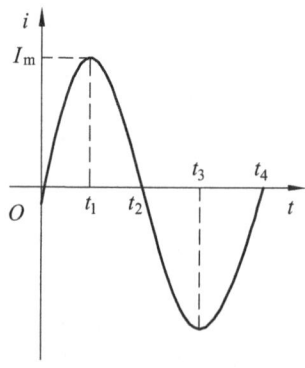

图 4-1-1 正弦量的波形图

可见，最大值实际上就是最大的瞬时值，也是与时间有关的量。

（2）有效值。若有一交流电流 i 通过电阻 R，在一个周期时间内消耗的电能，与直流电流 I 在同样时间内通过同一电阻所消耗的电能相等，则该直流电流 I 的数值称为该交流电流 i 的有效值。

在工程中，正弦电压与电流的计量不是瞬时值也不是幅值，而是有效值。

（3）正弦交流电有效值和最大值之间的关系：

正弦交流电的有效值等于它的最大值除以 $\sqrt{2}$，而与其频率及初相无关。

$$E = \frac{E_\mathrm{m}}{\sqrt{2}} = 0.707 E_\mathrm{m} \text{（适用于正弦交流电）} \tag{4-1-1}$$

$$U = \frac{U_\mathrm{m}}{\sqrt{2}} = 0.707 U_\mathrm{m} \tag{4-1-2}$$

$$I = \frac{I_\mathrm{m}}{\sqrt{2}} = 0.707 I_\mathrm{m} \tag{4-1-3}$$

（二）角频率 ω

角频率 ω 表示正弦量在单位时间内变化的弧度数，单位为 rad/s。

在一个周期 T 内，正弦量的相位增加 2π 弧度。由角频率的定义可知，角频率和频率间的关系为

$$\omega = \frac{2\pi}{T} = 2\pi f \tag{4-1-4}$$

（三）初 相

某电流的瞬时值表达式如下：

$$i = I_\mathrm{m} \sin(\omega t + \psi_\mathrm{i}) \tag{4-1-5}$$

上式中的 $\omega t + \psi_\mathrm{i}$ 是反映正弦量变化速度的电角度，可根据 $\omega t + \psi_\mathrm{i}$ 确定任意时刻交流电的瞬时值，把这个电表示角度称为正弦量的"相位"，把 $t = 0$ 时刻正弦量的相位叫作"初相"，用"ψ_i"字母表示，如图 4-1-2 所示。

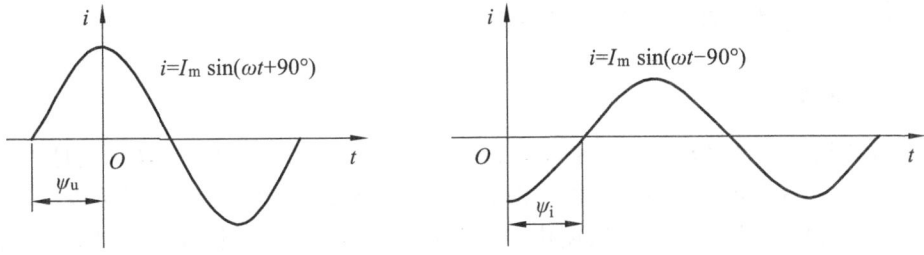

图 4-1-2 正弦量的初相图

二、相位差

两个同频率的正弦量之间的初相位之差,用字母"φ"表示。如:

$$u = U_m \sin(\omega t_1 + \psi_u) \tag{4-1-6}$$

$$i = I_m \sin(\omega t_2 + \psi_i) \tag{4-1-7}$$

$$\varphi_{ui} = (\omega t_1 + \psi_u) - (\omega t_2 + \psi_i) = (\psi_u - \psi_i) \tag{4-1-8}$$

可见:两个同频率正弦量的相位差,等于它们的初相差。

如图 4-1-3 所示,下面分别对相位差加以讨论。

(1)$\varphi = \varphi_{ui} = (\psi_u - \psi_i) < 0$,电流超前电压 φ,如图 4-1-3(a)所示。
(2)$\varphi = \varphi_{ui} = (\psi_u - \psi_i) > 0$,电压超前电流 φ,如图 4-1-3(b)所示。
(3)$\varphi = \varphi_{ui}(\psi_u - \psi_i) = 0$,电流和电压同相,如图 4-1-3(c)所示。
(4)$\varphi = \varphi_{ui}(\psi_u - \psi_i) = 180°$,电流和电压反相,如图 4-1-3(d)所示。
(5)$\varphi = \varphi_{ui}(\psi_u - \psi_i) = 90°$,电压与电流正交,如图 4-1-3(e)所示。

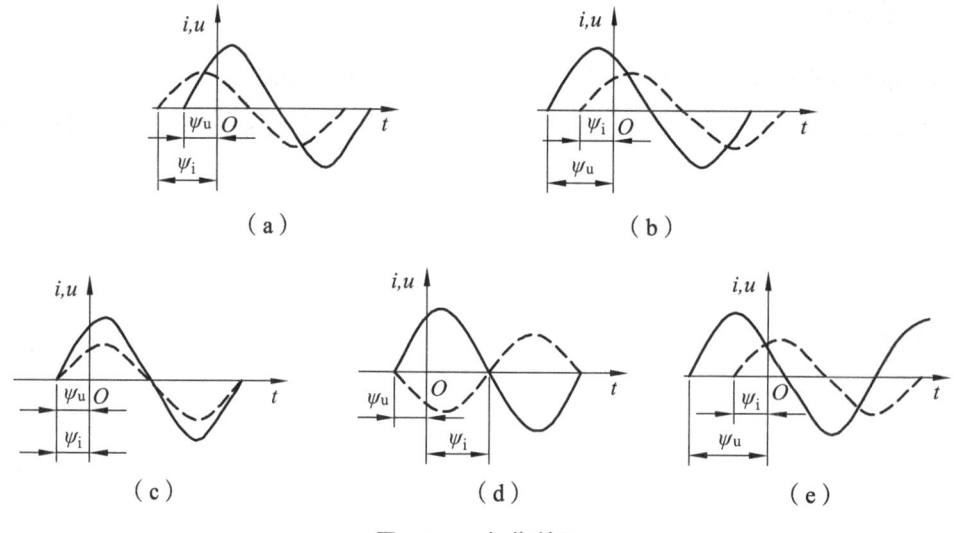

图 4-1-3 相位差图

三、正弦交流电的表示法

任何一种表示方法,都必须准确描述正弦交流电的三要素。

(一)波形图表示法

如图 4-1-4 所示,横坐标表示角度 ωt(或 t),纵坐标表示随时间变化的电动势、电压和电流的瞬时值,这就是正弦交流电的波形图表示法。波形图的优点是它不仅可以反映出交流电的最大值、初相及角频率,还可以反映交流电随时间的变化趋势以及同频率的不同正弦量间的超前和滞后关系。

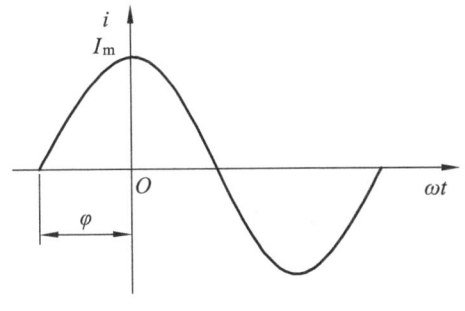

图 4-1-4 交流电的波形图

(二)解析式表示法

解析式表示法即函数表示法，如图 4-1-4 所示交流电的解析式为

$$i = I_m \sin(\omega t + \varphi) \tag{4-1-9}$$

已知交流电的有效值（或最大值）、频率（或周期、角频率）和初相，就可写出它的解析式，从而也可算出交流电任何瞬时的瞬时值。

(三)旋转矢量表示法 φ

用旋转矢量表示正弦交流电的方法，如图 4-1-5 所示。矢量的长度表示正弦交流电的最大值（或有效值）；矢量与横轴的夹角表示初相角，$\varphi > 0$ 在横轴的上方，$\varphi < 0$ 在横轴的下方；矢量以角速度 ω 逆时针旋转。

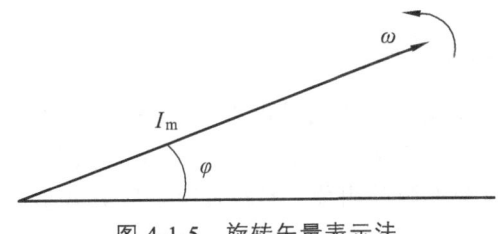

图 4-1-5 旋转矢量表示法

【巩固练习】

1. 正弦交流电的三要素是什么？
2. 正弦交流电的表示方法都有哪些？

任务二 单相交流电路

【学习目标】

1．理解电感、电容对交流电的阻碍作用。
2．掌握纯电阻、纯电感、纯电容电路中电压与电流的关系。
3．掌握纯电阻电路、纯电感、纯电容电路的功率。

【知识要点】

1．纯电阻电路。
2．纯电感电路。

【理论知识】

把负载接到由交流电源组成的电路叫交流电路，交流电路按电源中交变电动势的个数分为单相交流电路和三相交流电路，单相交流电路只有一个交变电动势。今天我们来学习单相交流电路。

一、纯电阻电路

纯电阻电路是最简单的交流电路，由交流电和纯电阻元件组成，如图 4-2-1 所示。在日常生活和工作中接触到的白炽灯、电烙铁、电炉等都是电阻性负载，它们与交流电源连接组成纯电阻电路。

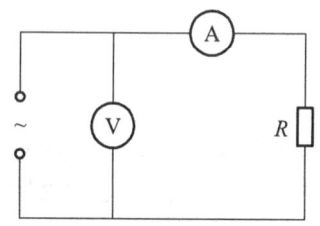

图 4-2-1　纯电阻电路

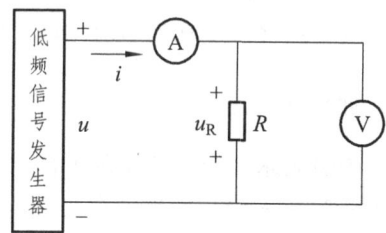

图 4-2-2　纯电阻电路实验原理图

（一）电流与电压间数量关系

纯电阻电路中电流、电压间的数量关系可以通过图 4-2-2 所示的实验来研究。按图连接好电路，无论怎样改变信号发生器的输出电压和频率，从电流表和电压表的读数可知，电压与电流成正比，比值等于电阻的阻值。实验表明电压有效值与电流有效值遵循欧姆定律。即

$$I = \frac{U_R}{R} \tag{4-2-1}$$

若将上式两边同乘以 $\sqrt{2}$，则

$$\sqrt{2}I = \frac{\sqrt{2}U_R}{R}$$

$$I_m = \frac{U_m}{R} \tag{4-2-2}$$

这表明，纯电阻电路中，电流与电压最大值之间服从欧姆定律。

纯电阻电路中，由于电流与电压同相，设流过电阻的电流为

$$i = I_m \sin \omega t$$

则电阻两端的电压为

$$u_R = U_R \sin \omega t$$

由此可以得到

$$i = \frac{u_R}{R} \qquad (4\text{-}2\text{-}3)$$

上式表明纯电阻电路的电压、电流的瞬时值服从欧姆定律，这是纯电阻电路所特有的公式。

（二）电流与电压间相位关系

我们可以通过如图 4-2-2 所示的实验，来研究电流和电压间的相位关系。按图连接好电路（频率 10 Hz），当电路接通后，观察电流表和电压表的指针，可以看到它们同时到达最大值，同时回到零值，又同时到达右边最大值，即电压表与电流表同步摆动。实验表明纯电阻电路中，电压和电流是两个同频率、同相位的正弦量，波形图和向量图如图 4-2-3 所示。

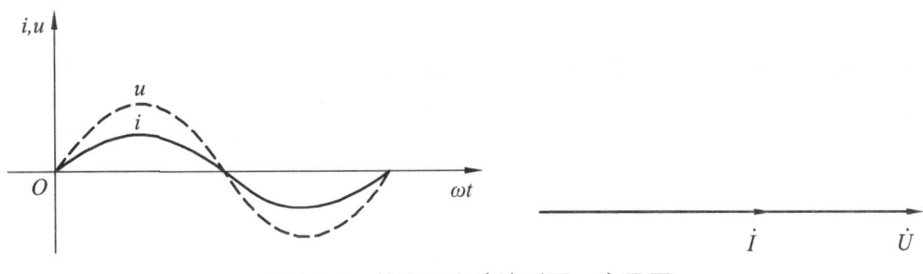

图 4-2-3 纯电阻电路波形图、向量图

（三）电阻元件的功率

1. 瞬时功率

在交流电路中，通过电阻元件的电流及其两端电压都是交变的，电阻吸收的功率也必然是随时间变化的。把电阻在任一瞬时所吸收的功率称为瞬时功率，用 p 表示，设 u、i 为关联参考方向，则瞬时功率等于同一瞬时电压和瞬时电流的乘积，即

$$\begin{aligned} p &= ui = U_{Rm} \sin \omega t I_m \sin \omega t \\ &= U_{Rm} I_m \frac{1 - \cos 2\omega t}{2} \\ &= U_R I - U_R I \cos 2\omega t \end{aligned} \qquad (4\text{-}2\text{-}4)$$

上式表明：瞬时功率是随时间变化的，由于电阻元件的电压和电流同相位，它们的瞬时值是同时为正或为负，所以瞬时功率总为正值，这表明电阻元件在每一时刻都在消耗电能，所以电阻元件是耗能元件。图 4-2-4 所示为纯电阻电路的功率曲线。

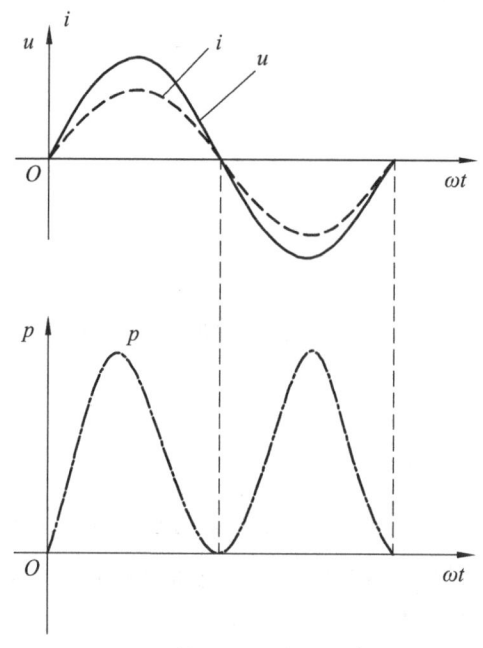

图 4-2-4 纯电阻电路的功率曲线

2. 平均功率

由于瞬时功率是随时间变化的，使用时不方便，因而工程上所说的功率为瞬时功率在一个周期内的平均值，称为平均功率，用大写字母 P 表示，平均功率又称为有功功率，它的单位为瓦特（W）或千瓦（kW）。

$$P = UI = I^2 R = \frac{U^2}{R} \tag{4-2-5}$$

上式与直流电路的功率计算公式在形式上完全相同，但式中 U、I 是电压、电流的有效值。

二、纯电感电路

由交流电源与纯电感元件组成的电路称为纯电感电路，如图 4-2-5 所示。它是一个理想的电路模型。实际的电感线圈都有一定的电阻，当电阻很小时，小到可以忽略不计时，可近似看作纯电感元件，计算出来的结果与实际电感电路的结果近似相同。

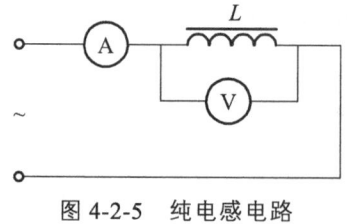

图 4-2-5 纯电感电路

（一）电感对交流电的阻碍作用

通过如图 4-2-6 所示实验来研究电感线圈对交流电的阻碍作用。按图接好电路，在保证电压不变的前提下,将低频信号发生器的频率从零开始增加,观察交流电流表的读数,发现随着电源频率的增加电流减小,这说明随着频率的增加电感线圈对交流电流阻碍作用也增加,把线圈对通过自身的交流电的阻碍作用称为感抗,用 X_L 表示。

$$X_L = \omega L = 2\pi f L \tag{4-2-7}$$

式中　f——电源频率,单位是赫兹,符号为 Hz;
　　　L——线圈的电感,单位是亨利,符号为 H;
　　　X_L——线圈的感抗,单位是欧姆,符号为Ω;

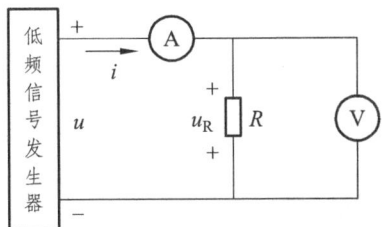

图 4-2-6　纯电感电路实验原理图

由上式我们可以看出感抗与通过它的电流的频率成正比。所以,电感线圈在电路中有"通直流、阻交流"或"通低频、阻高频"的特性。

(二)电流与电压关系

1. 电流与电压间数量关系

通过如图 4-2-6 所示的电路来研究纯电感电路中电流和电压之间的数量关系。按图接好电路,在保证正弦交流电源频率一定的条件下,任意改变信号源的电压值,从电流表和电压表的读数可知,电压与电流成正比,即

$$U_L = X_L I \tag{4-2-8}$$

式中　U_L——电感线圈两端的电压有效值,单位是伏,符号为 V;
　　　I——通过线圈的电流有效值,单位是安,符号为 A;
　　　X_L——电感的感抗,单位是欧,符号为 Ω;
若将式 4-2-8 两边同乘以 $\sqrt{2}$,得到

$$U_m = X_L I_m \tag{4-2-9}$$

这说明纯电感电路中,电流、电压的有效值和最大值服从欧姆定律。

2. 电流与电压间相位关系

通过如图 4-2-6 所示的实验研究纯电感电路中电流与电压间的相位关系。按图连接好电路(频率 10 Hz),当电路接通后,观察电流表和电压表的指针,可以看到当电压表的指针到达右边最大值时,电流表指针指中间零值;当电压表的指针由右边最大值向中间运动至零时,电流表指针由中间零值运动到右边最大值;当电压表指针运动到左边最大值时,电流表指针指运动到中间零值。

实验结果表明,在纯电感电路中,电压超前电流 $\dfrac{\pi}{2}$。

若以电流为参考，即

$$i = I_m \sin \omega t \tag{4-2-10}$$

则电感上的电压瞬时值为

$$u_L = U_m \sin\left(\omega t + \frac{\pi}{2}\right) \tag{4-2-11}$$

若将它们放在同一坐标系中，则波形如图 4-2-7（a）所示。纯电感电路电压与电流的向量如图 4-2-7（b）所示。

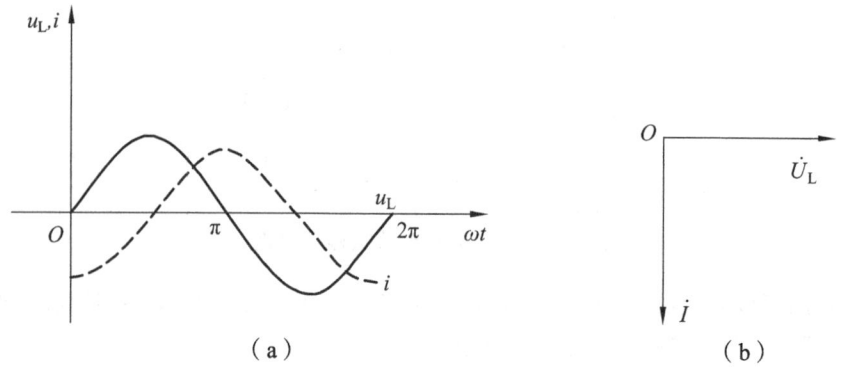

图 4-2-7 纯电感电路中电流、电压的波形图和向量图

（三）电感元件的功率

1. 瞬时功率

电感元件上的瞬时功率等于电压瞬时值与电流瞬时值的乘积。即

$$p = u_L i_L = u_{Lm} \sin\left(\omega t + \frac{\pi}{2}\right) I_{Lm} \sin \omega t = I_L U_L \sin 2\omega t \tag{4-2-12}$$

上式说明电感元件的瞬时功率也是随着时间按正弦规律变化的，其频率为电流频率的 2 倍，如图 4-3-8 所示为纯电感电路功率曲线。

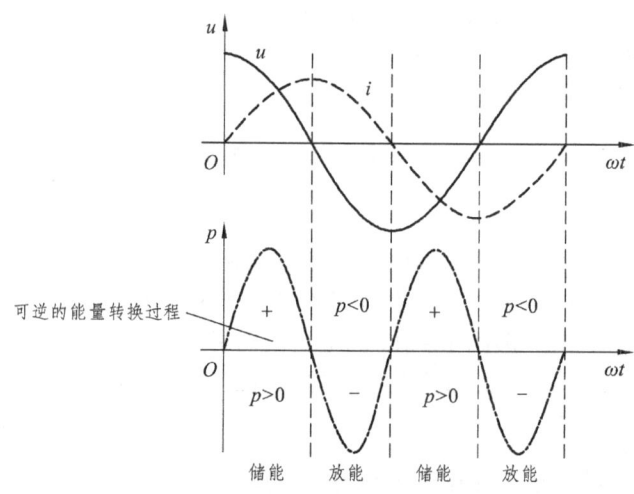

图 4-2-8 纯电感电路功率曲线

从上图可以看出，电感元件在一个周期内，吸收和释放是相等的，即平均功率为零。这说明电感元件不是耗能元件，而是"储能元件"。

2. 无功功率

对于不同的电源和不同的电感线圈，它们之间能量转换的多少不同。为反映出纯电感电路中能量的相互转换，把单位时间内能量转换的最大值（即瞬时功率的最大值），叫作无功功率，用 Q_L 表示：

$$Q_L = U_L I_L = I_L^2 X_L = \frac{U_L^2}{X_L} \tag{4-2-13}$$

无功功率和有功功率在形式上是相等的，但无功功率不是消耗电能的速率，而是交换能量的最大速率。为了区别无功功率和有功功率，将无功功率的单位命名为"乏尔"，简称乏（var），工程上还用到千乏（kvar）。

三、纯电容电路

把电容器接到交流电源上，如果把电容器的漏电电阻和分布电感忽略不计，这种电路叫作纯电容电路。如图 4-2-9 所示为纯电容电路。如图 4-2-10 所示为纯电容电路实验原理图。

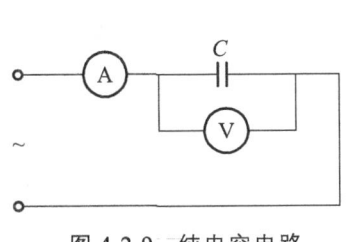

图 4-2-9　纯电容电路

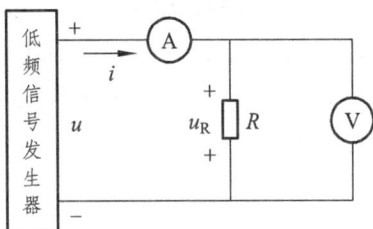

图 4-2-10　纯电容电路实验原理图

（一）电容对交流电的阻碍作用

通过实验来研究电容线圈对交流电的阻碍作用。电压不变，将低频信号发生器的频率从零开始增加，观察交流电流表的读数，发现随着电源频率的增加电流增大，这说明随着频率的增加电容器对交流电流阻碍也减小，把电容对通过自身的交流电的阻碍作用称为容抗，用 X_C 表示。

$$X_C = \frac{1}{\omega C} = \frac{1}{2\pi f C} \tag{4-2-14}$$

式中　f——电源频率，单位是赫兹，符号为 Hz；
　　　C——电容器的电容，单位是法，符号为 F；
　　　X_C——电容器的容抗，单位是欧姆，符号为 Ω；

由上式我们可以看出，容抗与通过它的电流的频率成反比。所以，电容在电路中有"通交流、隔直流"或"通高频、阻低频"的特性。

(二)电流与电压之间的关系

1. 数量关系

通过如图 4-2-10 所示的电路研究纯电容电路中电流和电压之间的大小关系。按图接好电路,在保证正弦交流电源频率一定的条件下,任意改变信号源的电压值,从电流表和电压表的读数可知,电压与电流成正比,即

$$U_C = X_C I \tag{4-2-15}$$

式中 U_C——电容两端的电压有效值,单位是伏,符号为 V;
I——电路中的电流有效值,单位是安,符号为 A;
X_C——电容的容抗,单位是欧,符号为 Ω;

若将式 4-2-15 两边同乘以 $\sqrt{2}$,得到

$$U_m = X_C I_m \tag{4-2-16}$$

这说明纯电容电路中,电流、电压的有效值和最大值服从欧姆定律。

2. 相位关系

电流和电压之间的相位关系,可以用图 4-2-10 所示的实验来进行观察。按图连接好电路(频率 10 Hz),当电路接通后,仔细观察电流表和电压表的指针摆动情况,可以得出结论:电流超前于电压 π/2,正好与纯电感电路的情况相反。

设电容器两端电压为

$$u_C = u_m \sin \omega t \tag{4-2-17}$$

则电路中的电流为

$$i = I_m \sin\left(\omega t + \frac{\pi}{2}\right) \tag{4-2-18}$$

电流、电压的波形图和向量图分别如图 4-2-11(a)、(b)所示。

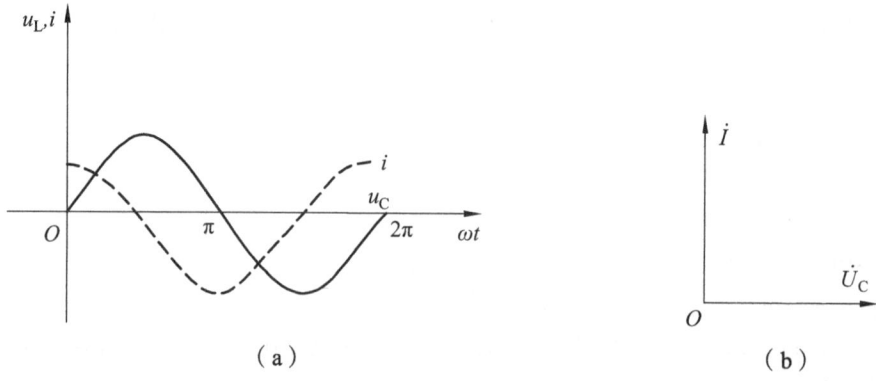

图 4-2-11 纯电容电路中电流、电压的波形图和向量图

(三)电容元件的功率

1. 瞬时功率

电容元件上的瞬时功率等于电压瞬时值与电流瞬时值的乘积。即

$$p = u_c i_c = u_{cm}\sin\omega t I_{cm}\sin\left(\omega t + \frac{\pi}{2}\right) = I_c U_c \sin 2\omega t \qquad (4\text{-}2\text{-}19)$$

上式说明电感元件的瞬时功率也是随着时间按正弦规律变化的,其频率为电流频率的两倍。如图 4-2-12 所示为纯电容电路的功率曲线。

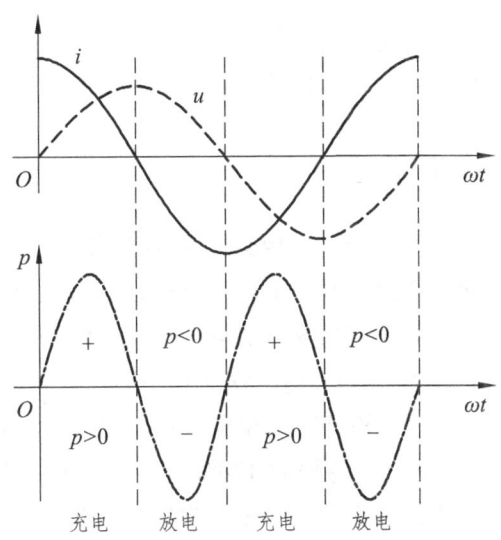

图 4-2-12 纯电容电路的功率曲线

从上图可以看出,电容元件在一个周期内,吸收和释放是相等的,即平均功率为零。这说明电容元件不是耗能元件,而是"储能元件"。

2. 无功功率

我们把电容元件上电压的有效值与电流的有效值乘积的数值,称为电容元件的无功功率,用 Q_C 表示,即

$$Q_C = U_C I_C = I_C^2 X_C = \frac{U_C^2}{X_C} \qquad (4\text{-}2\text{-}20)$$

【巩固练习】

1. 单相交流电路分为哪几种?
2. 在单相交流电路中,电容、电感分别对电流有什么阻碍作用?

任务三　三相交流电路

【学习目标】

1. 理解对称三相交流电的概念和表示方法。

2．掌握纯电阻、纯电感、纯电容电路中电压与电流的关系。
3．掌握纯电阻、纯电感、纯电容电路的功率。

【知识要点】
1．三相交流电的产生。
2．三相交流电的供电方式。

【理论知识】
在电力供电系统中，广泛应用三相交流电路，与单相交流电相比较具有输出功率大、结构简单、成本低廉、运行平稳、节省线材等优点，并且三相电动机构造简单、价格低廉、性能良好，是工农业生产的主要动力设备。因此，我们需要学习三相交流电路的有关知识。

一、三相交流电的产生

三相交流电是由三相发电机产生的。三相交流发电机原理如图4-3-1（a）所示，发电机有一个可以转动的磁铁，在磁铁周围的圆周上均匀分布有 U_1-U_2、V_1-V_2、W_1-W_2 三个绕组，每一个绕组叫作一相，各相绕组的匝数相等、结构相同，它们的始端（U_1、V_1、W_1）在空间位置上彼此相差120°，它们的末端（U_2、V_2、W_2）在空间位置上也彼此相差120°。

若按顺时针方向转动磁铁，在线圈 U_1-U_2 中就会产生感应电动势；则在线圈 V_1-V_2 中产生相同的感应电动势，但其相位较 U_1-U_2 滞后120°，W_1-W_2 也产生相同的感应电动势，但其相位较 V_1-V_2 滞后120°。与磁铁的转动角相一致，画出的波形如图4-3-1（b）所示，矢量图如图4-3-1（c）所示。

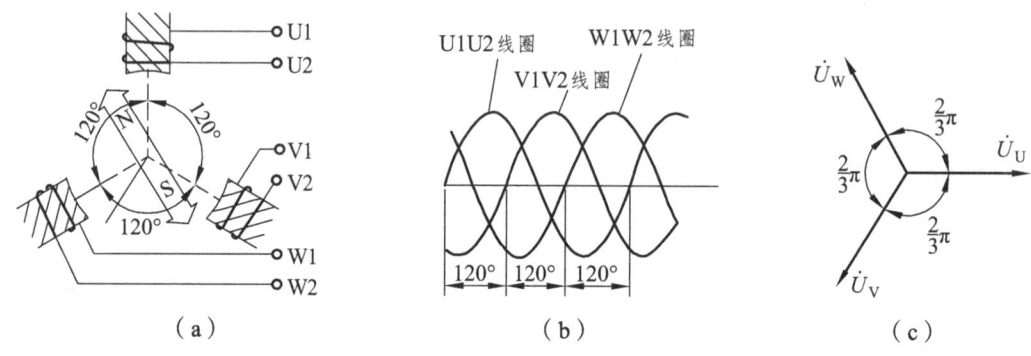

图4-3-1 三相交流发电机原理图

在上图中，把线圈 U_1-U_2、V_1-V_2 和 W_1-W_2 上所产生的感应电动势依次到达最大值的顺序叫作相序，三个线圈分别用 U、V、W 来表示。习惯上把三相交流电中相序为 U-V-W 称为正序。

在电工技术和电力工程中，把图4-3-1（b）所示的电压称为三相交流电压。可以把它看作是三个单相交流电源，其电压大小相等，频率相同，相位互差120°。三个对称正弦交流电动势分别为

$$u_U = U_m \sin \omega t \tag{4-3-1}$$

$$u_V = U_m \sin(\omega t - 120°) \tag{4-3-2}$$

$$u_W = U_m \sin(\omega t + 120°) \tag{4-3-3}$$

三相电压到达最大值（或零值）的先后顺序，叫作相序。

二、三相交流电供电方式

把三相发电机三相绕组的末端 U_2、V_2、W_2 连接成一个公共端点，叫作中性点（零点），用字母 N 表示。从中性点引出的导线称为中性线（或零线），用黑色或白色表示。中性线接地时，又称为地线。从线圈的首端 U_1、V_1、W_1 引出的三根导线称为相线（俗称火线），分别用黄、绿、红三种颜色表示，这种供电系统称为三相四线制。如图 4-3-2 所示，在低压供电系统中常采用三相四线制供电。如生活中的照明用电就是采用三相四线制供电。

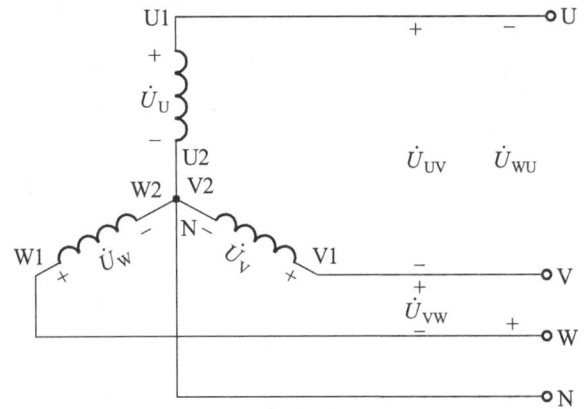

图 4-3-2　三相四线制供电方式

三相四线制供电系统可输送两种电压，即相电压与线电压。各相线与中性线之间的电压称为相电压，分别用 U_U、U_V、U_W 表示其有效值；相线与相线之间的电压称为线电压，用 U_{UV}、U_{VW}、U_{WU} 表示。另一种方法是用 U_P 表示相电压，U_L 表示线电压。

由于电动势的方向规定为从绕组的末端指向始端，那么相电压的方向就是从绕组的始端指向末端，如图 4-3-2 所示相电压为 U_U、U_V、U_W。线电压的方向按三相电源的相序来确定，如 U_{UV} 就是从 U_1 端指向 V_1 端；U_{VW} 就是从 V_1 端指向 W_1 端；U_{WU} 就是从 W_1 端指向 U_1 端，如图 4-3-2 所示线电压为 U_{UV}、U_{VW}、U_{WU}。

实验证明，三相四线制供电系统中，相电压和线电压都是对称的，各线电压的有效值为相电压有效值的 $\sqrt{3}$ 倍，而且各线电压在相位上比各对应的相电压超前 30°。即

$$U_L = \sqrt{3} U_P \tag{4-3-4}$$

我国低压三相四制供电系统中，电源相电压有效值为 220 V，线电压有效值为 380 V。

三、三相负载的连接

（一）三相负载的星形连接

由三相电源供电的负载叫三相负载（例如三相交流电动机）。三相电路中的三相负载，可分为对称三相负载和不对称三相负载。各相负载的大小和性质完全相同的叫对称三相负载，即 $R_U = R_V = R_W$，$X_U = X_V = X_W$。如三相电动机、三相变压器、三相电炉等。各相负载不等的就叫不对称三相负载，例如家用电器和电灯，这类负载通常是按照尽量平均分配的方式接入三相交流电源中。

1. 连接方式

在三相电路中，负载有星形（用符号"Y"表示），和三角形（用符号"△"表示）两种连接方式，如图 4-3-3 所示。

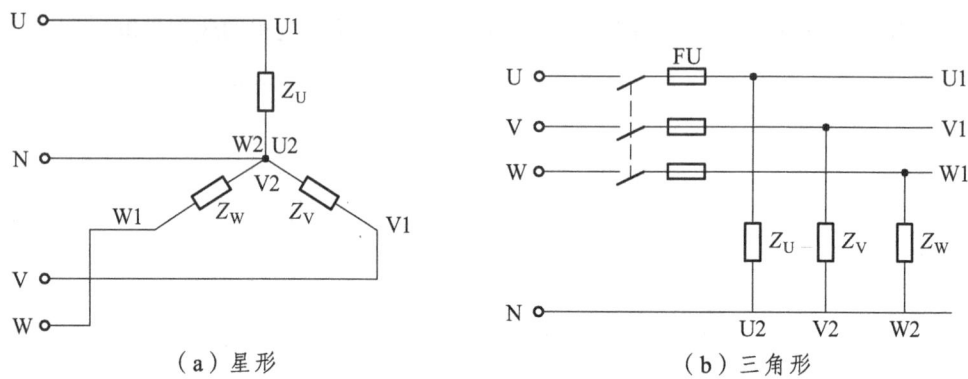

（a）星形　　　　　　　　　　（b）三角形

图 4-3-3　负载星形连接

负载作星形连接并具有中性线时，每相负载两端的电压称为负载的相电压，用 U_{YP} 表示。

2. 电路计算

当输电线的电阻被忽略时，负载的相电压等于电源相电压

$$U_{YP} = U_P \tag{4-3-5}$$

电源的线电压与负载的相电压关系为

$$U_L = \sqrt{3} U_{YP} \tag{4-3-6}$$

在三相交流电路中，负载作星形连接，流过每一相负载的电流称为相电流，分别用 I_U、I_V、I_W 表示，一般用 I_{YP} 来表示。流过每根相线的电流称为线电流，分别用 I_u、I_v、I_w 来表示，一般用 I_L 表示。

当负载作星形连接具有中性线时，三相交流电路的每一相，就是一个单相交流电路，各相电压与电流间数量及相位关系可应用前面学习的单相交流电路的方法处理。

如图 4-3-3 所示，由于每相的负载都串联在相线上，相线和负载通过同一电流，所以各线电流等于各相电流，即 $I_U = I_u$，$I_V = I_v$，$I_W = I_w$。

一般写成：

$$I_L = I_P \quad (4\text{-}3\text{-}7)$$

除此之外，我们还要考虑流过中性线的电流，由基尔霍夫节点电流定律可以求出中性线电流。一般采用矢量法来分析。中性线电流为线电流（或相电流）的矢量和：

$$\dot{I}_N = \dot{I}_U + \dot{I}_V + \dot{I}_W \quad (4\text{-}3\text{-}8)$$

对于三相对称负载，在对称三相电源作用下，三相对称负载的中性线电流等于零，如图 4-3-4（a）所示。即

$$\dot{I}_N = \dot{I}_U + \dot{I}_V + \dot{I}_W = 0 \quad (4\text{-}3\text{-}9)$$

由于电流是瞬时值，三相电流瞬时值的代数和也为零，即 $i_N = i_U + i_V + i_W = 0$。因此对称负载下中性线便可以省去不用，电路变成如图 4-3-4（b）所示的三相三线制传输。如在发电厂与变电站、变电站与三相电动机等之间，由于负载对称，便采用三相三线制传输。

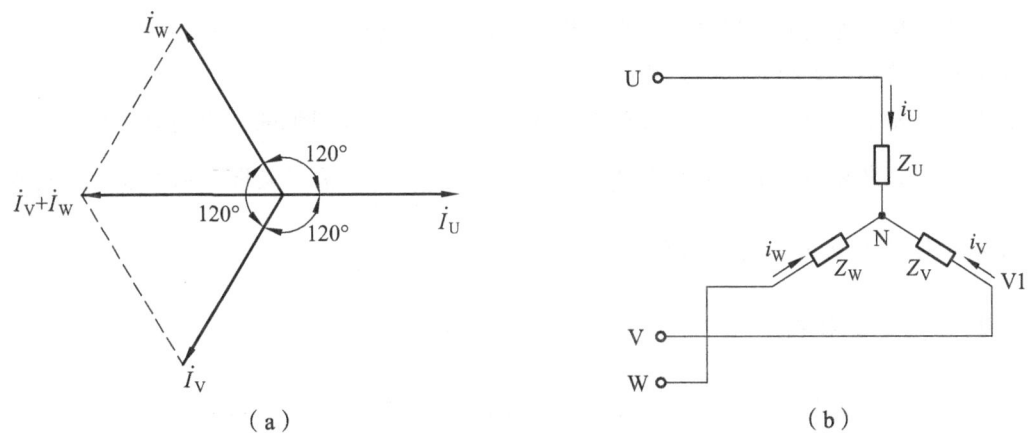

图 4-3-4　三相三线制传输

若负载不对称，则中性线电流不为零，此时中性线绝不可断开。因为当有中性线存在时，它能使作星形连接的各相负载，即使在不对称的情况下，也均有对称的电源相电压，从而保证了各相负载能正常工作；如果中性线断开，各相负载的电压就不再等于电源的相电压，这时，阻抗较小的负载的相电压可能低于其额定电压，阻抗较大的负载的相电压可能高于其额定电压，使负载不能正常工作，甚至会造成严重事故。

（二）三相负载的三角形连接

1. 连接方式

把三相负载分别接到三相交流电源的每两根相线之间，这种连接方法叫作三角形连接。如图 4-3-5（a）所示为负载作三角形连接的原理图，如图 4-3-5（b）所示为三相负载三角形连接的实际电路图。

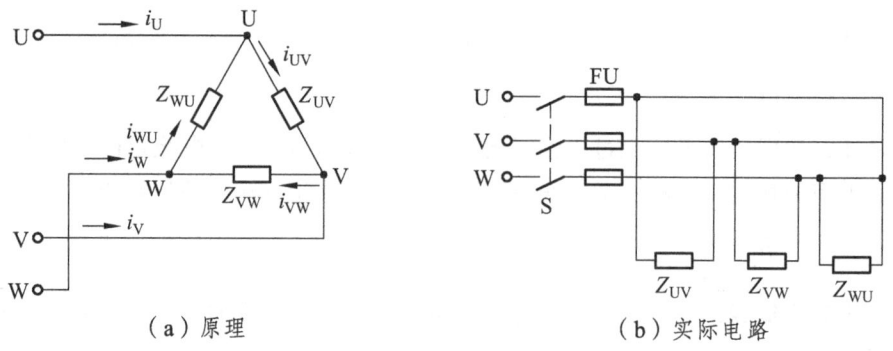

（a）原理　　　　　　　　　　（b）实际电路

图 4-3-5　负载三角形连接的原理图和实际电路图

2. 电路计算

三角形连接中的各相负载全都接在了两根相线之间，因此负载两端的电压，即负载的相电压等于电源的线电压，则 $U_{\triangle P}=U_L$。

由于三相电源是对称的，无论负载是否对称，负载的相电压是对称的。

负载作三角形连接的三相电路中每一相负载，都是单相交流电路。各相电流和电压之间的数量与相位关系与单相交流电路相同。

在对称三相电源的作用下，流过对称负载的各相电流也是对称的，应用单相交流电路的计算关系，可知各相电流的有效值为 $I_{UV}=I_{VW}=I_{WU}=\dfrac{U_L}{|Z_{UV}|}$，采用矢量表示可求出线电流与相电流之间有以下关系：$I_{\triangle L}=\sqrt{3}I_{\triangle P}$。

四、三相电路的功率

在三相交流电路中，不论负载采取星形连接的方式，还是采取三角形连接的方式，三相负载消耗的总功率等于各相负载消耗的功率之和，即 $P=P_U+P_V+P_W$。每一相负载所消耗的功率，可以应用单相正弦交流电路中学过的方法计算。

当三相负载对称时，有 $P_U=P_V=P_W=U_P I_P \cos\varphi_P$，负载消耗的总功率可以写成

$$P=3U_P I_P \cos\varphi_P \tag{4-3-10}$$

式中　U_P——负载的相电压，单位 V（伏）；

　　　I_P——流过负载的电流，单位 A（安）；

　　　φ_P——负载相电压与相电流间的相位差，单位弧度（rad）或度；

　　　P——三相负载总的有功功率，单位 W（瓦）。

由上式可知，对称三相电路总有功功率为一相有功功率的 3 倍。

在实际工作中，测量线电压、线电流比较方便，三相电路的总功率常用线电压和线电流来表示。理论推导证明，对称负载不论负载作星形还是三角形连接，总有功功率也可由下式计算：

$$P = \sqrt{3}U_L I_L \cos\varphi_P \tag{4-3-11}$$

【例】 某三相对称负载,每相负载的电阻为 6 Ω,感抗为 8 Ω,电源线电压为 380 V,试求负载星形连接和三角形连接时两种接法的三相电功率。

解:每相绕组的阻抗为

$$|Z| = \sqrt{R^2 + X_L^2} = \sqrt{6^2 + 8^2} = 10 \ (\Omega)$$

(1)星形连接时,负载相电压

$$U_{YP} = \frac{U_L}{\sqrt{3}} = \frac{380}{\sqrt{3}} = 220 \ (V)$$

因此流过负载的相电流为

$$I_P = \frac{U_P}{|Z|} = \frac{220}{10} = 22 \ (A)$$

负载的功率因数为

$$\cos\varphi = \frac{R}{|Z|} = \frac{6}{10} = 0.6$$

星形连接时三相总有功功率为

$$P = 3U_P I_P \cos\varphi_P = 3 \times 220 \times 22 \times 0.6 \approx 8.7 \ (kW)$$

(2)三角形连接时,负载相电压等于电源线电压,即

$$U_P = U_L = 380 \ (V)$$

负载的相电流为

$$I_P = \frac{U_P}{|Z|} = \frac{380}{10} = 38 \ (A)$$

三角形连接时三相总有功功率为

$$P = 3U_P I_P \cos\varphi_P = 3 \times 380 \times 66 \times 0.6 \approx 26 \ (kW)$$

可见,同样的负载,三角形连接消耗的有功功率是星形连接时的 3 倍。也就是说,三相负载消耗的功率与负载连接方式有关,要使负载正常运行,必须正确连接电路。显然在同一电源作用下,错将星形连接成三角形连接,负载会因 3 倍的过载而烧毁;反之,错将三角形连接接成星形连接,负载也无法正常工作,只能输出 1/3 的功率。

五、测量三相交流电路的电压电流

将三相负载(如图 4-3-6 所示)各相的一端 U_2、V_2、W_2 接在一起,形成中点;各相的另一端(U_1、V_1、W_1)则分别接至三相电源即为星形连接。这时相电流等于线电流,如电源为对称三相电压,则因线电压是对应的相电压的矢量差,在负载对称时它们的有效值相差 $\sqrt{3}$

倍，即 $U_{线} = \sqrt{3}U_{相}$。这时各相电流也对称，电流中点与负载中点之间的电压为零。如用中线将两中点连接起来，中线电流也等于零，如果负载不对称，则中线有电流流过；这时如将中线断开，三相负载的各相电压不再对称，各相电灯出现亮、暗不同的现象，这就是中点位移引起各相电压不等的结果。

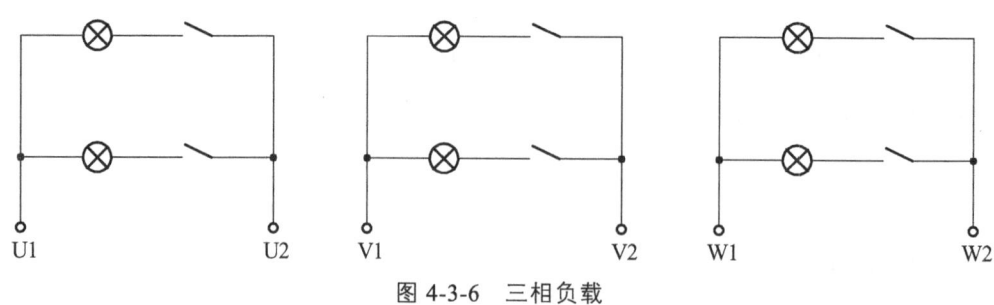

图 4-3-6 三相负载

如果将如图 4-3-6 所示的三相负载（灯板）的 U_2 与 V_1、V_2 与 W_1、W_2 与 U_1 分别相连，再在这些连接点上引出三根导线至三相电源，即为三角形连接法。这时线电压等于相电压，但线电流为对应的两相电流的矢量差，负载对称时，它们也有 $\sqrt{3}$ 倍的关系，即 $I_{线} = \sqrt{3}I_{相}$。

若负载不对称，虽然不再有 $\sqrt{3}$ 倍的关系，但线电流仍为相应的相电流矢量差。这时只有通过矢量图方能计算它们的大小和相位。

【巩固练习】

1．三相负载的连接方式都有哪些？
2．什么是三相四线制？

操作实训

【实训任务】

测量三相交流电路电压电流。

【实训目标】

1．学会三相负载星形和三角形的连接方法；掌握这两种接法的线电压和相电压、线电流和相电流的测量方法。
2．观察分析三相四线制中，当负载不对称时中线的作用。

【实训意义】

能够准确测量三相交流电路电压电流。

【实训工具】

相应的设备实物或设备模型，多媒体教室。

【任务实施】

一、仪器设备和选用组件箱

表 4-3-1 仪器设备

名　　称	数量	备注
电源控制屏 GDS-01	1	
动态元件实验 GDS-06 A	1	
三相负载及电度表 GDS-08	1	
荧光灯、可变电容 GDS-09	1	
交流电压表 GDS-11	1	
交流电流表 GDS-12	1	

二、实验内容及步骤

（一）三相负载星形连接（如图 4-3-7 所示）

（1）将三相负载按星形接法连接，并接至三相电源输出 U、V、W、N，将开关置于三相联调状态，并将电流插孔串接入回路中，便于测量相电流调节三相联调旋钮，三相线电压同时升高，将三相相电压调至 220 V。

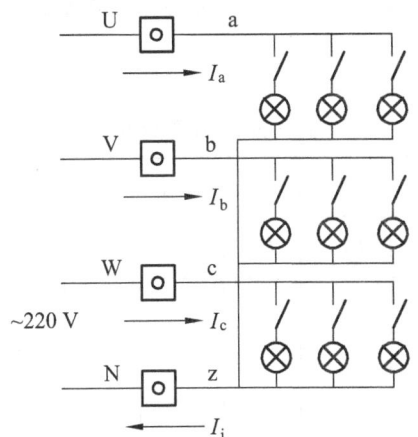

图 4-3-7 三相负载星形接线图

（2）测三相负载对称时，有中线情况下各线电压 U_{AB}、U_{BC}、U_{CA}，相电压 U_A、U_B、U_C，各相电流 I_a、I_b、I_c 和中线电流 I_N 的数值，记入星形连接表 4-3-2 中。

（3）三相负载仍对称，将中线拆除，测各线电压、相电压、相电流及负载中点及电源中点之间的电压，记入表 4-3-2。看一看此时三相灯的亮度是否变化。

（4）测量有中线时，三相负载不对称（如 A 相一盏灯，B 相二盏灯，C 相三盏灯）情况下各线电压，相电压，相电流及中线电流，并观察三相灯的亮度是否变化。

（5）测量中线拆除时，应该将线电压调到 220 V，测三相负载不对称情况下各线电压、相电压、相电流、负载中点与电源中点间电压，观察此时三相电灯亮度是否变化，分析中线的作用。

（二）三相负载三角形连接（如图 4-3-8 所示）

（1）将三相负载接成三角形连接，三相电源线电压调至 220 V，按图 4-3-8 所示接法，串入电流表插孔，测量三相负载对称时各线电压、相电流、线电流。记入三角形连接表 4-3-3 中。

（2）当三相负载不对称时：如 A 相一盏灯，B 相二盏灯，C 相三盏灯，再按上述方法测各线电压、线电流、相电流。记入表 4-3-3 中。

（3）分析当负载作三角形连接时线电流与相电流间的关系。

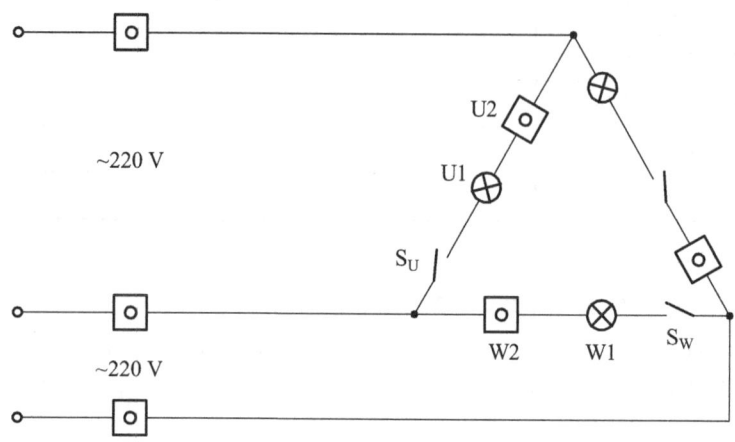

图 4-3-8 三相负载三角形接线图

三、实验结果

表 4-3-2 星形连接

负载状态	测量值	线电压（V）			相电压（V）			相电流（A）			中线电流（A）
		U_{AB}	U_{BC}	U_{CA}	U_A	U_B	U_C	I_A	I_B	I_C	
负载对称	有中线										
	无中线										
负载不对称	有中线										

表 4-3-3　三角形连接

负载状态 \ 测量值	线电压（V）			线电流（A）			相电流（A）			线电流/相电流		
	U_{AB}	U_{BC}	U_{CA}	I_A	I_B	I_C	I_{AB}	I_{BC}	I_{CA}	I_A/I_{AB}	I_B/I_{BC}	I_C/I_{CA}
负载对称												
负载不对称												

四、注意事项

白炽灯的额定电压为 220 V，实验时注意在各种接法下，加在灯上电压不超过其额定值。在三角形接线时由于相电压等于线电压，所以不能使用 380 V 线电压，可通过电源屏上三相调压开关将线电压调至 220 V。星形接线时，当负载不对称且无电源中线时，由于负载中性点的浮动也可能产生某相电压过高的状态，这时亦应调低线电压到 220 V，再进行测量。

五、实验总结

1．根据实验数据总结星形对称负载相电压与线电压之间的数值关系。

2．根据实验数据总结三角形对称负载相电流与线电流之间的数值关系。

3．根据实验数据按比例画出不对称负载星形连接三相三线制电压向量图和三根四线制电流向量图（三相电源相序为 U、V、W）。

4．说明中线的作用。

5．三相负载根据什么条件决定采用星形或三角形连接。

项目五 整流、谐振与滤波电路

任务一 整流电路

【学习目标】

1. 掌握整流的基本概念。
2. 理解整流电路的工作过程。
3. 掌握不同类型的整流电路的优缺点。
4. 了解晶闸管可控整流电路。

【知识要点】

1. 整流的概念及意义。
2. 整流电路的工作过程分析以及元件参数的选择。
3. 整流电路各点的电压波形分析。

【理论知识】

将交流电源变换成直流电源的电路称为 AC-DC 变换或整流电路。功率由电源传向负载的变换被称为整流,功率由负载传回电源的变换被称为"有源逆变"。整流电路按交流输入相数大致可分为单相和多相整流;按导通角可控与否可分为可控和不可控整流;按电路形式可分为半波、全波与桥式整流等。对于需要改变直流输出电压的场合,可以采用相控整流方案,也可采用其他高性能的调节方案(如斩波或高频调制技术)。

拆开 MP3 充电器,可以发现 1 只塑封的二极管、1 只体积稍大一点的电解电容器。打开电视机后盖,在机芯板上可以发现 4 只塑封二极管。它们起什么作用呢?下面我们就来一起学习。

整流是指将交流电变换为脉动的直流电。完成将交流电变换为脉动直流电的电路称为整流电路。整流电路的核心元件是整流二极管,如图 5-1-1 所示,利用二极管的单向导电性完成整流任务。常用的整流电路有半波整流电路、桥式整流电路等。

一、整流电路

(一)半波整流电路

如图 5-1-1 所示是一种最简单的整流电路。它由电源变压器 B、整流二极管 D 和负载电阻 R_{fz} 组成。变压器把市电电压(多为 220 V)变换为所需的交变电压 e_2,D 再把交流电变换为脉动直流电。

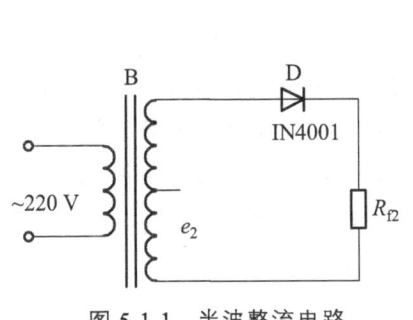
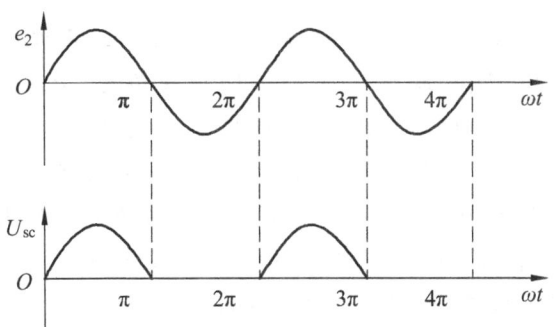

图 5-1-1 半波整流电路　　　　图 5-1-2 半波整流电路波形

变压器次级电压 e_2，是一个方向和大小都随时间变化的正弦波电压，它的波形如图 5-1-2（a）所示。在 $0 \sim \pi$ 时间内，e_2 为正半周即变压器上端为正，下端为负。此时二极管承受正向电压而导通，e_2 通过它加在负载电阻 R_{fz} 上，在 $\pi \sim 2\pi$ 时间内，e_2 为负半周，变压器次级下端为正，上端为负。这时 D 承受反向电压，不导通，R_{fz} 上无电压。在 $2\pi \sim 3\pi$ 时间内，重复 $0 \sim \pi$ 时间的过程，而在 $3\pi \sim 4\pi$ 时间内，又重复 $\pi \sim 2\pi$ 时间的过程……这样反复下去，交流电的负半周就被"削"掉了，只有正半周通过 R_{fz}，在 R_{fz} 上获得了一个单一右向（上正下负）的电压，如图 5-1-2（b）所示，达到了整流的目的，但是，负载电压 U_{sc} 以及负载电流的大小还随时间而变化，因此，通常称它为脉动直流。

这种除去半周、留下半周的整流方法，叫半波整流。不难看出，半波整流是以"牺牲"一半交流为代价而换取整流效果的，电流利用率很低（计算表明，整流得出的半波电压在整个周期内的平均值，即负载上的直流电压 $U_{sc} = 0.45 e_2$），因此常用在高电压、小电流的场合，而在一般无线电装置中很少采用。

（二）全波整流电路

如果把整流电路的结构做一些调整，可以得到一种能充分利用电能的全波整流电路。如图 5-1-3 所示是全波整流电路的原理图。

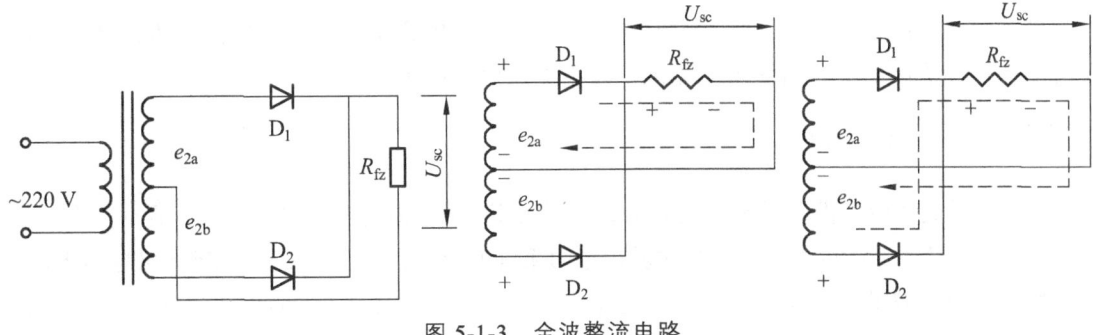

图 5-1-3 全波整流电路

全波整流电路，可以看作由两个半波整流电路组合成的。变压器次级线圈中间需要引出一个抽头，把次组线圈分成两个对称的绕组，从而引出大小相等但极性相反的两个电压 e_{2a}、e_{2b}，构成 e_{2a}、D_1、R_{fz} 与 e_{2b}、D_2、R_{fz} 两个通电回路。

全波整流电路的工作原理,可用图 5-1-4 所示的波形图说明。在 $0 \sim \pi$ 内,e_{2a} 对 D_1 为正向电压,D_1 导通,在 R_{fz} 上得到上正下负的电压;e_{2b} 对 D_2 为反向电压,D_2 不导通,如图 5-1-4（b）所示。在 $\pi \sim 2\pi$ 内,e_{2b} 对 D_2 为正向电压,D_2 导通,在 R_{fz} 上得到的仍然是上正下负的电压;e_{2a} 对 D_1 为反向电压,D_1 不导通,如图 5-1-4（c）所示。如此反复,由于两个整流元件 D_1、D_2 轮流导电,结果负载电阻 R_{fz} 上在正、负两个半周作用期间,都有同一方向的电流通过,因此称为全波整流,全波整流不仅利用了正半周,而且还巧妙地利用了负半周,从而大大地提高了整流效率（$U_{sc} = 0.9e_2$,比半波整流时大一倍）。

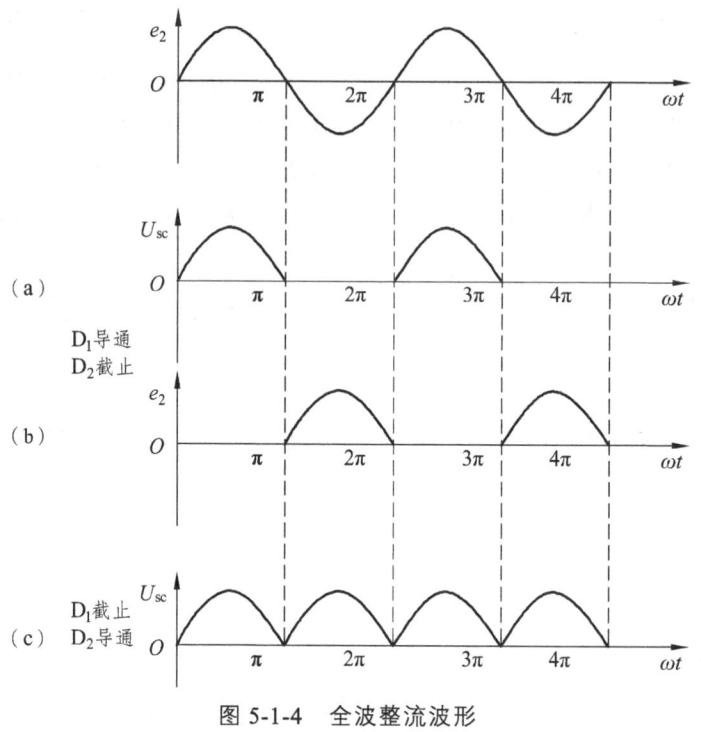

图 5-1-4　全波整流波形

图 5-1-3 所示的全波整流电路,需要变压器有一个使两端对称的次级中心抽头,这给制作上带来很多的麻烦。另外,这种电路中,每只整流二极管承受的最大反向电压,是变压器次级电压最大值的两倍,因此需用能承受较高电压的二极管。

（三）桥式整流电路

城市轨道交通牵引供电系统整流器全部采用三相全波桥式整流。如图 5-1-5 所示,为了提高输出直流的质量,减少谐波,减少对城市电力系统的影响,一般采用 12、24 脉波整流电路。

桥式整流电路的工作原理如下：e_2 为正半周时,对 D_1、D_3 加正向电压,D_1、D_3 导通；对 D_2、D_4 加反向电压,D_2、D_4 截止。电路中构成 e_2、D_1、R_{fz}、D_3 通电回路,在 R_{fz} 上形成上正下负的半波整流电压,e_2 为负半周时,对 D_2、D_4 加正向电压,D_2、D_4 导通；对 D_1、D_3 加反向电压,D_1、D_3 截止。电路中构成 e_2、D_2、R_{fz}、D_4 通电回路,同样在 R_{fz} 上形成上正下负的另外半波的整流电压。如图 5-1-6 所示为桥式整流电路工作状态示意图。

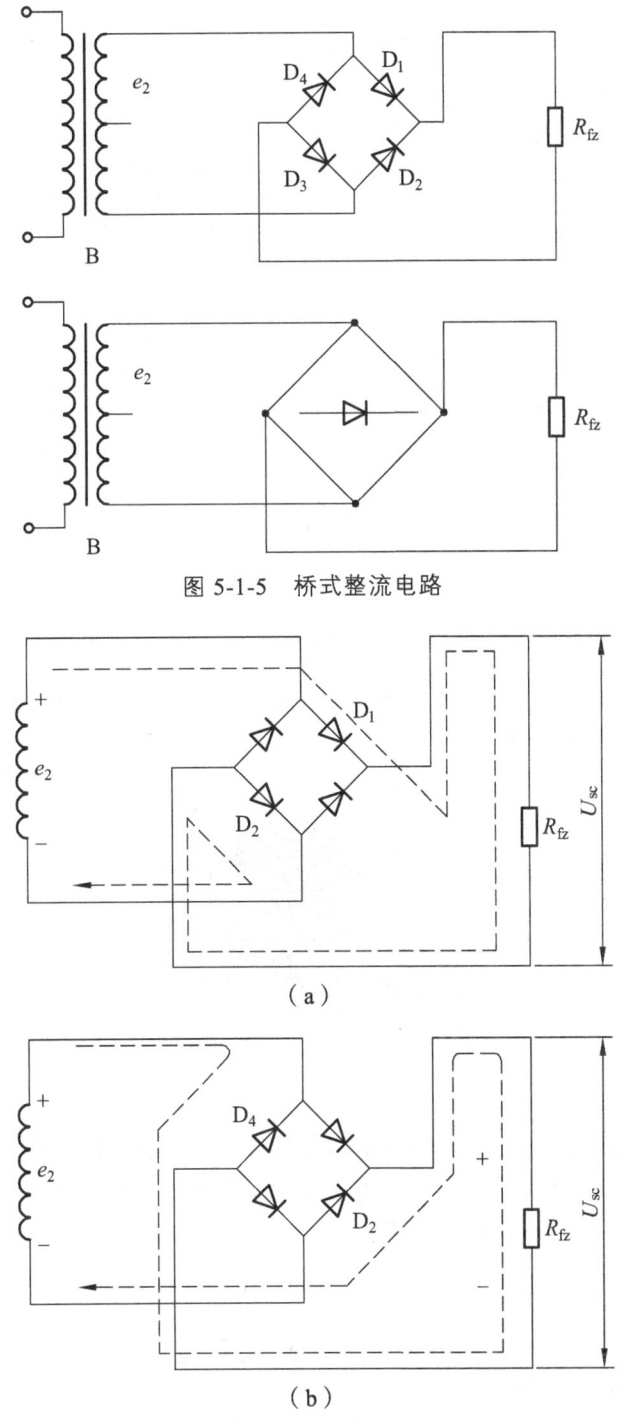

图 5-1-5 桥式整流电路

图 5-1-6 桥式整流电路工作状态示意图

如此重复下去,结果在 R_{fz} 上便得到全波整流电压。其波形图和全波整流波形图是一样的。从图 5-1-7 中还不难看出,桥式电路中每只二极管承受的反向电压等于变压器次级电压的最大值,比全波整流电路小一半。

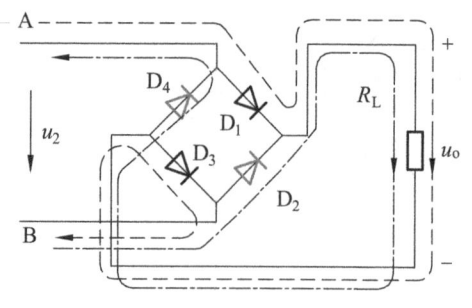

$u_2 > 0$ 时	$u_2 < 0$ 时
D_1，D_3 导通	D_2，D_4 导通
D_2，D_4 截止	D_1，D_3 截止
电流电路：	电流电路：
A→D_1→	B→D_2→
R_L→D_3→B	R_L→D_4→A
输出是脉动的直流电压！	

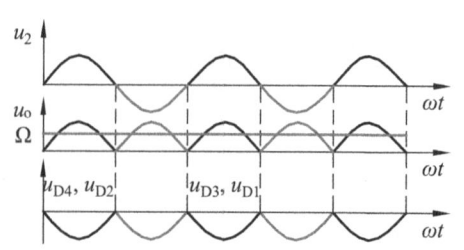

图 5-1-7　单相桥式整流电路输出波形及二极管上电压波形

为方便使用，桥式整流电路的 4 只整流二极管常常被封装成一个整体（称为整流桥堆），只留 4 个接线端，如图 5-1-8 所示。

图 5-1-8　整流桥堆

三相整流与单相整流相比，具有输出电压高且脉动小、脉动频率高、网侧功率因数高以及动态响应快等优点。因此，当负载容量大，或者要求直流电压脉动小、易滤波等场合，一般采用对电网来说是平衡的三相整流装置。

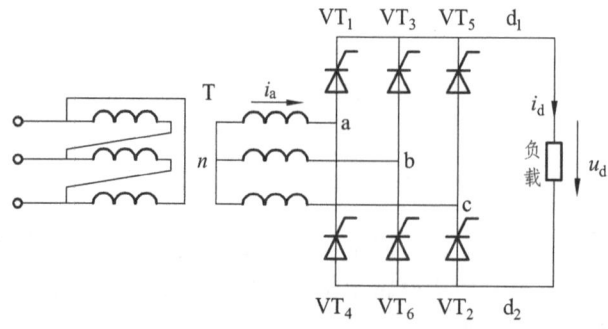

图 5-1-9　三相桥式全控整流电路原理图

三相桥式全控整流电路的特点：
（1）2管同时导通形成供电回路，其中共阴极组和共阳极组各1组，且不能为同1相器件。
（2）对触发脉冲的要求：
① 按 VT_1-VT_2-VT_3-VT_4-VT_5-VT_6 的顺序，相位依次差 60°。
② 共阴极组 VT_1、VT_3、VT_5 的脉冲依次差 120°，共阳极组 VT_4、VT_6、VT_2 也依次差 120°。
③ 同一相的上下两个桥臂，即 VT_1 与 VT_4，VT_3 与 VT_6，VT_5 与 VT_2，脉冲相差 180°。
（3）u_d 一周期脉动6次，每次脉动的波形都一样，故该电路为6脉波整流电路。
（4）需保证同时导通的2个晶闸管均有脉冲。
可采用两种方法：一种是宽脉冲触发，脉冲宽度大于60°（一般取80°~100°）；另一种是双脉冲触发（常用）用两个窄脉冲代替宽脉冲，两个窄脉冲的前沿相差60°，脉宽一般为20°~30°。
（5）晶闸管承受的电压波形与三相半波相同，晶闸管承受最大正、反向电压的关系也相同。

二、整流变压器

（一）整流变压器的工作原理

整流变压器用作整流装置的电源变压器，其作用是向整流器提供交流电源，整流器再将交流电变换为直流电，从而进行直流供电。整流变压器广泛应用于变频、电化学电解、牵引、传动、直流输电、电镀、充电、励磁、静电除尘及一般工业用整流电源等。

（二）整流变压器的工作特点

（1）整流器各臂在一个周期内轮流导通，导通时间只占一个周期一部分。
（2）整流变压器，其原、副绕组的功率有可能相等，也可能不等（当原、副边电流波形不同时）。
（3）整流变压器的耐受短路电动力的能力必须严格符合要求。
（4）整流变压器广泛用于城市轨道交通牵引用直流电源和矿山或城市轨道交通电力机车的直流电网。

（三）整流变压器在轨道交通中的使用

我国上海地铁1号线在线挂网运行的是 ZQSC-4000/33 牵引整流干式变压器。
该变压器是地铁牵引机车电源整流系统的重要组成部分。它由2台6相12脉波的移相变压器组成，其对应相位的相角互差15°，通过硅整流器整流，形成24脉波直流输出；也可单独通过整流器供电，形成12脉波整流直流输出。

（四）整流电路选择主要原则

（1）整流器开关元件的电流容量和电压容量必须做到充分利用。

（2）整流器直流侧的纹波越小越好，以减小整流直流电压的脉动分量，从而减少或省去平波电抗器。

（3）应使整流器引起的交流侧谐波电流，特别是低次谐波电流越小越好，以保证整流器有较高的功率因数，减小对电网和弱电系统的干扰。

（4）整流变压器的容量应得到充分利用，变压器的容量应尽可能接近直流容量，并避免产生磁通直流分量。

（五）保护系统设计

保护系统是整流装置的重要组成部分，其功能就是在线检测装置各点电流、电压参数，及时发现并排除故障，防止故障进一步扩大，造成重大经济损失。保护系统主要包括过压抑制、过流及负载短路保护、电压电流上升率的限制等。

三、整流电路元件的参数选择

（一）半波整流

输出电压平均值：

$$U_o = 0.45u_2$$

式中 u_2——电源变压器次级电压的有效值。

负载上的直流电流平均值：

$$I_o = U_o/R_L = 0.45u_2/R_L$$

由于半波整流电路中的整流二极管与负载电阻串联，因此整流二极管通过的电流与负载电流相等，即：$I_V = I_L$。

在半波整流电路中，整流二极管导通时的压降几乎为零，而整流二极管截止时，$u_2(t)$的峰值电压加在了它上面，即整流二极管截止时承受的最大反向电压为

$$U_{DRM} = \sqrt{2}\, U_2$$

因此，在半波整流电路中，对整流二极管的要求如下：

（1）最大整流电流：$I_F \geqslant I_L$。

（2）最高反向工作电压：$U_{RM} \geqslant \sqrt{2}\, U_2$。

（二）桥式整流

如图 5-1-10 所示为桥式整流电路。

输出电压平均值：$U_o = 0.9u_2$；

输出电流平均值：$I_o = U_o/R_L = 0.9u_2/R_L$；

流过二极管的平均电流：$I_V = I_L/2$。

二极管承受的最大反向电压：

$$U_{RM} = \sqrt{2}U_2$$

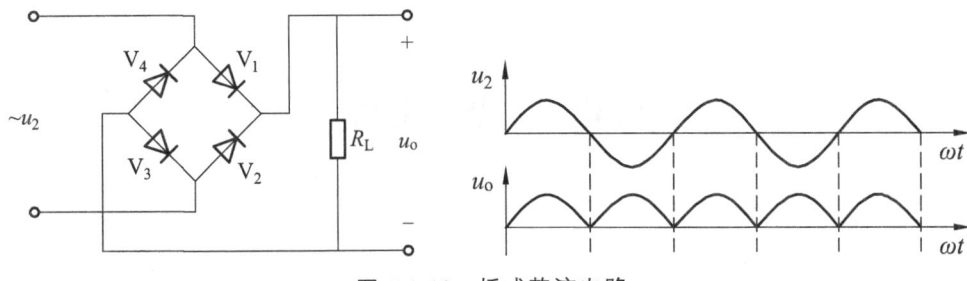

图 5-1-10 桥式整流电路

【例】 试设计一台输出电压为 24 V、输出电流为 1 A 的直流电源，电路形式可采用半波整流或全波整流，试确定两种电路形式的变压器副边绕组的电压有效值，并选定相应的整流二极管。

解：

（1）当采用半波整流电路时，变压器副边绕组电压有效值为

$$U_2 = \frac{U_o}{0.45} = \frac{24}{0.45} = 53.3 \text{（V）}$$

整流二极管承受的最高反向电压为

$$U_{RM} = \sqrt{2}U_2 = 1.41 \times 53.3 = 75.2 \text{（V）}$$

流过整流二极管的平均电流为

$$I_D = I_o = 1 \text{（A）}$$

因此可选用 2CZ12B 整流二极管，其最大整流电流为 3 A，最高反向工作电压为 200 V。

（2）当采用桥式整流电路时，变压器副边绕组电压有效值为

$$U_2 = \frac{U_o}{0.9} = \frac{24}{0.9} = 26.7 \text{（V）}$$

整流二极管承受的最高反向电压为

$$U_{RM} = \sqrt{2}U_2 = 1.41 \times 26.7 = 37.6 \text{（V）}$$

流过整流二极管的平均电流为

$$I_D = \frac{1}{2}I_o = 0.5 \text{（A）}$$

因此，可选用四只 2CZ11A 整流二极管，其最大整流电流为 1 A，最高反向工作电压为 100 V。

【巩固练习】

1．整流电路的作用是什么？
2．半波整流电路的工作原理是什么？
3．试分析不同类型的整流电路的优缺点。
4．整流变压器的工作原理与特点是什么？

任务二 谐振电路

【学习目标】
1. 理解谐振电路的概念。
2. 掌握串联谐振与并联谐振的条件与特征。
3. 掌握不同类型的谐振电路的优缺点。

【知识要点】
1. 谐振电路的产生原理。
2. RLC 串联谐振的条件与特点。
3. 并联谐振电路的应用。

【理论知识】

一、串联谐振电路

（一）串联谐振电路的组成

串联谐振电路由电阻 R、电感 L 和电容 C 串联而成，并以角频率为 ω 的正弦电压信号源作为输入。如图 5-2-1 所示为串联谐振电路示意图。

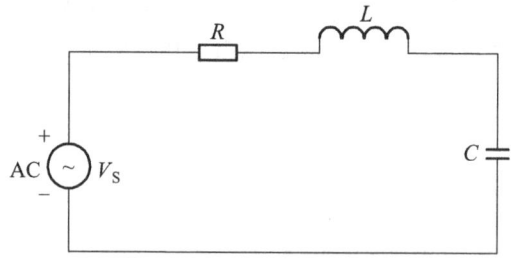

图 5-2-1 串联谐振电路示意图

电感的感抗值（ωL）随信号频率的升高而增大，电容的容抗值 $\left(\dfrac{1}{\omega C}\right)$ 则随信号频率的升高而减小。串联谐振回路的阻抗在某一特定频率上具有最小值，偏离这一频率阻抗增大，这种特性称为谐振特性，这一特定频率就称为谐振频率。所以，谐振回路具有选频或滤波的作用。这说明谐振特性与单个 L、C 元件特征是不同的，但它们都与 f 相关。

电路阻抗为

$$Z = R + jX = R + j(X_L + X_C) = R + j\left(\omega L - \dfrac{1}{\omega C}\right)$$

由阻抗公式看出，X 是角频率 ω 的函数。

由于串联谐振回路在谐振时阻抗具有最小值，因而在谐振频率处，信号源在串联谐振回路中产生的电流达到最大值，而在其他频率处回路电流都要下降，所以谐振回路有选频或滤波的作用。它在高频电子线路中有广泛的应用。

如图 5-2-2 所示为串联谐振电路电抗与频率关系图。

电抗随频率的变化过程：

（1）频率较低时，X_C 很高但 X_L 很低，电路呈容性；

（2）随着频率增加，X_C 逐渐减小而 X_L 逐渐增大，直到二者的值满足 $X_C = X_L$，这时两个电抗相互抵消，电路表现为纯电阻性，此状态就是串联谐振；

（3）频率进一步增加，X_L 变得比 X_C 大时，电路呈感性。

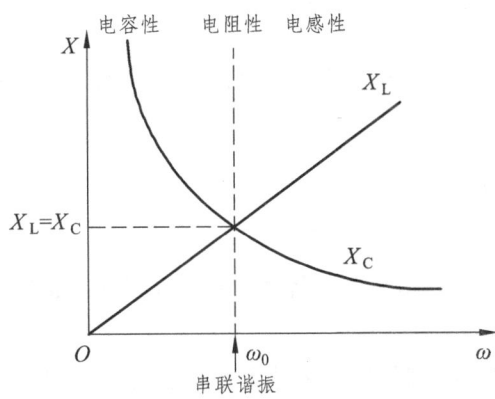

图 5-2-2　串联谐振电路电抗与频率关系图

仅改变角频率 ω，当 $\omega_0 L = \dfrac{1}{\omega_0 C}$ 时，回路发生串联谐振。即

$$X = \omega_0 L - \frac{1}{\omega_0 C} = 0$$

串联谐振的条件是电路中的电抗 $X = 0$，即电路中的感抗和容抗必须相等。

由谐振条件得，谐振角频率为

$$\omega_0 = \frac{1}{\sqrt{LC}}$$

谐振频率为

$$f_0 = \frac{1}{2\pi\sqrt{LC}}$$

可得出以下结论：

（1）谐振频率只取决于电路参数 L、C，它是电路本身固有的、表示其特性的一个重要参数，称为电路的固有谐振频率。

（2）若电路参数 L、C 一定，则只有当信号源的频率等于电路的固有频率时，电路才会谐振。

（3）若信号源的频率一定，可通过改变电路的 L 或 C，或同时改变 L 和 C 使电路对信号源谐振。

（4）收音机选台是通过调节收音机的可变电容器的电容 C，使得电路对电台频率发生谐振。

（二）谐振特性

串联谐振电路的两个重要物理量：

（1）特性阻抗 ρ：谐振时电路中的感抗或容抗，单位为Ω。

$$\rho = \omega_0 L = \frac{1}{\omega_0 C} = \frac{1}{\sqrt{LC}} \times L = \sqrt{\frac{L}{C}}$$

（2）品质因数 Q：特性阻抗 ρ 和回路电阻 R 的比值，无量纲，表征电路谐振特性的一个重要参数。

$$Q = \frac{\rho}{R} = \frac{\omega_0 L}{R} = \frac{1}{\omega_0 CR} = \frac{1}{R}\sqrt{\frac{L}{C}}$$

回路电阻 R 越小，品质因数越高，电路对频率的选择性就越好。

串联谐振电路的谐振特性：

（1）谐振时回路电抗 $X = 0$，阻抗 $Z = R$ 为最小值且为纯电阻。

（2）谐振时回路电流最大，$\dot{I}_0 = \frac{\dot{V}_s}{R}$，且电流 $\dot{I}_0$ 与外加电压 $\dot{V}_s$ 同相。

（3）谐振时电感及电容电压模值相等，且等于外加电压的 Q 倍。

（三）电路特性

谐振时，因 $X = 0$，所以谐振时电路的阻抗 $Z_0 = R$，是一个纯电阻，此时阻抗为最小值。阻抗 Z 随 ω 的变化如图 5-2-3 所示。

在信号源电压有效值 U 保持不变的情况下，谐振时电流有效值 $I_0 = U/Z = U/R$ 达到最大值，并且与 U 同相位。电流 I 随 ω 的变化如图 5-2-4 所示。

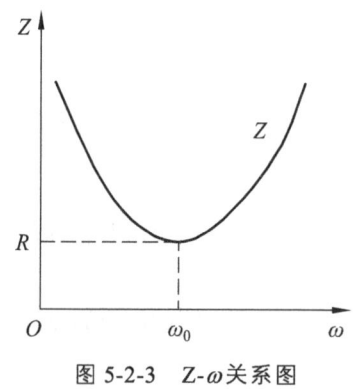

图 5-2-3 Z-ω 关系图

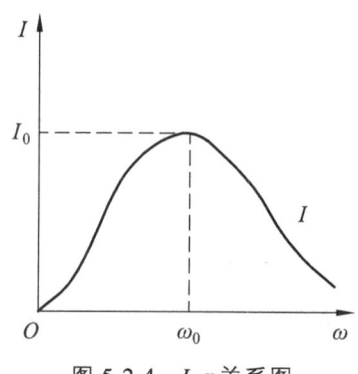

图 5-2-4 I-ω 关系图

二、并联谐振电路

(一)并联谐振电路的组成

串联谐振电路适用于恒压源,即信号源内阻很小的情况。如果信号源的内阻大(近似为恒流源),则应该采用并联谐振电路。

并联谐振电路结构如图 5-2-5 所示。

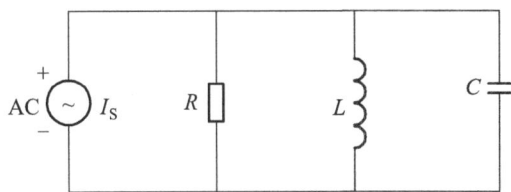

图 5-2-5　并联谐振电路示意图

在分析并联谐振回路时,也可以采用导纳分析,由电路图可得,并联谐振回路的导纳 $Y = G + \mathrm{j}b = \dfrac{1}{Z}$,得

$$Y = G + \mathrm{j}b = \frac{RC}{L} + \mathrm{j}\left(\omega C - \frac{1}{\omega L}\right)$$

式中,$G = \dfrac{RC}{L}$ 为电导,$B = \left(\omega C - \dfrac{1}{\omega L}\right)$ 为电纳。

当电纳 $B = 0$ 时,电路的两端电压与输入电流同相位,电路表现为纯电阻性,此时电路发生了并联谐振。即:

$$B = \omega_0 C - \frac{1}{\omega_0 L} = 0$$

因此,并联谐振电路的谐振条件为 $B = 0$。

并联谐振电路与串联谐振电路的谐振(角)频率计算公式相同。

谐振角频率:$\omega_0 = \dfrac{1}{\sqrt{LC}}$;

谐振频率:$f_0 = \dfrac{1}{2\pi\sqrt{LC}}$。

(二)谐振特性

1. 特性阻抗

$$\rho = \omega_0 L = \frac{1}{\omega_0 C} = \frac{1}{\sqrt{LC}} \times L = \sqrt{\frac{L}{C}}$$

2. 品质因数

$$Q = \frac{R}{\omega_0 L} = \omega_0 CR = \frac{R}{\rho}$$

谐振时 $B=0$，并联电路导纳 $Y_0 = G = \dfrac{1}{R}$，其值最小，且为纯电导。
Y 随 ω 的变化如图 5-2-6 所示，若转换为阻抗，即

$$Z_0 = \dfrac{1}{Y_0} = \dfrac{1}{G} = R$$

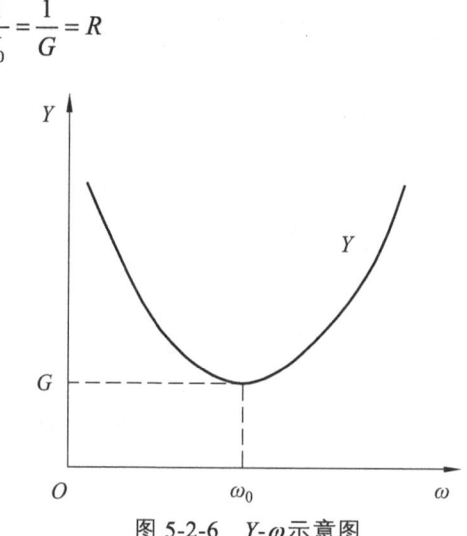

图 5-2-6　Y-ω 示意图

并联谐振时，电阻上的电流等于信号源的电流；电感上的电流与电容上的电流大小相等、相位相反，且等于信号源电流的 Q 倍。故并联电路谐振又称为电流谐振。

并联振荡回路的阻抗，只有在谐振时才是纯电阻，并达到最大值。并联回路的合成总阻抗的性质总是由两个支路中阻抗较小的那个支路的阻抗性质决定的。当 $\omega>\omega_\mathrm{P}$ 时，回路等效阻抗中的电抗是容性的，当 $\omega<\omega_\mathrm{P}$ 时，回路等效阻抗中的电抗是感性的。

并联回路的等效阻抗 Z 及电阻 R_e、电抗 X_e 随频率变化的曲线如图 5-2-7 所示。

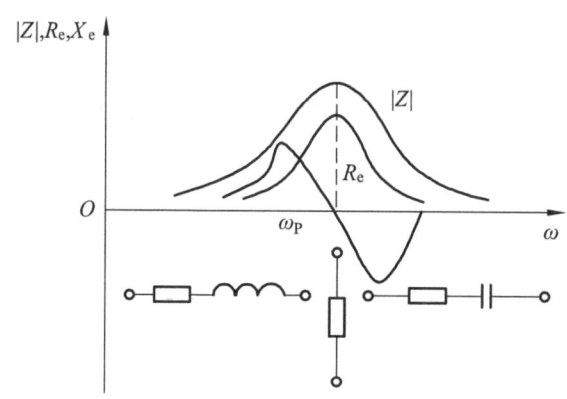

图 5-2-7　Z、R_e、X_e 与 ω 之间关系图

在电力系统中，电网中能量的转化与传递所产生的电网电压升高，称内过电压。内过电压对供电系统的危害是很大的，常见的内过电压有：切空载变压器的过电压；切、合空载线路的过电压；电弧接地过电压；铁磁谐振过电压等。其中，铁磁谐振过电压事故最频繁地发生在 3～330 kV 电网中，严重威胁电网的安全运行。因此电力系统必须对谐振过电压加以防止。串、并联振荡回路的概念、内容、电路形式有本质的不同，现总结如表 5-2-1 所示。

表 5-2-1 串联谐振回路与并联谐振回路对比分析

特点	名称	串联振荡电路	并联振荡回路
不同点	谐振曲线	回路电流相对值 $\dfrac{I_m}{I_{om}}$	回路端电压相对值 $\dfrac{\dot{V}_m}{\dot{V}_{om}}$
	谐振原因	电抗为零,阻抗最小,电流最大	电纳为零,导纳最小,阻抗最大,端电压最大
	失谐表现	阻抗增加,电流减少	阻抗减少,端电压减少
	相频特性	$\dot{I}$超前$\dot{V}$,φ为正;$\dot{I}$滞后$\dot{V}$,φ为负;$\dot{I}$与$\dot{V}$同相,φ为零	$\dot{I}$超前$\dot{V}$,φ为负;$\dot{I}$滞后$\dot{V}$,φ为正;$\dot{I}$与$\dot{V}$同相,φ为零
	$\omega = \omega_0$(ω_P)	$\varphi = 0$	$\varphi = 0$
	$\omega > \omega_0$(ω_P)	感性,φ为负	容性,φ为负
	$\omega < \omega_0$(ω_P)	容性,φ为负	感性,φ为负
	考虑信号源内阻和负载电阻的情况	适用于信号源内阻 R_S 很小(恒压源)和负载电阻 R_L 也不太大的场合	适用于信号源内阻 R_S 很大(恒压源)和负载电阻 R_L 也较大的场合
相同点	谐振频率	$\omega_0 = \omega_P = \dfrac{1}{\sqrt{LC}}$,$f_P = f_0 = \dfrac{1}{2\pi\sqrt{LC}}$	
	特性阻抗	$\rho = \dfrac{1}{\omega_0 C} = \omega_0 L = \dfrac{1}{\omega_P C} = \omega_P L = \sqrt{\dfrac{L}{C}} = \rho_P$	
	品质因数	$Q = \dfrac{\rho}{R} = \dfrac{\omega_0 L}{R} = \dfrac{1}{\omega_0 CR} = \dfrac{1}{R}\sqrt{\dfrac{L}{C}} = Q_P$	
	通频带	$BW0.7 = 2\Delta\omega 0.7 = \dfrac{\omega_0}{Q_0} = BWP = \dfrac{\omega_P}{Q_P}$ $Bf0.7 = 2\Delta f 0.7 = \dfrac{f_0}{Q_0} = \dfrac{f_P}{Q_P}$	
	选择性	$K0.1 = KP0.1 = 10$	
	考虑内阻和负载电阻的情况	Q 值下降,通频带展宽,选择性变差	

【巩固练习】

1. 谐振电路的产生的原因是什么?
2. 谐振电路的应用环境有哪些?
3. 串联谐振电路和并联谐振电路的共同点和不同点有哪些?
4. 串联谐振电路和并联谐振电路的谐振特性有哪些?

任务三 滤波电路

【学习目标】

1. 理解滤波电路的概念。

2．掌握不同类型的滤波电路的优缺点。

【知识要点】

1．滤波电路的类型。
2．不同类型滤波电路的优缺点。

【理论知识】

如果将一台用 9 V 电池供电的收录机由交流电供电，则必须利用变压器将交流 220 V 电压降低为交流 10 V 电压，然后由二极管桥式整流电路输出 9 V 左右的直流电压。

虽然整流输出的 9 V 直流电压可用于收录机，但是收录机会产生令人烦恼的交流噪声。交流噪声是由加到收录机的直流脉动电压引起的。要让收录机无噪声地工作，就必须加装滤波电路，以滤除直流脉动电压的交流成分。

滤波电路直接接在整流电路后面，通常由电容、电感和电阻按一定的方式组合成多种形式的滤波电路。

滤波是指将整流电路输出的脉动直流电变换为变化比较平缓的直流输出。完成滤波的电路称为滤波电路。

一、滤波电路的类型

滤波电路的主要元件有电容器和电感器，利用电容器"隔直流、通交流"和电感器"通直流、隔交流"的特性完成滤波任务。因此，电容器在电路中应接成并联形式，而电感器在电路中应接成串联形式。根据选用的元件及元件之间的连接方式不同，滤波电路的类型如图 5-3-1 所示。

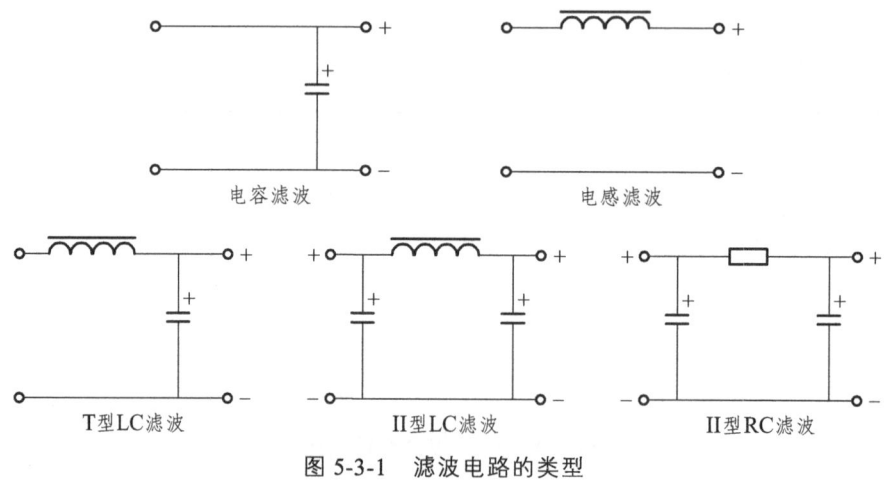

图 5-3-1　滤波电路的类型

（一）电容滤波电路的电路图

如图 5-3-2 所示为桥式整流滤波电路。

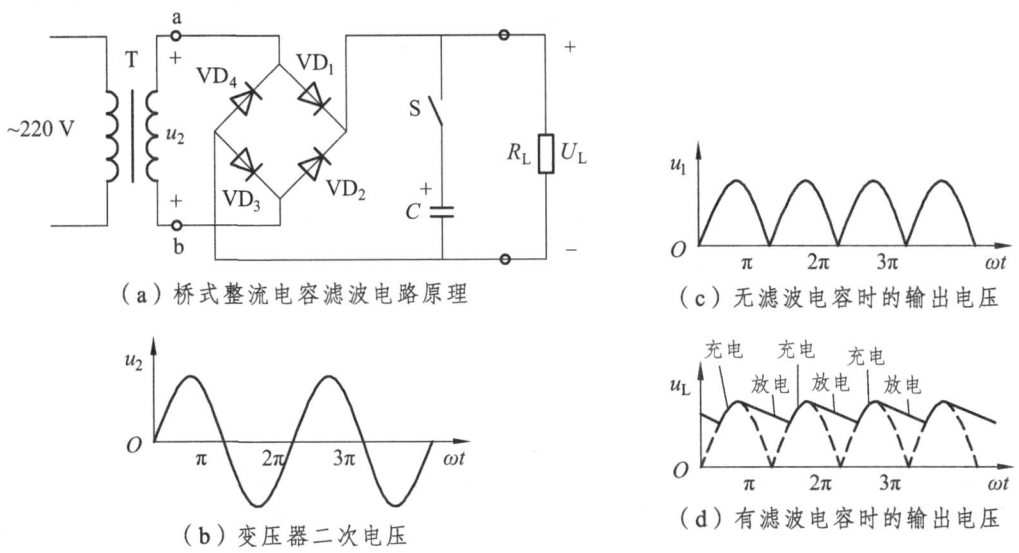

(a) 桥式整流电容滤波电路原理　　(c) 无滤波电容时的输出电压

(b) 变压器二次电压　　(d) 有滤波电容时的输出电压

图 5-3-2　桥式整流滤波电路

（二）工作过程

电容 C 接入电路，假设开始时电容上的电压为零，接通电源后 U_2 从零开始增大，整流输出的电压在向负载 R_L 供电的同时，也给电容 C 充电。当充电电压达到最大值 U_2 后，U_2 开始下降，于是电容 C 开始通过负载电阻放电，维持负载两端电压缓缓下降，直到下一个整流电压波形的到来。到 U_2 大于电容端电压 U_C 时，电容又开始充电。如此循环下去，输出电压的脉动成分减小，平均值增大，从而达到滤波的目的，负载上就得到了如图 5-3-2 右侧图所示的输出电压。

电解电容只能滤除低频波，对于直流电源中的高频干扰噪声波，可以并联一个 0.1 μF 或 0.01 μF 的独石电容或者瓷片电容来滤除。

（三）输出直流电压的估算

整流电路接入滤波电容时，通常输出电压可按下面的经验公式估计：

半波整流电容滤波　　　　　　　　$U_L \approx U_2$
桥式整流电容滤波　　　　　　　　$U_L \approx 1.2 U_2$
空载时（负载 R_L 开路）　　　　　$U_L \approx 1.4 U_2$

即空载时输出电压值接近 U_2 的最大值。

二、电感滤波电路

电感滤波电路如图 5-3-3 所示，由于电感中的电流不能突变，因此电感 L 对于交流电呈现一个很大的感抗，能有效地阻止交流电通过，而对直流电的阻抗则很小，使直流电容易通过。因此，交流成分大多在电感 L 上，而直流成分则顺利地通过电感 L 流到负载 R_L 上，于

是在负载 R_L 上获得的输出电压 U_L 中，交流成分就很小，从而达到滤波的目的。随着电感 L 的增加，阻止交流电的作用越强，滤波作用也越强，输出电压 R_L 中的交流成分就越小。

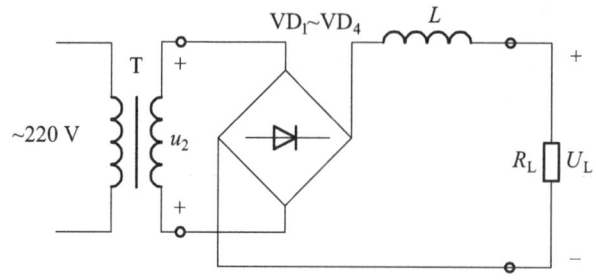

图 5-3-3　电感滤波电路

表 5-3-1　各种滤波电路的比较

名称	优点	缺点	使用场合
电容滤波	1．输出电压高； 2．在小电流时滤波效果好	1．负载能力差； 2．电源接通瞬间因充电电流很大，整流管要承受较大的浪涌电流	负载电流较小的场合
电感滤波	1．负载能力较好； 2．对变动的负载滤波效果好； 3．整流管不会受到浪涌电流的损害	1．体积大； 2．输出电压较低	适用于负载变动大、负载电流大的场合，在晶闸管整流电源中用得较多
倒 LC 形滤波	1．输出电流较大； 2．负载能力较好； 3．滤波效果好	电感线圈体积较大、成本高	适用于负载变动大、负载电流大的场合
$RC\pi$ 型滤波	1．输出电压高； 2．滤波效果好	1．输出电流较小； 2．负载能力差	适用于负载电流较小、要求稳定的场合
$LC\pi$ 型滤波	1．滤波效果较好； 2．结构简单、经济； 3．能兼起降压、限流作用	1．输出电流较小； 2．负载能力差	适用于负载电流小的场合

【巩固练习】

1．滤波电路的作用是什么？
2．在负载电流较小的场合可以选择什么样的滤波电路？为什么？

任务四　逆变电路

【学习目标】

1．了解多重逆变电路和多电平逆变电路。
2．理解电流型逆变电路。

3．掌握电压型逆变电路。
4．掌握换流方式。

【知识要点】

1．逆变电路的工作原理。
2．换流方式。
3．电压型逆变电路、电流型逆变电路的特点。
4．多重逆变电路和多电平逆变电路。

【理论知识】

蓄电池、干电池、太阳能电池等直流电源向交流负载供电时，需要逆变电路。交流电机调速用变频器、不间断电源、感应加热电源等电力电子装置的核心部分都是逆变电路。

一、换流方式

（一）逆变电路的基本工作原理

单相桥式逆变电路为例：$S_1 \sim S_4$ 是桥式电路的 4 个臂，由电力电子器件及辅助电路组成。S_1、S_4 闭合，S_2、S_3 断开时，负载电压 u_o 为正 S_1；S_1、S_4 断开，S_2、S_3 闭合时，u_o 为负，把直流电变成了交流电。改变两组开关切换频率，可改变输出交流电频率。如图 5-4-1 所示为逆变电路及其波形举例。

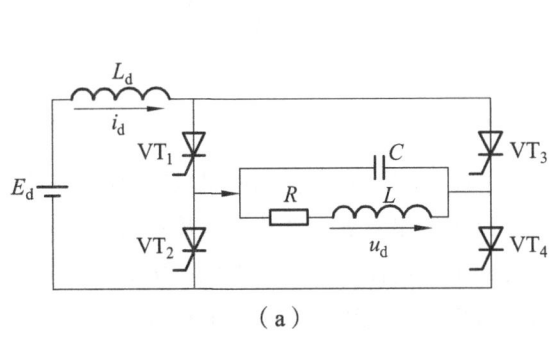
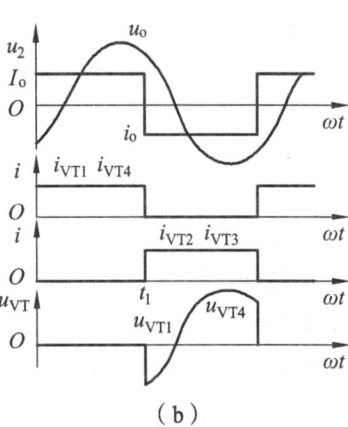

图 5-4-1 逆变电路及其波形举例

电阻负载时，负载电流 i_o 和电压 u_o 的波形相同，相位也相同。电感负载时，i_o 滞后于 u_o，波形也不同，如图 5-4-1（b）所示。

t_1 前：S_1、S_4 通，u_o 和 i_o 均为正。

t_1 时刻断开 S_1、S_4，合上 S_2、S_3，u_o 变负，但 i_o 不能立刻反向。

i_o 从电源负极流出，经 S_2、负载和 S_3 流回正极，负载电感能量向电源反馈，i_o 逐渐减小，t_2 时刻降为零，之后 i_o 才反向并增大。

(二)换流方式分类

换流:电流从一个支路向另一个支路转移的过程,也称换相。
开通:适当的门极驱动信号就可使其开通。
关断:全控型器件可通过门极关断。
半控型器件晶闸管,必须利用外部条件才能关断,一般在晶闸管电流过零后施加一定时间反压,才能关断。

1. 器件换流

利用全控型器件的自关断能力进行换流(Device Commutation)。

2. 电网换流

由电网提供换流电压称为电网换流(Line Commutation)。可控整流电路、交流调压电路和采用相控方式的交变频电路,不需器件具有门极可关断能力,也不需要为换流附加元件。

3. 负载换流

由负载提供换流电压称为负载换流(Load Commutation)。负载电流相位超前于负载电压的场合,都可实现负载换流。负载为电容性负载时,负载为同步电动机时,可实现负载换流。如图 5-4-2 所示为负载换流电路及其工作波形。

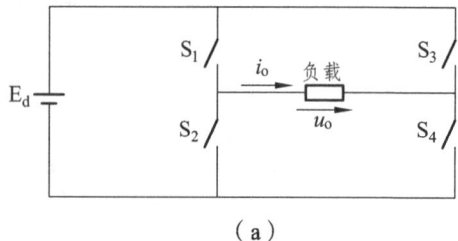
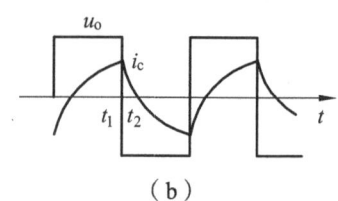

(a)　　　　　　　　　　　　　　　(b)

图 5-4-2　负载换流电路及其工作波形

采用晶闸管负载:电阻电感串联后再和电容并联,工作在接近并联谐振状态而略呈容性。电容为改善负载功率因数使其略呈容性而接入,直流侧串入大电感 L_d,i_d 基本没有脉动。

工作过程:4 个臂的切换仅使电流路径改变,负载电流基本呈矩形波。负载工作在对基波电流接近并联谐振的状态,对基波阻抗很大,对谐波阻抗很小,u_o 波形接近正弦。

t_1 前:VT_1、VT_4 通,VT_2、VT_3 断,u_o、i_o 均为正,VT_2、VT_3 电压即为 u_o。

t_1 时:触发 VT_2、VT_3 使其开通,u_o 加到 VT_4、VT_1 上使其承受反压而关断,电流从 VT_1、VT_4 换到 VT_3、VT_2。

t_1 必须在 u_o 过零前并留有足够裕量,才能使换流顺利完成。

4. 强迫换流

设置附加的换流电路,给欲关断的晶闸管强迫施加反向电压或反向电流的换流方式称为强迫换流(Forced Commutation)。通常利用附加电容上储存的能量来实现,也称为电容换流。

直接耦合式强迫换流——由换流电路内电容提供换流电压。VT 通态时，先给电容 C 充电，合上 S 就可使晶闸管被施加反压而关断，如图 5-4-3 所示。

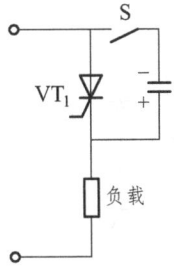

图 5-4-3　直接耦合式强迫换流原理图

电感耦合式强迫换流：通过换流电路内电容和电感耦合提供换流电压或换流电流。
两种电感耦合式强迫换流：
如图 5-4-4（a）所示晶闸管在 LC 振荡第一个半周期内关断。
如图 5-4-4（b）所示晶闸管在 LC 振荡第二个半周期内关断。

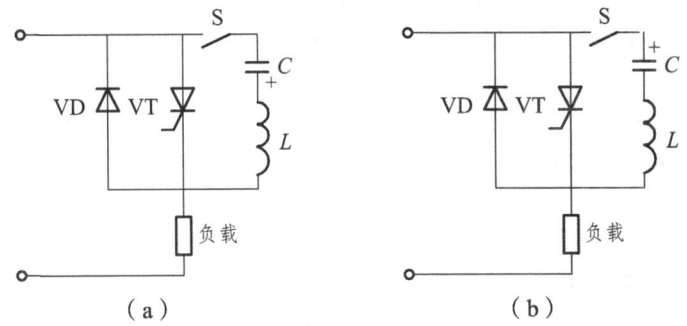

图 5-4-4　电感耦合式强迫换流原理图

给晶闸管加上反向电压而使其关断的换流也叫电压换流（见图 5-4-3）。先使晶闸管电流减为零，然后通过反并联二极管使其加反压的换流叫电流换流（见图 5-4-4）。
器件换流：适用于全控型器件。
其余三种方式：仅适用于晶闸管。
器件换流和强迫换流：自换流。
电网换流和负载换流：外部换流。
当电流不是从一个支路向另一个支路转移，而是在支路内部终止流通而变为零，则称为熄灭。

二、电压型逆变电路

逆变电路按其直流电源性质不同分为两种：电压型逆变电路或电压源型逆变电路，电流型逆变电路或电流源型逆变电路，电路的具体实现如图 5-4-5 所示。

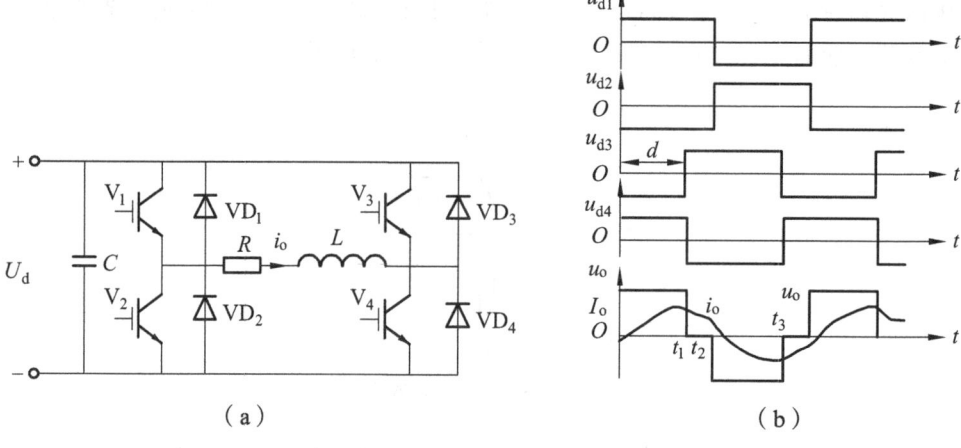

(a)   (b)

图 5-4-5   电压型逆变电路举例（全桥逆变电路）

电压型逆变电路的特点：

特点 1：直流侧为电压源或并联大电容，直流侧电压基本无脉动。

特点 2：输出电压为矩形波，输出电流因负载阻抗不同而不同。

特点 3：阻感负载时需提供无功。为了给交流侧向直流侧反馈的无功提供通道，逆变桥各臂并联反馈二极管。

（一）单相电压型逆变电路

1. 半桥逆变电路

电路结构如图 5-4-6 所示。

工作原理：

V_1 和 V_2 栅极信号各半周正偏、半周反偏，互补。u_o 为矩形波，幅值为 $U_m = U_d/2$，i_o 波形随负载而异，感性负载时，如图 5-4-6（b）所示，V_1 或 V_2 通时，i_o 和 u_o 同方向，直流侧向负载提供能量；VD_1 或 VD_2 通时，i_o 和 u_o 反向，电感中储能向直流侧反馈。VD_1、VD_2 称为反馈二极管，其还能使 i_o 连续，又称续流二极管。

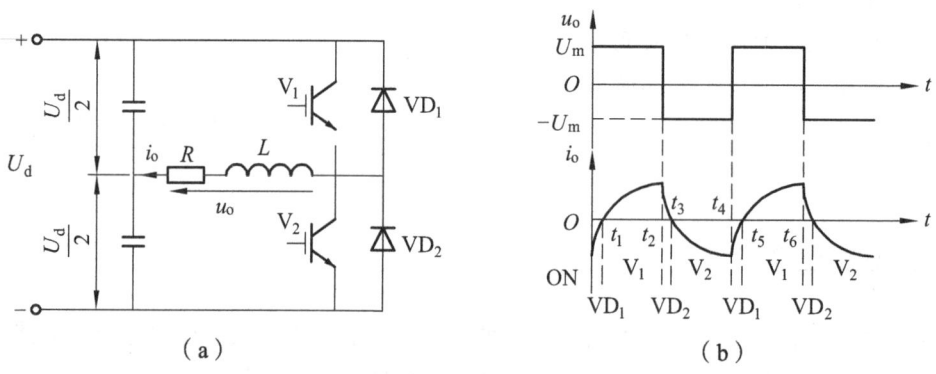

(a)   (b)

图 5-4-6   单相半桥电压型逆变电路及其工作波形

优点：简单，使用器件少。

缺点：交流电压幅值 $U_d/2$，直流侧需两电容器串联，要控制两者电压均衡，用于几千瓦以下的小功率逆变电源。

单相全桥、三相桥式都可看成若干个半桥逆变电路的组合。

2. 全桥逆变电路

电路结构及工作情况：如图 5-4-5 所示为两个半桥电路的组合。1 和 4 为一对，2 和 3 为另一对，成对桥臂同时导通，交替各导通 180°。u_o 波形同图 5-4-6（b）所示。半桥电路的 u_o，幅值高出一倍 $U_m = U_d$。i_o 波形和图 5-4-6（b）所示的 i_o 相同，幅值增加一倍。全桥逆变电路是单相逆变电路中应用最多的。

3. 带中心抽头变压器的逆变电路

交替驱动两个 IGBT，经变压器耦合给负载加上矩形波交流电压。两个二极管的作用也是提供无功能量的反馈通道，U_d 和负载相同，变压器匝比为 1：1：1 时，u_o 和 i_o 波形及幅值与全桥逆变电路完全相同。如图 5-4-7 所示为带中心抽头变压器的逆变电路。

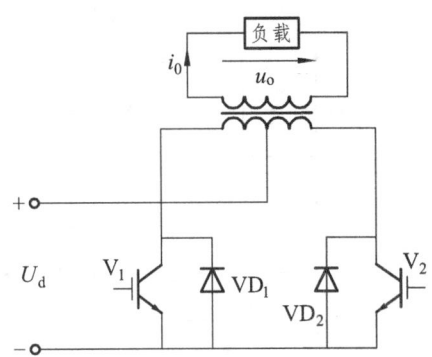

图 5-4-7 带中心抽头变压器的逆变电路

带中心抽头变压器的逆变电路与全桥电路相比，少用一半开关器件，其器件承受的电压为 $2U_d$，比全桥电路高一倍，且必须有一个变压器。

（二）三相电压型逆变电路

三个单相逆变电路可组合成一个三相逆变电路，应用最广的是三相桥式逆变电路，可看成由三个半桥逆变电路组成。

1. 180°导电方式

每桥臂导电 180°，同一相上下两臂交替导电，各相开始导电的角度差 120°，任一瞬间有三个桥臂同时导通，每次换流都是在同一相上下两臂之间进行，也称为纵向换流，如图 5-4-8 所示。

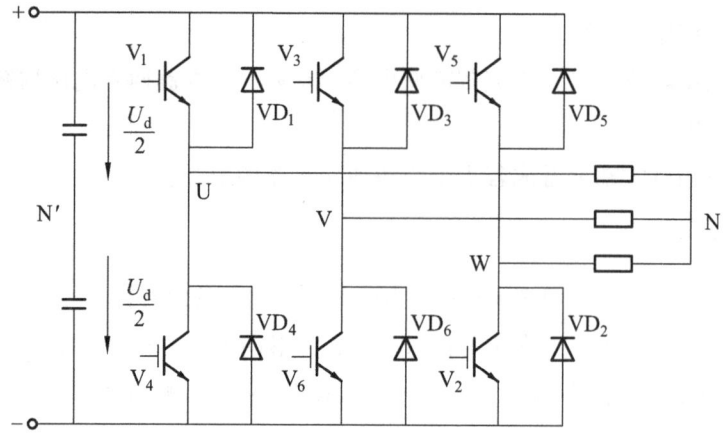

图 5-4-8 三相电压型桥式逆变电路

2. 波形分析

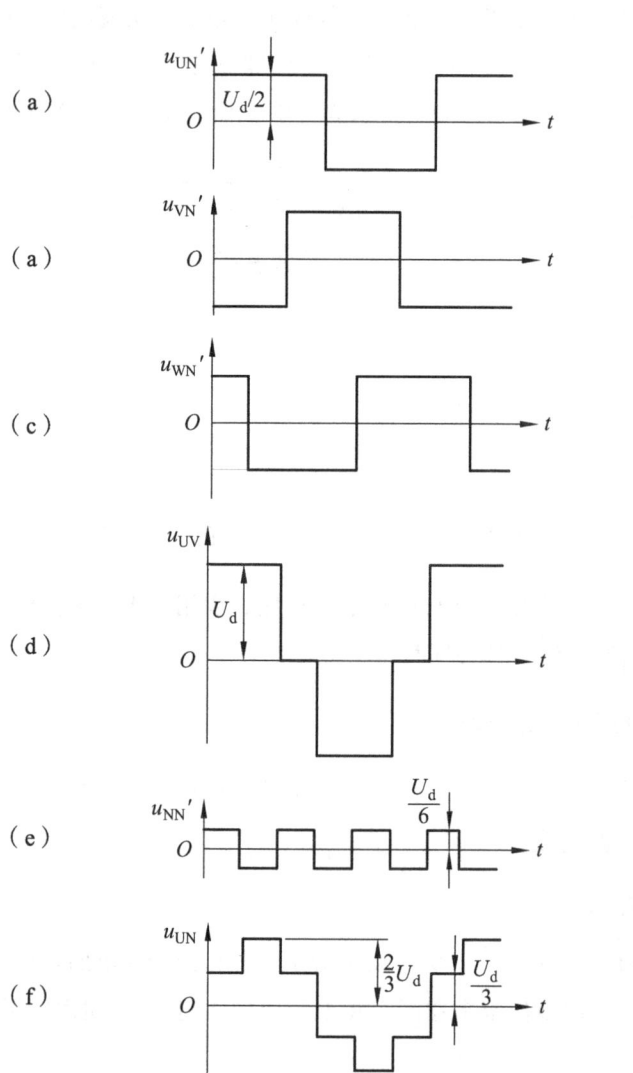

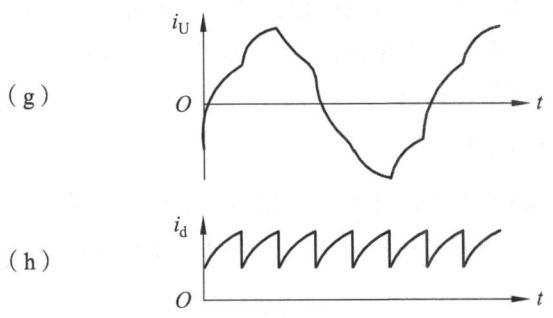

图 5-4-9 电压型三相桥式逆变电路的工作波形

三、电流型逆变电路

直流电源为电流源的逆变电路：电流型逆变电路。一般在直流侧串联大电感，电流脉动很小，可近似看成直流电流源。

电流型逆变电路主要特点：

特点 1：直流侧串大电感，相当于电流源。

特点 2：交流输出电流为矩形波，输出电压波形和相位因负载不同而不同。

特点 3：直流侧电感起缓冲无功能量的作用，不必给开关器件反并联二极管。

电流型逆变电路中，采用半控型器件的电路仍应用较多。换流方式有负载换流、强迫换流。

（一）单相电流型逆变电路

如图 5-4-10 所示为单相桥式电流型（并联谐振式）逆变电路。4 桥臂，每桥臂晶闸管各串一个电抗器 L_T 限制晶闸管开通时的 d_i/d_t。1、4 和 2、3 以 1 000~2 500 Hz 的中频轮流导通，可得到中频交流电。采用负载换相方式，要求负载电流超前于电压。

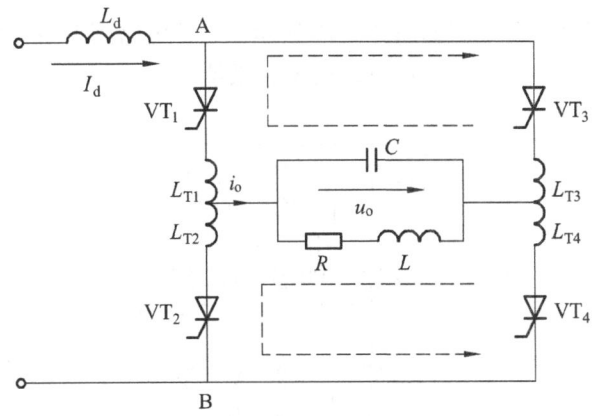

图 5-4-10 单相桥式电流型（并联谐振式）逆变电路

负载一般是电磁感应线圈，加热线圈内的钢料，RL 串联为其等效电路。因功率因数很低，故并联 C。C 和 L、R 构成并联谐振电路，故此电路称为并联谐振式逆变电路。

输出电流波形接近矩形波，含基波和各奇次谐波，且谐波幅值远小于基波。因基波频率接近负载电路谐振频率，故负载对基波呈高阻抗，对谐波呈低阻抗，谐波在负载上产生的压降很小，因此负载电压波形接近正弦波。

（二）三相电流型逆变电路

电流型三相桥式逆变电路如图 5-4-11 所示。其基本工作方式是 120°导电方式——每个臂一周期内导电 120°。每时刻上下桥臂组各有一个臂导通，横向换流。

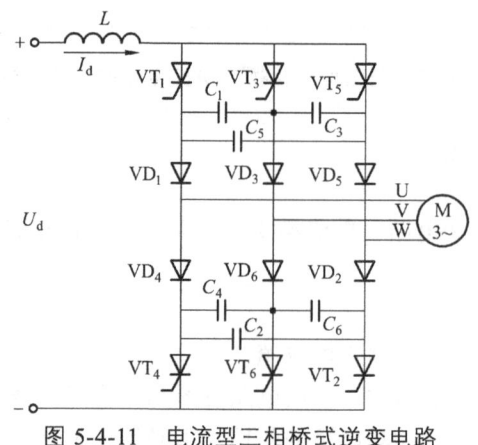

图 5-4-11　电流型三相桥式逆变电路

波形分析：

输出电流波形和负载性质无关，正负脉冲各 120°的矩形波。输出电流和三相桥整流带大电感负载时的交流电流波形相同，谐波分析表达式也相同。输出线电压波形和负载性质有关，大体为正弦波。

输出交流电流的基波有效值：

$$I_{U1} = \frac{\sqrt{6}}{\pi} I_d = 0.78 I_d$$

串联二极管式晶闸管逆变电路如图 5-4-12 所示。这种电路因各桥臂的晶闸管和二极管串联使用而得名，主要用于中大功率交流电动机调速系统。

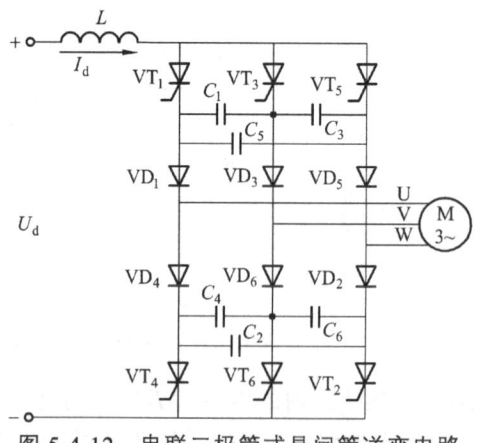

图 5-4-12　串联二极管式晶闸管逆变电路

电流型三相桥式逆变电路：电路仍为前述的 120°导电工作方式，输出波形和图 5-4-13 所示的波形大体相同。各桥臂的晶闸管和二极管串联使用，各桥臂之间换流采用强迫换流方式，连接于各臂之间的电容 $C_1 \sim C_6$ 即为换流电容。

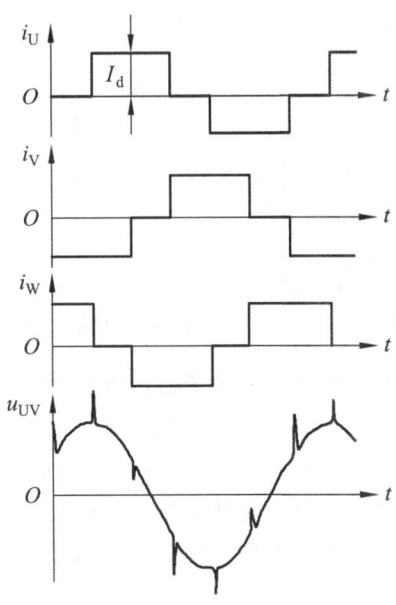

图 5-4-13　电流型三相桥式逆变电路的输出波形

电容器充电规律：对共阳极晶闸管，与导通晶闸管相连一端极性为正，另一端为负。不与导通晶闸管相连的电容器电压为零。共阴极晶闸管与共阳极晶闸管情况类似，只是电容器电压极性相反。

【巩固练习】

1．逆变电路的产生的原因是什么？
2．逆变电路的分类及其各自的特点是什么？
3．电压型逆变电路和电流型逆变电路的基本原理是什么？
4．逆变电路的应用场合有哪些？

任务五　直流稳压电源电路

【学习目标】

1．了解直流稳压电源电路。
2．掌握不同直流稳压电源电路的优缺点。

【知识要点】

1．晶体管稳压电源。
2．集成稳压器及应用电路。

【理论知识】

一、直流稳压电源的组成和功能

如图 5-5-1 所示为直流稳压电源的组成与功能。

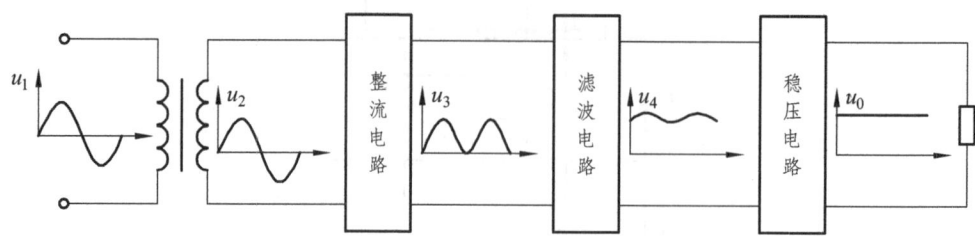

图 5-5-1　直流稳压电源的组成与功能

（1）电源变压器：将交流电网电压 u_1 变为合适的交流电压 u_2。
（2）整流电路：将交流电压 u_2 变为脉动的直流电压 u_3。
（3）滤波电路：将脉动直流电压 u_3 转变为平滑的直流电压 u_4。
（4）稳压电路：清除电网波动及负载变化的影响，保持输出电压 u_o 的稳定。
（5）直流稳压电源是一种当交流电网电压发生变化或负载变化时，能保持输出电压基本稳定的直流电源。

二、晶体管稳压电源

（一）并联型稳压电路

1．电路图

如图 5-5-2 所示为并联型稳压电路。

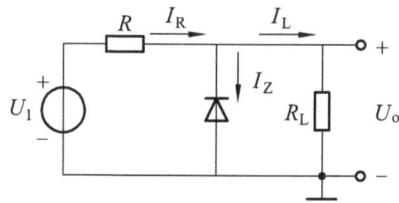

图 5-5-2　并联型稳压电路

2．工作原理

$$I_R = I_Z + I_L$$
$$U_O = U_I - I_R R$$

当 U_I 波动时（R_L 不变）

$$R_L \downarrow \rightarrow U_O \uparrow \rightarrow I_Z \downarrow \rightarrow I_R \downarrow$$
$$U_O \downarrow \leftarrow$$

当 R_L 变化时（U_I 不变）

$$R_L \downarrow \to U_O \downarrow \to I_Z \downarrow \to I_R \downarrow$$
$$U_O \uparrow \quad \leftarrow \quad\quad\quad\quad\quad$$

优点：电路简单，元件少。

缺点：稳压效果不太好，输出电压不可调，负载电流小（负载轻），适用于带负载能力差的场合。

3．稳压管

（1）工作条件：稳压管工作于反向击穿区。

（2）稳压原理：当 U_i 大于稳压管的击穿电压时，稳压管被击穿，在一定的电流范围内稳压管两端的电压基本不变，输出电压 U_i 等于 U_Z，起到稳压作用。

（3）稳定电压 U_Z：

稳压管正常工作时的端电压。如图 5-5-3 所示为稳压管电压曲线图。

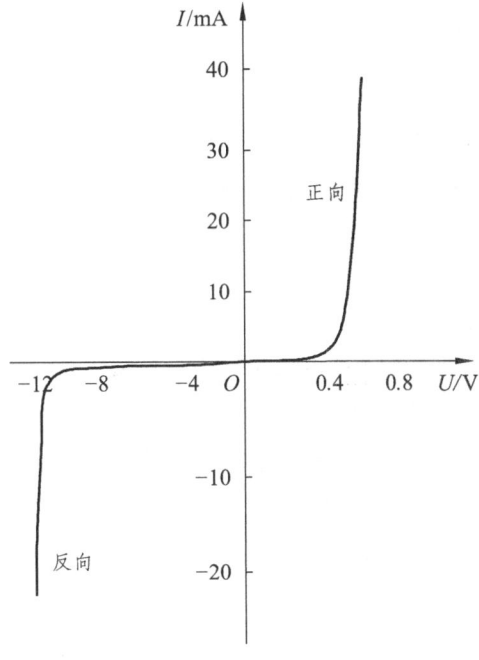

图 5-5-3　稳压管电压曲线图

（4）稳定电流 I_z：

正常工作的参考电流值。低于此值稳压效果差；在不超过额定功率（I_{ZM}）的前提下，高于此值稳压效果好，即工作电流越大稳压效果越好。

（5）如图 5-5-4 所示电路中，两只稳压管的稳压值分别 $U_{Z1}=8.2\text{ V}$，$U_{Z2}=6.3\text{ V}$，其正向管压降均为 0.7 V，则图 5-5-4（a）的输出电压为_____；图 5-5-4（b）的输出电压为_____；图 5-5-4（c）的输出电压为_____；图 5-5-4（d）的输出电压为_____。

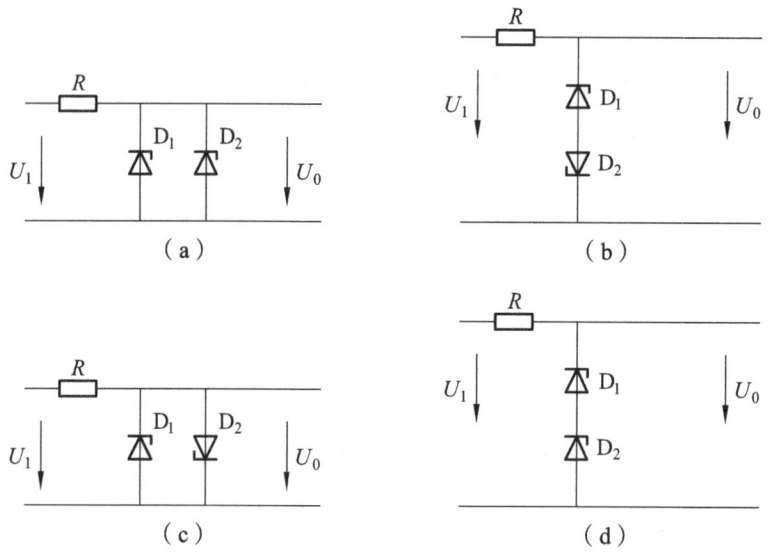

图 5-5-4 稳压管电路图

（二）串联型稳压电路

1. 电路组成

负载 R_L 与起调整作用的三极管 V 相串联，故称串联型稳压电路。

组成：调整部分（调整管 V_1）、取样电路（R_1、R_2、R_P 组成分压器）、基准环节（稳压管 VD_Z 和 R_3 组成的稳压电路）、比较放大级（放大管 V_2 等）。

V_1：调整管；

V_Z、R_3：为 V_2 发射极提供基准电压；

R_1、R_2、R_P：组成取样电路，将输出电压按一定比例取出部分电压 V_{B2} 加到 V_2 管的基极；同时，调节 R_P 可以调整输出电压的大小。

V_2、R_c：比较放大级，将 V_2 管的基极电位（取样电压）V_{B2}，与基准电压 V_Z 进行比较，差值电压 V_{BE2} 经过 V_2 放大后，送到调整管的基极，控制调整管的工作。

如图 5-5-5 所示为串联型稳压电路。

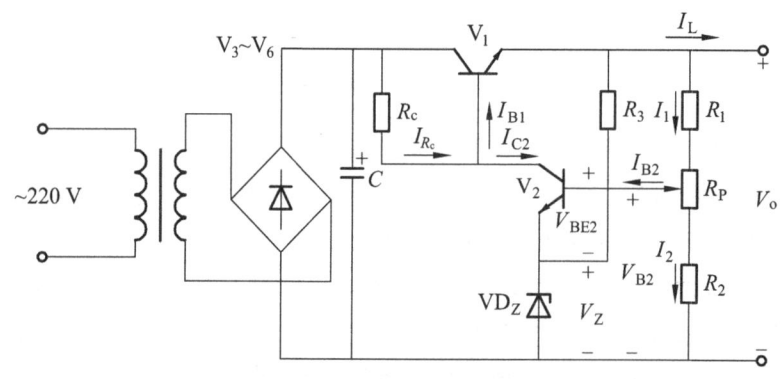

图 5-5-5 串联型稳压电路

2. 稳压原理

（1）当电网电压升高或 R_L 增大时：

稳压过程为

$$V_I \uparrow \to V_O \uparrow \to V_{B2} \uparrow \to V_{BE2} \uparrow \to V_{B2} \uparrow \to I_{C2} \uparrow \to V_{B1} \downarrow$$
$$V_O \downarrow \leftarrow V_{CE1} \uparrow \leftarrow I_{B1} \downarrow \leftarrow$$

可概括为 $V_O \uparrow \to V_{CE1} \uparrow \to V_O \downarrow$。

（2）当电网电压下降或负载变重时：

$$V_I \downarrow \to V_O \downarrow \to V_{B2} \downarrow \to V_{BE2} \downarrow \to V_{B2} \downarrow \to I_{C2} \downarrow \to V_{C2} \uparrow$$
$$V_O \uparrow \leftarrow V_{CE1} \downarrow \leftarrow I_{E1} \uparrow \leftarrow I_{B1} \uparrow \leftarrow$$

可概括为 $V_O \downarrow \to V_{CE} \downarrow \to V_O \uparrow$。

（3）输出稳定电压的调节：

按分压关系，整理得

$$V_{B2} = \frac{R_2 + R_{P(下)}}{R_1 + R_2 + R_P} V_O$$

因 $V_2 \gg V_{BE2}$，则

$$V_O = \frac{R_1 + R_2 + R_P}{R_2 + R_{P(下)}} (V_Z + V_{BE2})$$

$$V_O = \frac{R_1 + R_2 + R_P}{R_2 + R_{P(下)}} V_Z$$

$\dfrac{R_2 + R_{P(下)}}{R_1 + R_2 + R_P}$ 为分压比，称为取样比，用 n 表示，则 $V_O = \dfrac{V_Z}{n}$。

3. 影响串联型可调式稳压电源稳压性能的因素

（1）取样电路　取样电路的分压比 n 越稳定，则稳压性能越好。
（2）基准环节　稳压管应选用动态电阻小、电压温度系数小的硅稳压二极管。
（3）放大环节　应使比较放大级有较高的增益和较高的稳定性。
（4）调整环节　输出功率大的稳定电源，应选用大功率三极管作调整管。

三、集成稳压器及应用电路

（一）固定式三端集成稳压器

（1）输出电压固定，外引线有输入、输出和接地三个端子。
（2）W7800 系列是三端固定正电压输出的集成稳压器。W7900 系列是三端固定负电压输出的集成稳压器。

系列序号的最末两位数表示标称输出电压值。如 W7812 表示输出电压为 12 V，而 7905 表示输出电压为 – 5 V。

（3）输出电流。

W7800/7900 系列输出电流为 1.5 A。

W78L00/79L00 系列输出电流为 0.1 A。

W78H00/79H00 系列输出电流为 0.5 A。

（4）W7800 和 W7900 系列的外形及管脚排列如图 5-5-6 及图 5-5-7 所示。

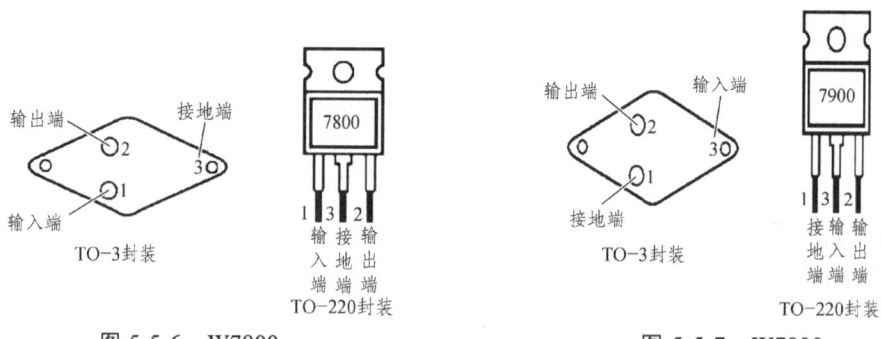

图 5-5-6　W7800　　　　　　　　　图 5-5-7　W7900

（二）典型应用电路

1．基本应用电路

如图 5-5-8 所示为三端固定式稳压器的一般接法。输入、输出端并联高频旁路电容。接线时，管脚不能接错，公共端不得悬空。

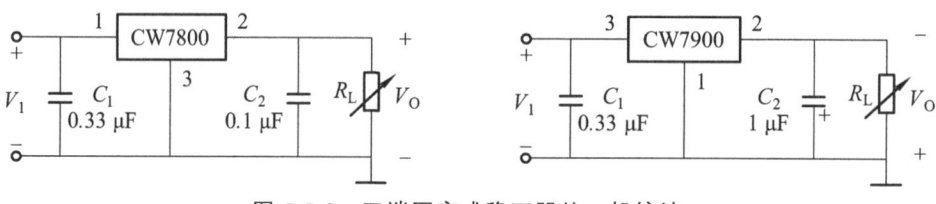

图 5-5-8　三端固定式稳压器的一般接法

2．输入电压的扩展

W7800 系列规定最大允许的输入电压，超过该值就要损坏稳压器，可用图 5-5-9 所示的三种方案之一来扩展输入电压。

图 5-5-9 中，图（a）为串入三极管来降低输入电压，图（b）为用电阻来降低输入电压，图（c）为采用一只稳压器降压。

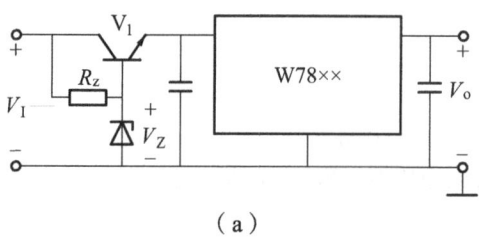　　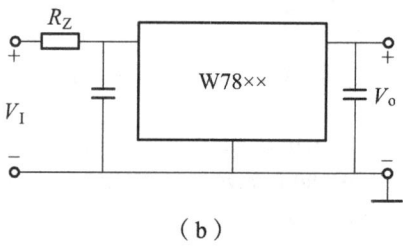

　　　　　（a）　　　　　　　　　　　　　　　　（b）

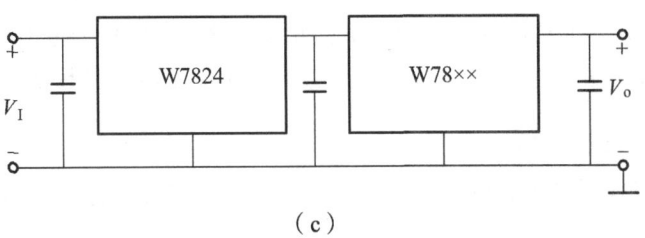

（c）

图 5-5-9　W7800 系列的输入电压扩展

3. 输出电压的扩展

如需将输出电压提高到所需值，可采用如图 5-5-10 所示电路。

$$V_O = V_{XX} + V_Z$$

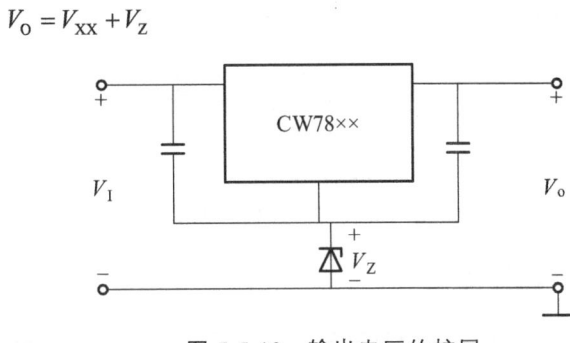

图 5-5-10　输出电压的扩展

4. 输出电流的扩展

在需要稳压器输出电流增大的场合，可采用如图 5-5-11 所示电路。

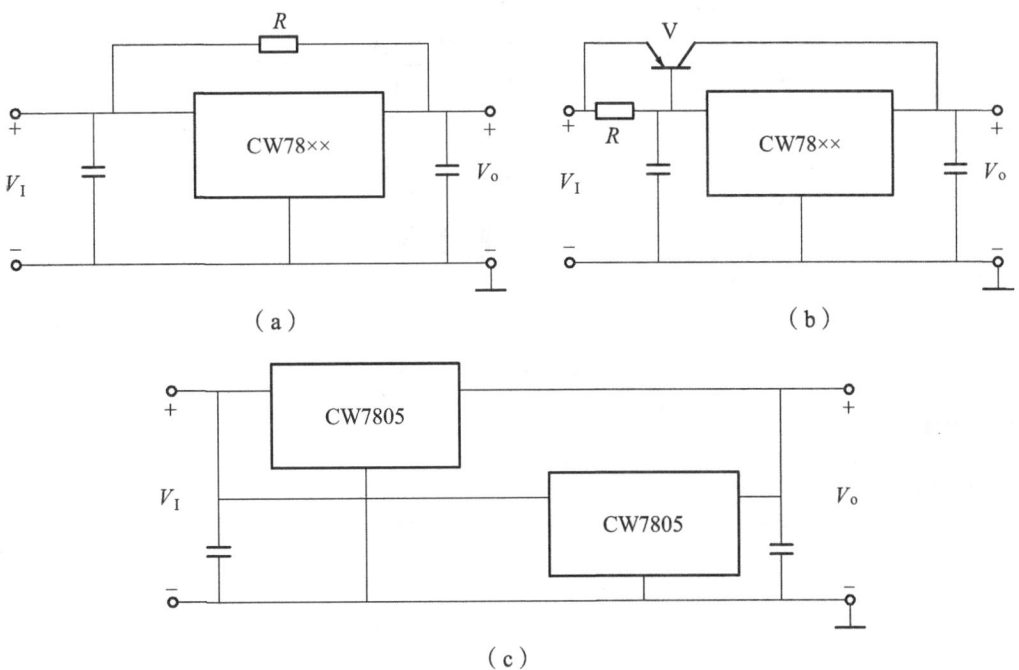

图 5-5-11　输出电流的扩展

图 5-5-11 中，图（a）采用并联电阻的方法扩流，图（b）用 PNP 功率管扩流，图（c）用两只稳压器并联输出方法扩流，并联时应注意两集成稳压器的参数要一致。

5．正负对称的稳压电源

采用两只不同型号的三端集成稳压器，可组合成一种正负对称输出电压的稳压电源，如图 5-5-12 所示。

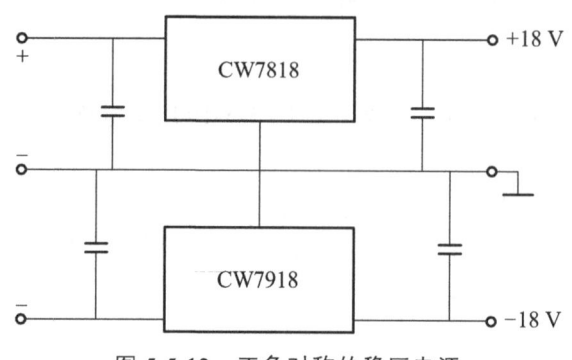

图 5-5-12　正负对称的稳压电源

（三）可调式三端集成稳压器

该集成稳压器不仅输出电压可调，而且稳压性能指标均优于固定式集成稳压器。调压范围为 1.2～37 V。常用的为正压系列 W117/217/317，负压系列 W337。其外形和接线如图 5-5-13 所示。

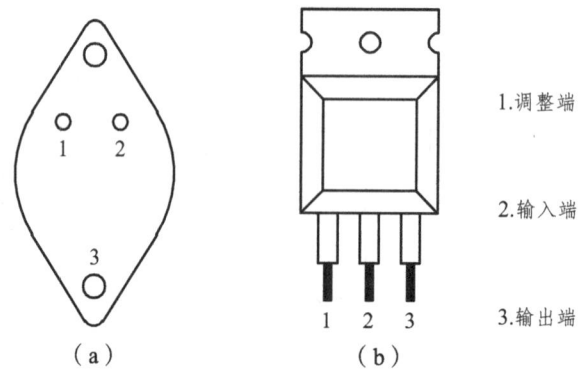

图 5-5-13　可调式三端集成稳压器

【巩固练习】

1．典型应用电路有哪些？
2．分别说明并联型稳压电路和串联型稳压电路的优缺点。

项目六 磁路及电磁元件

任务一 磁场与磁路

【学习目标】

1. 了解磁性材料的基本知识及磁路的基本定律。
2. 理解磁场基本物理量的意义。
3. 掌握全电流定律和磁路中的欧姆定律。
4. 能用磁路定律定量和定性地分析问题。

【知识要点】

1. 判定通电导体产生的磁场。
2. 环形电流产生的磁场。
3. 通电螺线管产生的磁场的安培定则。
4. 应用安培定则判定电流产生的磁场。

【理论知识】

在我们的日常生活中经常会遇到磁现象，磁现象也是最早被人类认识的物理现象之一，那么磁场到底有哪些性质呢？它和我们的电场一样吗？本次任务将揭开磁场的神秘面纱。

工程应用实际中，大量的电气设备都含有线圈和铁芯。当绕在铁芯上的线圈通电后，铁芯就会被磁化而形成铁芯磁路，磁路又会影响线圈的电路。因此，电工技术不仅有电路问题，同时也有磁路问题。如图 6-1-1 所示为常见磁路示意图。

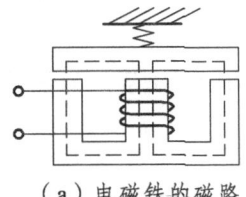 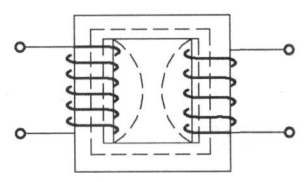 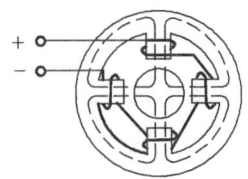

（a）电磁铁的磁路　　　　（b）变压器的磁路　　　　（c）直流电机的磁路

图 6-1-1 常见磁路示意图

一、电流的磁效应

（一）磁　场

1. 磁场的定义

磁体周围存在的一种特殊的物质叫磁场。磁体间的相互作用力是通过磁场传送的。磁体间的相互作用力称为磁场力，同名磁极相互排斥，异名磁极相互吸引。

2. 磁场的性质

磁场具有力的性质和能量性质。

3. 磁场的方向

在磁场中某点放一个可自由转动的小磁针，其 N 极所指的方向即为该点的磁场方向。

（二）磁感线

1. 磁感线

在磁场中画一系列曲线，使曲线上每一点的切线方向都与该点的磁场方向相同，这些曲线称为磁感线，如图 6-1-2 所示。如图 6-1-3 所示为条形磁铁的磁感线。

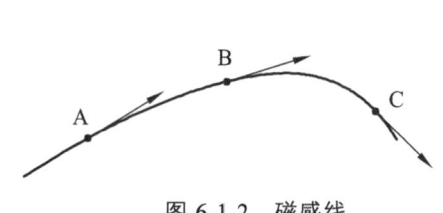

图 6-1-2　磁感线　　　　　　　图 6-1-3　条形磁铁的磁感线

2. 特　点

（1）磁感线的切线方向表示磁场方向，其疏密程度表示磁场的强弱。

（2）磁感线是闭合曲线，在磁体外部，磁感线由 N 极出来，绕到 S 极；在磁体内部，磁感线的方向由 S 极指向 N 极。

（3）任意两条磁感线不相交。

说明：磁感线是为研究问题方便而人为引入的假想曲线，实际上并不存在。

3. 匀强磁场

在磁场中某一区域，若磁场的大小方向都相同，这部分磁场称为匀强磁场。匀强磁场的磁感线是一系列疏密均匀、相互平行的直线。

（三）电流的磁场

1. 电流的磁场

直线电流所产生的磁场方向可用安培定则来判定。方法：用右手握住导线，让拇指指向电流方向，四指所指的方向就是磁感线的环绕方向。

环形电流的磁场方向也可用安培定则来判定。方法：让右手弯曲的四指和环形电流方向一致，伸直的拇指所指的方向就是导线环中心轴线上的磁感线方向。

螺线管通电后，磁场方向仍可用安培定则来判定。方法：用右手握住螺线管，四指指向电流的方向，拇指所指的方向就是螺线管内部的磁感线方向。

2. 电流的磁效应

电流的周围存在磁场的现象称为电流的磁效应。电流的磁效应揭示了磁现象的电本质。

二、磁场的主要物理量

（一）磁感应强度

磁场中垂直于磁场方向的通电直导线，所受的磁场力 F 与电流 I 和导线长度 l 的乘积 Il 的比值叫作通电直导线所在处的磁感应强度 B。即

$$B = \frac{F}{Il}$$

磁感应强度是描述磁场强弱和方向的物理量。

磁感应强度是一个矢量，它的方向即为该点的磁场方向。在国际单位制中，磁感应强度的单位是特斯拉（T）。

用磁感线可形象地描述磁感应强度 B 的大小。B 较大的地方，磁场较强，磁感线较密；B 较小的地方，磁场较弱，磁感线较稀；磁感线的切线方向即为该点磁感应强度 B 的方向。

匀强磁场中各点的磁感应强度大小和方向均相同。

（二）磁　通

在磁感应强度为 B 的匀强磁场中取一个与磁场方向垂直，面积为 S 的平面，则 B 与 S 的乘积，叫作穿过这个平面的磁通量 Φ，简称磁通。即

$$\Phi = BS$$

磁通的国际单位是韦伯（Wb）。

由磁通的定义式，可得

$$B = \frac{\Phi}{S}$$

即磁感应强度 B 可看作通过单位面积的磁通，因此磁感应强度 B 也常叫作磁通密度，并用 Wb/m^2 作单位。

（三）磁导率

1. 磁导率 μ

磁场中各点的磁感应强度 B 的大小不仅与产生磁场的电流和导体有关，还与磁场内介质（又叫作磁介质）的导磁性质有关。在磁场中放入磁介质时，介质的磁感应强度 B 将发生变化，磁介质对磁场的影响程度取决于它本身的导磁性能。

物质导磁性能的强弱用磁导率 μ 来表示。μ 的单位是亨利/米（H/m）。不同的物质磁导率不同。在相同的条件下，μ 值越大，磁感应强度 B 越大，磁场越强；μ 值越小，磁感应强度 B 越小，磁场越弱。

真空中的磁导率是一个常数，用 μ_0 表示：

$$\mu_0 = 4\pi \times 10^{-7} \text{ H/m}$$

2. 相对磁导率 μ_r

为便于对各种物质的导磁性能进行比较，以真空磁导率 μ_0 为基准，将其他物质的磁导率 μ 与 μ_0 比较，其比值叫相对磁导率，用 μ_r 表示，即

$$\mu_r = \frac{\mu}{\mu_0}$$

根据相对磁导率 μ_r 的大小，可将物质分为三类：

（1）顺磁性物质：μ_r 略大于 1，如空气、氧、锡、铝、铅等物质都是顺磁性物质。在磁场中放置顺磁性物质，磁感应强度 B 略有增加。

（2）反磁性物质：μ_r 略小于 1，如氢、铜、石墨、银、锌等物质都是反磁性物质，又叫作抗磁性物质。在磁场中放置反磁性物质，磁感应强度 B 略有减小。

（3）铁磁性物质：$\mu_r \gg 1$，且不是常数，如铁、钢、铸铁、镍、钴等物质都是铁磁性物质。在磁场中放入铁磁性物质，可使磁感应强度 B 增加几千甚至几万倍。

表 6-1-1 列出了几种常用铁磁性物质的相对磁导率。

表 6-1-1 几种常用铁磁性物质的相对磁导率

材 料	相对磁导率	材 料	相对磁导率
钴	174	已经退火的铁	7 000
未经退火的铸铁	240	变压器钢片	7 500
已经退火的铸铁	620	在真空中熔化的电解铁	12 950
镍	1 120	镍铁合金	60 000
软钢	2 180	"C" 型玻莫合金	115 000

（四）磁场强度

在各向同性的介质中，某点的磁感应强度 B 与磁导率 μ 之比称为该点的磁场强度，记作 H。即

$$H = \frac{B}{\mu}$$

$$B = \mu H = \mu_0 \mu_r H$$

磁场强度 H 也是矢量，其方向与磁感应强度 B 同向，国际单位是安培/米（A/m）。

必须注意：磁场中各点的磁场强度 H 的大小只与产生磁场的电流 I 的大小和导体的形状有关，与磁介质的性质无关。

三、磁路欧姆定律

交流铁芯线圈磁路通常由硅钢片叠压制成，磁导率很高。当套在铁芯上的线圈通电后，铁芯迅速被磁化，成为一个人为集中的强磁场。

电流通过 N 匝线圈所形成的磁动势用 $E_m = NI$ 表示，磁路对磁通所呈现的阻碍作用用磁阻 R_m 表示，磁动势、磁通和磁阻三者之间的关系可表述为

$$\Phi = \frac{E_m}{R_m} = \frac{IN}{R_m}$$

其中磁阻：

$$R_m = \frac{l}{\mu S}$$

上式与电路的欧姆定律相似，磁通 Φ 对应于电流 I，磁动势 E_m 对应于电动势 E，磁阻 R_m 对应于电阻 R。因此，这一关系称为磁路欧姆定律。

（一）磁路与电路的对应关系

磁路中的某些物理量与电路中的某些物理量有对应关系，同时磁路中某些物理量之间关系与电路中某些物理量之间关系也相似。如图 6-1-4 所示为对应的电路和磁路。

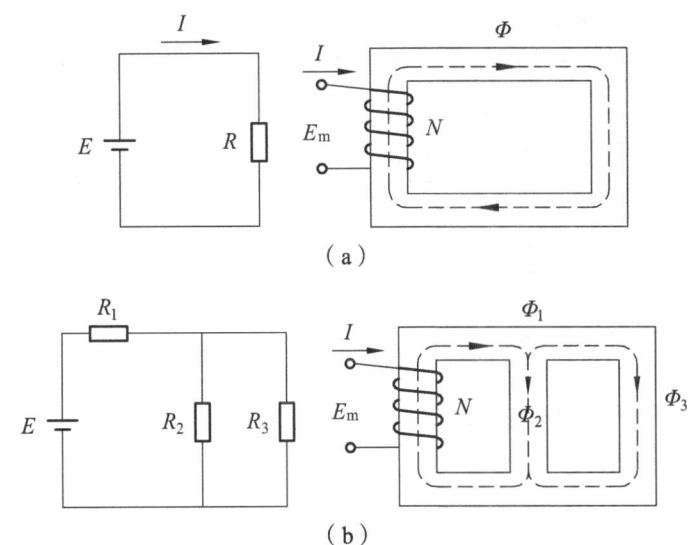

图 6-1-4　对应的电路和磁路

表 6-1-2 列出了电路与磁路对应的物理量及其关系式。

表 6-1-2　磁路和电路中对应的物理量及其关系式

电　　路		磁　　路	
电流	I	磁通	Φ
电阻	$R = \rho \dfrac{l}{S}$	磁阻	$R_m = \dfrac{l}{\mu S}$
电阻率	ρ	磁导率	μ
电动势	E	磁动势	$E_m = IN$
电路欧姆定律	$I = \dfrac{E}{R}$	磁路欧姆定律	$\Phi = \dfrac{E_m}{R_m}$

(二) 全电流定律

根据磁路的欧姆定律 $\Phi = \dfrac{E_m}{R_m}$，将 $\Phi = BS$、$E_m = NI$、$R_m = \dfrac{l}{\mu S}$ 代入，可得

$$B = \mu \frac{IN}{l}$$

将上式与 $B = \mu H$ 对照，可得

$$H = \frac{IN}{l} \quad \text{或} \quad IN = Hl$$

即磁路中磁场强度 H 与磁路的平均长度 l 的乘积，在数值上等于激发磁场的磁动势，这就是全电流定律。

磁场强度 H 与磁路平均长度 l 的乘积，又称磁位差，用 U_m 表示，即

$$U_m = Hl$$

磁位差 U_m 的单位为安培（A）。

若所研究的磁路具有不同的截面，并且是由不同的材料构成的，则可以把磁路分成许多段来考虑，于是有：

$$IN = H_1 l_1 + H_2 l_2 + \cdots + H_n l_n$$

或

$$IN = \sum Hl = \sum U_m$$

四、铁磁性物质的磁化

（一）铁磁性物质的磁化

（1）磁化。

本来不具备磁性的物质，由于受磁场的作用而具有了磁性的现象称为该物质被磁化。只有铁磁性物质才能被磁化。

（2）被磁化的原因。

内因：铁磁性物质是由许多被称为磁畴的磁性小区域组成的，每一个磁畴相当于一个小磁铁。

外因：有外磁场的作用。

如图 6-1-5（a）所示，当无外磁场作用时，磁畴排列杂乱无章，磁性相互抵消，对外不显磁性；如图 6-1-5（b）所示，当有外磁场作用时，磁畴将沿着磁场方向作取向排列，形成附加磁场，使磁场显著加强。有些铁磁性物质在撤去磁场后，磁畴的一部分或大部分仍然保持取向一致，对外仍显磁性，即成为永久磁铁。

（3）不同的铁磁性物质，磁化后的磁性不同。

（4）铁磁性物质被磁化的性能，被广泛地应用于电子和电气设备中，如变压器、继电器、电机等。

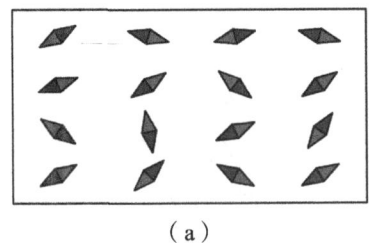
（a）
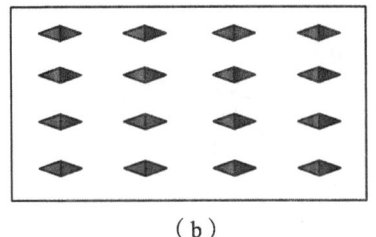
（b）

图 6-1-5　铁磁性物质的磁化

（二）磁化曲线

1. 磁化曲线的定义

磁化曲线是用来描述铁磁性物质的磁化特性的。铁磁性物质的磁感应强度 B 随磁场强度 H 变化的曲线，称为磁化曲线，也叫 B-H 曲线。

2. 磁化曲线的测定

如图 6-1-6 所示，图（a）是测量磁化曲线装置的示意图，图（b）是根据测量值做出的磁化曲线。由图 6-1-6（b）可以看出，B 与 H 的关系是非线性的，即 $\mu = \dfrac{B}{H}$ 不是常数。

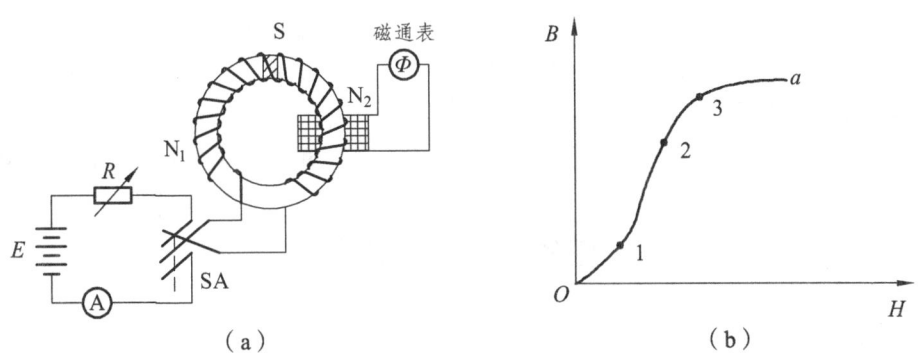

图 6-1-6　磁化曲线的测定

（三）分　析

（1）0～1 段：曲线上升缓慢，这是由于磁畴的惯性，当 H 从零开始增加时，B 增加缓慢，称为起始磁化段。

（2）1～2 段：随着 H 的增大，B 几乎呈直线上升，这是由于磁畴在外磁场作用下，大部分都趋向 H 方向，B 增加很快，曲线很陡，称为直线段。

（3）2～3 段：随着 H 的增加，B 的上升又缓慢了，这是由于大部分磁畴方向已转向 H 方向，随着 H 的增加只有少数磁畴继续转向，B 增加变慢。

（4）3 点以后：到达 3 点以后，磁畴几乎全部转到了外磁场方向，再增大 H 值，B 也几乎不再增加，曲线变得平坦，称为饱和段，此时的磁感应强度叫饱和磁感应强度。

不同的铁磁性物质，B 的饱和值不同，对同一种材料，B 的饱和值是一定的。如图 6-1-7 所示为几种铁磁性物质的磁化曲线。

电机和变压器，通常工作在曲线的 2～3 段，即接近饱和的地方。

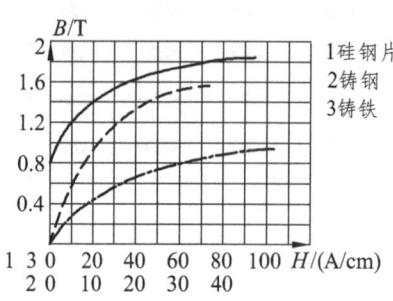

图 6-1-7 几种铁磁性物质的磁化曲线

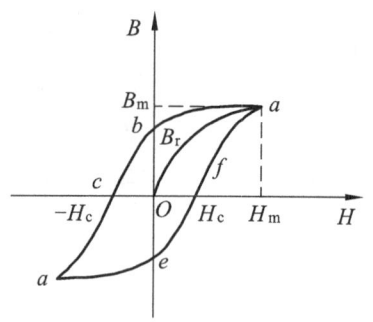

图 6-1-8 磁滞回线

铁磁性物质在交变磁化时，磁畴要来回翻转，在这个过程中，产生了能量损耗，称为磁滞损耗。磁滞回线包围的面积越大，磁滞损耗就越大，所以剩磁和矫顽。磁力越大的铁磁性物质，磁滞损耗就越大。因此，磁滞回线的形状常被用来判断铁磁性物质的性质和作为选择材料的依据。如图 6-1-8 所示为磁滞回线。

【巩固练习】

1．磁通 Φ、磁导率 μ、磁感应强度 B 和磁场强度 H 分别表征了磁路的哪些特征？

2．说出磁场几个物理量的单位。说出 B 和 H 的区别和联系。

3．在电流和匝数都相等的情况下，为什么铁芯线圈的磁场比空心线圈的磁场强？

4．有一匀强磁场，其磁感应强度 $B=0.13$ T，而 S 与 B 垂直，已知 $S=10$ cm^2，介质的相对介电常数 $\mu_r=3\,000$，求穿过该面的磁场强度。

5．根据工程上用途的不同，铁磁性材料可分为几类？能否说出它们的特点和用途？

任务二 变压器

【学习目标】

1．了解变压器的结构。

2．掌握变压器的工作原理。

3．能解释日常生产生活中变压器的常见现象。

4．三相变压器的铭牌的认知。

【知识要点】

1．变压器的类型和基本结构。

2．变压器的工作原理。

3．三相变压器。

4．特殊变压器。

【理论知识】

变压器是牵引变电所的重要设备，它是一种静止的电磁装置，也是输配电中不可缺少的设备，它对电能的经济传输、灵活分配与安全使用具有重要的意义。它不仅主要用来改变电压，也可以用来改变电流、改变阻抗或在控制系统中变换传递信号。

一、变压器构造及原理的认知

（一）变压器的基本结构

作为电能传输过程中使用的电力变压器，其传输过程如图 6-2-1 所示。

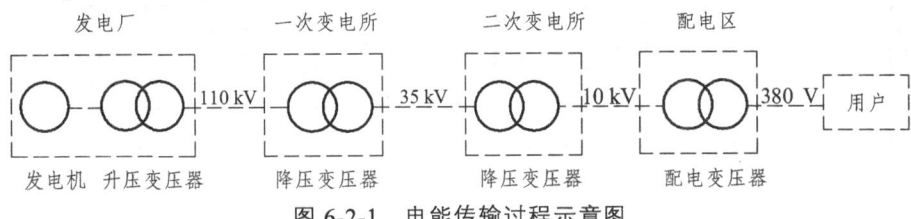

图 6-2-1 电能传输过程示意图

进行多级变压，是为了减小线路损耗。因此，采用高压输电到远途用电区。常用的高压输电电压有 110 kV、220 kV、300 kV、400 kV、500 kV 和 750 kV 等。为了灵活分配和安全用电的需要，又必须用降压变压器把高压降低后分配到各工厂用户，常用的低电压有 220 V、380 V、660 V 等。

输电过程中常用的电力变压器如图 6-2-2 所示，主要由铁芯、线圈（即绕组）、冷却装置三大部分组成。

1．铁　芯

铁芯是变压器磁路的主体，主要分为铁芯柱和铁轭，铁芯柱上套装绕组，铁轭的作用是使磁路闭合。为减少铁芯内的磁滞损耗和涡流损耗，提高铁芯导磁能力，铁芯采用含硅量约为 5%，厚度为 0.35 mm 或 0.5 mm，两面涂绝缘漆或氧化处理的硅钢片叠装而成。如图 6-2-2 所示为电力变压器。

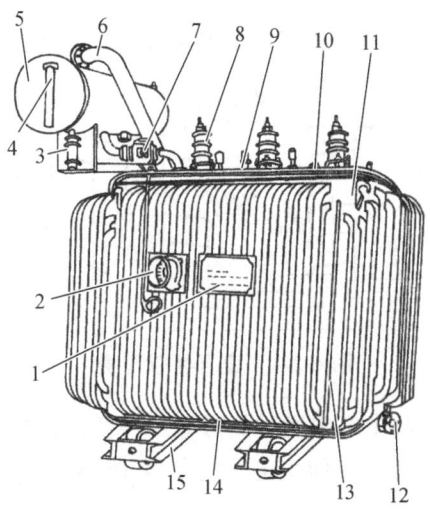

图 6-2-2 电力变压器

1—铭牌；2—信号式温度计；3—吸湿器；4—油表；5—储油柜；6—安全气道；7—气体继电器；
8—高压套管；9—低压套管；10—分接开关；11—油箱；12—放油阀门；
13—器身；14—接地板；15—小车

从铁芯与绕组的相对位置看，变压器有芯式和壳式两种。绕组包着铁芯的叫芯式变压器、铁芯包着绕组的叫壳式变压器，如图 6-2-3 所示。单相或三相电力变压器多为芯式，小容量的单相变压器常制成壳式。

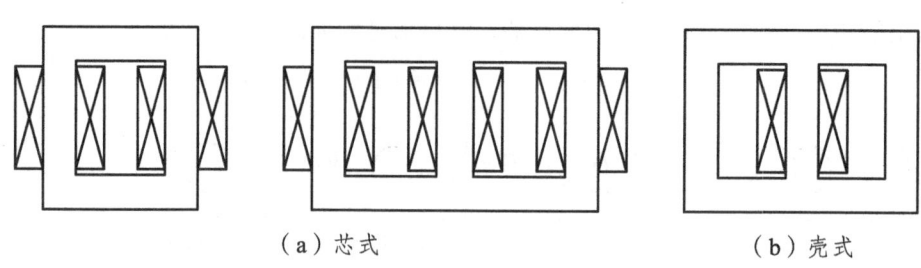

（a）芯式　　　　　　　　（b）壳式

图 6-2-3　变压器铁芯结构

2. 绕　组

绕组是变压器的电路部分，一般是用绝缘扁铜线或圆铜线在绕线模上绕制而成。绕组的作用是电流的载体，产生磁通和感应电动势。

3. 电力变压器的附件

电力变压器的附件包括油箱、油枕、分接开关、安全气道、绝缘套管等。其作用是保证变压器的安全和可靠运行。

（二）单相变压器的工作原理

1. 单相变压器基本工作原理

如图 6-2-4 所示为一最简单的单相双绕组变压器，它由一个作为电磁铁的铁芯和绕在铁芯柱上的两个或两个以上的绕组组成。其中接电源的绕组 N_1 称为原绕组（又称初级绕组、一次绕组），接负载的绕组 N_2 称为副绕组（又称次级绕组、二次绕组）。

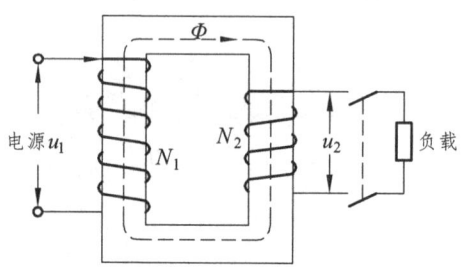

图 6-2-4　变压器原理图

变压器的工作原理是以铁芯中集中通过的磁通 Φ 为桥梁的典型的互感现象，原绕组加交变电流产生交变磁通，副绕组受感应而生电。它是电-磁-电转换的静止电磁装置。两个绕组只有磁耦合而没有电联系。

2. 变压器的空载运行及变压器的变压比 k_u

变压器的空载运行即原绕组接交流电源，副绕组不带负载（和负载断开）时的运行状况，如图 6-2-4 所示。当一次绕组接交流电压后，就有激磁电流存在，该电流在铁芯中可产生一个交变的主磁通 Φ。磁通 Φ 在两个绕组中分别产生感应电势，若原绕组和副绕组的电流、电压、电势正方向的规定符合楞次定律，则根据电磁感应定律有

$$e_1 = -N_1 \frac{\mathrm{d}\Phi}{\mathrm{d}t} \tag{6-2-1}$$

$$e_2 = -N_2 \frac{\mathrm{d}\Phi}{\mathrm{d}t} \tag{6-2-2}$$

进一步研究可以证明：空载时，变压器的变压比 k_u，即原绕组电压有效值 U_1 与副绕组电压有效值 U_2 之比近似等于原绕组匝数 N_1 与副绕组匝数 N_2 之比：

$$k_\mathrm{u} = \frac{U_1}{U_2} \approx \frac{N_1}{N_2} \tag{6-2-3}$$

即：$\frac{U_1}{U_2} = \frac{N_1}{N_2}$；说明原副绕组中电压与其匝数成正比。

从此式还可以看出，若固定 U_1，只要改变匝数比即可达到改变电压的目的。即：若使 $N_2 > N_1$，则为升压变压器；若使 $N_2 < N_1$，则为降压变压器；若使 $N_2 = N_1$，则为隔离变压器。

3. 变压器的负载运行及变压器的变流比 k_i

把变压器的副绕组与负载接通后，副方电路中就有电流 i_2 通过。这时变压器便在带负载状态下运行，如图 6-2-5 所示。

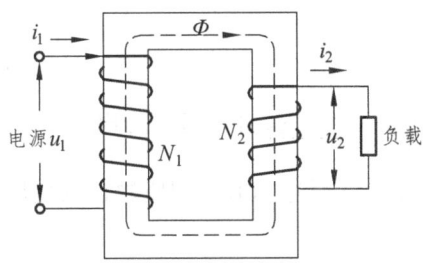

图 6-2-5 单相变压器的负载运行

设此时原绕组的电流为 i_1，则根据磁通势的概念，可以证明当变压器接近满载时：

$$I_1 N_1 \approx I_2 N_2 \tag{6-2-4}$$

即

$$\frac{I_1}{I_2} \approx \frac{N_2}{N_1} = \frac{1}{k_\mathrm{u}} = k_\mathrm{i} \tag{6-2-5}$$

上式说明当变压器带负载运行时，原副绕组中电流与其匝数成反比，这便是其变流作用，其中 k_i 称为变压器的变流比。

4. 变压器的阻抗变换作用

关于变压器的变阻抗作用，是电子技术中的一种典型应用，即阻抗匹配。意即为使某一

特定负载从信号源中获取最大功率，常在其前面配置一个变压器，使其满足 $|Z'_L|=|Z_0|$ 的匹配条件。

$|Z'_L|$ 为负载 $|Z_L|$ 配置变压器后的等效阻抗，$|Z_0|$ 为信号源内阻抗。$|Z'_L|$ 又称为 $|Z_L|$ 的等效阻抗，如图 6-2-6 所示，亦即将 Z_L 折算到原边时的等效阻抗。

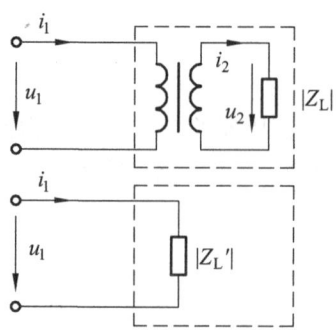

图 6-2-6　用等效阻抗 $|Z'_L|$ 代替原、副绕组和 $|Z_L|$

$$|Z_L|=\frac{U_2}{I_2}$$

则

$$|Z'_L|=\frac{U_1}{I_1}=\frac{k_u U_2}{I_2/k_u}=k_u^2\frac{U_2}{I_2}=k_u^2|Z_L|=\left(\frac{N_1}{N_2}\right)^2|Z_L| \qquad (6-2-6)$$

上式说明两点：

（1）当变压器副方接入负载阻抗 $|Z_L|$ 时，相当于原方电路中具有等效阻抗 $|Z'_L|=\left(\frac{N_1}{N_2}\right)^2|Z_L|$。

（2）当副方的阻抗 $|Z_L|$ 一定时，通过选取不同匝数比的变压器，可在原方电路中得到不同的等效阻抗。

这就是变压器的变阻抗作用，只要配备的变压器变比合适，便可使信号源提供最大功率给负载，这时负载和电源相匹配。

（三）三相变压器

1. 三相变压器基本工作原理

现代交流电能的产生和输送几乎都采用三相制。欲把某一数值的三相电压变换为同频率的另一数值的三相电压，可用三台单相变压器连接成三相变压器组或用一台三相变压器来实现。根据电力网的线电压和各个原绕组额定电压的大小，可把三个原绕组接成星形或三角形。根据供电需要，它们的副绕组也可接成上述的形式。如图 6-2-7 所示为由三台单相变压器组按 Y/Y 连接成的三相变压器组。

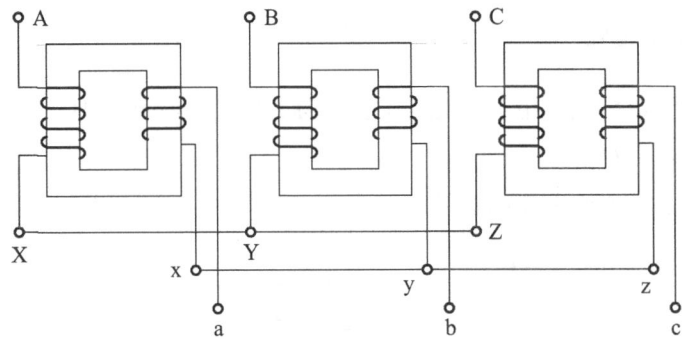

图 6-2-7　三台单相变压器接成的 Y/Y 连接的三相变压器组

三相变压器一般采用芯式，其原理结构如图 6-2-8 所示，它的铁芯具有三个芯柱，在每个铁芯柱上各装有一个原绕组和一个副绕组。原绕组的首末端分别用 A、B、C 和 X、Y、Z 表示，副绕组的首末端用 a、b、c 和 x、y、z 表示。通过对三相绕组磁路的分析可知，三相变压器的每一铁芯柱就相当于一个单相变压器。因此通过改变三相变压器原副绕组的匝数，便可达到升高或降低三相电压的目的。

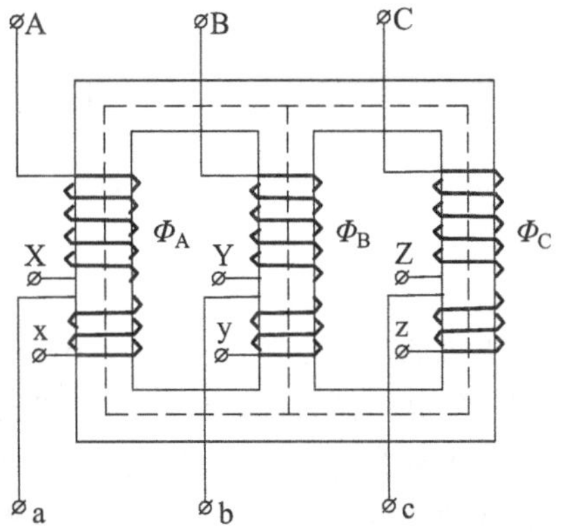

2. 三相变压器绕组的连接

三相绕组的连接方式有多种，其中不论原边和副边，最基本的形式有星形（或 Y 形）接法和三角形（d 或 △ 形）接法两种。由于原边和副边的不同组合，就产生 Y/△、△/Y、Y/Y、△/△ 四种基本接法，分别如图 6-2-9（a）~（d）所示。

图 6-2-8　三相芯式变压器结构图

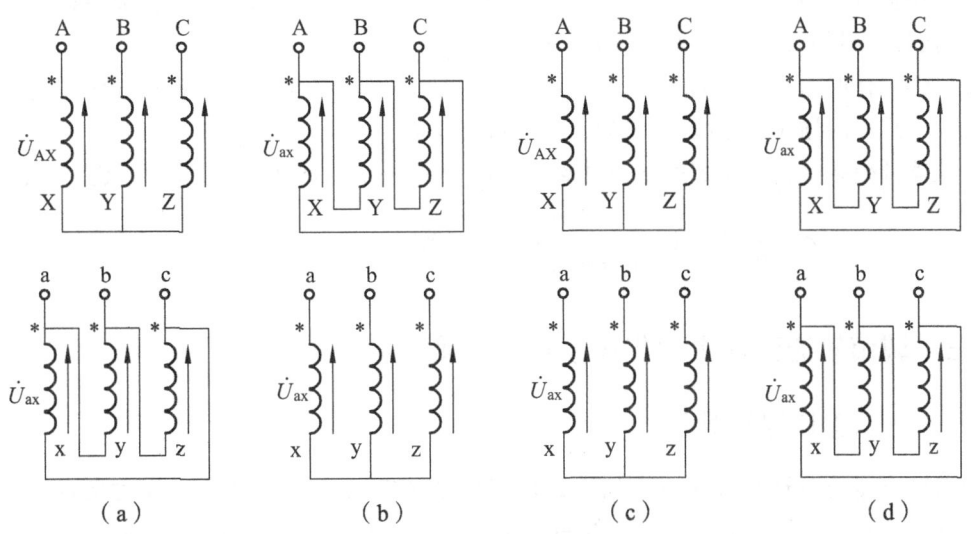

图 6-2-9　三相绕组的连接方法

二、变压器外特性

变压器输出电压 u_2 随负载电流 i_2 变化的关系称为它的外特性，即

$$u_2 = f(i_2)$$

外特性可用图 6-2-10 所示曲线描述。

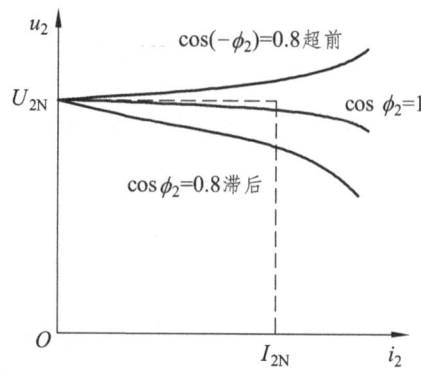

图 6-2-10　变压器外特性曲线

（1）负载为纯电阻性质时，$\cos\phi = 1$，输出电压 u_2 随负载电流 i_2 的增加略有下降；
（2）负载为感性时，u_2 随 i_2 的增加而下降的程度加大；
（3）负载为容性时，输出特性曲线呈上翘状态，说明 u_2 随 i_2 的增加而加大。
负载的功率因数对变压器的外特性影响很大。
变压器外特性变化的程度，可以用电压调整率 $\Delta U\%$ 来表示。电压调整率定义为：变压器由空载到额定 I_{2N} 满载时，副边输出电压 u_2 的变化程度。

$$\Delta U\% = \frac{U_{20} - U_{2N}}{U_{20}} \times 100\%$$

电压调整率反映了变压器运行时输出电压的稳定性，是变压器的主要性能指标之一。
变压器的损耗有铁耗和铜耗：$\Delta P = \Delta P_{Cu} + \Delta P_{Fe}$。
变压器工作时由于主磁通不变，因此铁损耗也基本维持不变，通常称铁耗为不变损耗；铜耗 $\Delta P_{Cu} = I_1^2 R_1 + I_2^2 R_2$ 随负载电流变化，称为可变损耗。
变压器的效率是指变压器的输出功率 P_2 与输入功率 P_1 的比值，通常百分数表示，即：

$$\eta = \frac{P_2}{P_1} \times 100\% = \frac{P_2}{P_2 + \Delta P_{Fe} + \Delta P_{cu}} \times 100\%$$

三、城市轨道交通牵引供电系统干式变压器

（一）干式变压器的型号

干式变压器的型号如图 6-2-11 所示，该型号 SGCZ（B）1 010/0.4 对应含义表示为：三相树脂绝缘、有载调压、低压为箔式线圈、设计序号为 10 的额定容量为 10 kVA，额定电压为 0.4 kV 干式变压器。

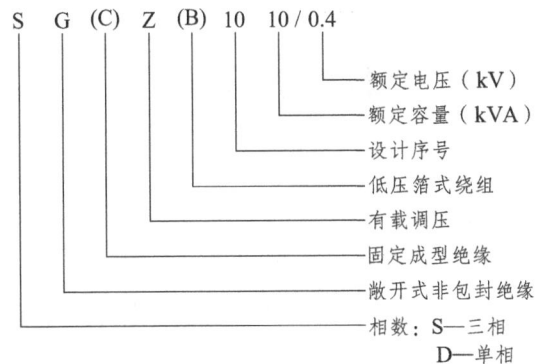

图 6-2-11 干式变电器型号

（二）干式变压器的性能特点

1. 环氧浇注干式电力变压器的特点

（1）整体机械强度好，耐受短路能力强；

（2）耐受冲击过电压的性能好，基准冲击水平（BIL）值高；

（3）防潮耐腐性能好，适合恶劣环境下工作；

（4）可制造大容量的干式变压器；

（5）局部放电小，运行寿命长；

（6）可从备用状态立即投入运行，需无预热去潮处理；

（7）损耗低，过负荷能力强；

（8）制造经验丰富，运行管理规范。

2. 真空浇注工艺类干式电力变压器的特点

（1）绝缘薄；

（2）质量稳定；

（3）绝缘性能好。

3. SF_6 气体绝缘干式变压器的特点

SF_6 气体的特性是无色、无毒、无味，在 600 ℃ 温度下属于稳定的惰性气体。同时它不易燃烧，不爆炸，绝缘性能好。该气体热容量比变压器稍差，但在 0.14 MPa 以上时，散热性能好，能完全满足变压器的散热要求。

【巩固练习】

1．变压器的结构与工作原理是什么？

2．三相变压器的工作原理是什么？

3．三相变压器的外特性曲线以及特点是什么？

4．干式变压器的特点是什么？

操作实训一

【实训任务】

检测变压器的电气特性。

【实训目标】

了解变压器内部的基本构造,学会小型变压器的重绕制作技能。

【实训工具】

(1)仪表:交流电流表、500-B型万用表、500 V兆欧表、直流双臂电桥。

(2)工具:常用电工工具一套、千分尺、电热烘干箱、手动绕线机。

(3)材料:漆包铜线、绝缘纸、黄蜡绸、绝缘清漆、引出线焊片或软导线。

【任务实施】

(1)拆开变压器并记录数据。拆卸变压器取出已损坏的绕组线圈,在拆开绕组线圈时,若原线圈已经浸漆处理,可先在电热烘干箱中进行烘烤。然后将变压器上标注的原边与副边电压值、所拆线圈的匝数、测得的漆包铜线直径、铁芯规格等数据填入表6-2-1中。

(2)绕制线圈并装接引出线。选择与原线圈相同的漆包铜线在原骨架上绕制线圈,垫绝缘纸层,并按要求装接引出线。绕好的线圈应与原线圈结构尺寸相同,将绕制线圈的步骤和有关数据填入表6-2-2中。

(3)装配铁芯和初步检测。按要求装配铁芯,装配好的变压器应与原变压器完全相同。先进行外观检查,再用仪表测量变压器的绝缘电阻、绕组线圈的直流电阻,然后进行空载特性和负载特性(或短路特性)测试,将初步检测的数据填入表6-2-3中。

(4)浸漆处理和复测。按要求进行浸漆处理,烘干后进行复测,复测项目与初测相同。将复测数据填入表6-2-3中。

表 6-2-1 变压器拆卸数据记录

项目	原边绕组			副边绕组			铁芯	
	额定电压(V)	漆包线直径(mm)	线圈匝数(匝)	额定电压(V)	漆包线直径(mm)	线圈匝数(匝)	规格	功率(VA)
数据								

表 6-2-2 变压器线圈绕制数据记录

项目	原边绕组			副边绕组			绝缘纸	
	漆包线直径(mm)	线圈匝数(匝)	绕制层数(层)	漆包线直径(mm)	线圈匝数(匝)	绕制层数(层)	类型	厚度(mm)
数据								
操作步骤				引出端标记				

表 6-2-3 变压器初测和复测记录

测量项目	绝缘电阻（MΩ）			直流电阻（Ω）	
测量对象	原边对副边	原边对铁芯	副边对铁芯	原边绕组	副边绕组
初测读数值					
复测读数值					
测量项目	空载特性			短路特性	
测量对象	额定电压（V）	空载电流（mA）	空载电压（V）	额定电流（mA）	短路电压（V）
初测读数值					
复测读数值					

操作实训二

【实训任务】

变压器的性能检测。

【实训目标】

了解小型变压器的主要性能参数，掌握变压器的基本测试技能。

【实训工具】

(1) 仪表：交流电压表、交流电流表、万用表、500 V 兆欧表、直流双臂电桥。

(2) 器材：220 V/18 V/1 A 电源变压器、0~250 V 交流调压器、100 Ω/20 W 滑线电阻器。

(3) 工具：常用电工工具一套。

【任务实施】

(1) 绝缘电阻的测量。

使用 500 V 兆欧表，测量变压器原边对副边绕组以及各绕组对铁芯的绝缘电阻，将测量数据填入表 6-2-4 中。

(2) 直流电阻的测量。

使用直流双臂电桥，测量变压器原边和副边绕组的直流电阻值，将测量数据填入表 6-2-4 中。

(3) 空载特性测试。

分别在变压器原边和副边按图 6-2-12 所示接上电压表和电流表，然后在变压器原边绕组上加额定电压，副边绕组开路，从交流电压表和交流电流表上读出原边空载电流和副边空载电压，将空载特性测量数据填入表 6-2-5 中。

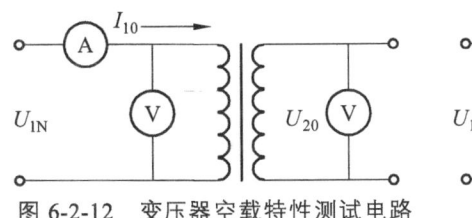

图 6-2-12 变压器空载特性测试电路　　图 6-2-13 变压器负载特性测试电路

（4）负载特性测试。

按图 6-2-13 所示接线，在变压器原边绕组上加额定电压，副边绕组接滑线电阻器，调节滑线电阻器阻值，改变负载电流，从交流电压表上读出相应的副边电压值。将负载特性测量数据填入表 6-2-5 中，并绘出负载特性曲线，如图 6-2-14 所示。

表 6-2-4　绝缘电阻和直流电阻测量记录

测量项目	绝缘电阻（MΩ）			直流电阻（Ω）	
测量对象	原边对副边	原边对铁芯	副边对铁芯	原边绕组	副边绕组
测量读数值					

表 6-2-5　变压器基本特性测试记录

测量项目	空载特性			负载特性	
测量对象	额定电压（V）	空载电流（mA）	空载电压（V）	额定电流（mA）	短路电压（V）
测量读数值					
负载电流	I_1	I_2	I_3	I_4	I_5
电流数值（mA）					
副边电压（V）					

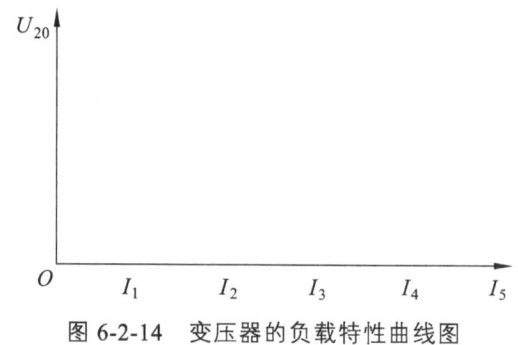

图 6-2-14　变压器的负载特性曲线图

任务三　继电器

【学习目标】

1．掌握继电器的触点的使用。
2．掌握各种继电器的使用和基本原理。
3．掌握继电器特性、各输入量和输出量的变化关系。

【知识要点】

1．继电器的类型和基本结构。
2．继电器的工作原理。
3．继电器的触点形式。

【理论知识】

一、继电器的定义和继电特性

(一) 继电器的定义

继电器是一种当输入量（电、磁、声、光、热）达到一定值时，输出量将发生跳跃式变化的自动控制器件。因其具有动作快、工作稳定、使用寿命长、体积小等优点，被广泛应用于电力保护、自动化、运动、遥控、测量和通信等装置中。

继电器是一种电子控制器件，它具有控制系统（又称输入回路）和被控制系统（又称输出回路），通常应用于自动控制电路中，实际上是用较小的电流去控制较大电流的一种"自动开关"。故其在电路中起着自动调节、安全保护、转换电路等作用。

(二) 继电器的继电特性

继电器输入量和输出量之间在整个变化过程中的相互关系成为继电器的继电特征或控制特征。用 x 表示输入回路的输入量，y 表示输出回路的输出量，如图 6-3-1 所示。当输出量 x 连续变化到一定量 x_a 时，输出量 y 发生跃变，由 0 增加到 y_a 值，此时输入量继续增加，输出是保持不变。相反，当 x 减少到 x_b 时，y 又突然由 y_a 减少到 0。x_a 被称为继电器的动作值，x_b 被称为继电器的释放值，y_a 则是继电器的负载。

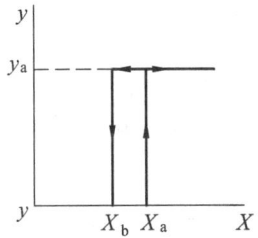

图 6-3-1 继电器继电输出特性图

(三) 继电器的触点形式

如表 6-3-1 所示为继电器的触点形式。

表 6-3-1 继电器的触点形式

字母代号	符 号	说 明
H（或 A）		动合触点（常开触点）即继电器被激励而动作后，其触点就闭合（图中为动作前的初始状态）
D（或 B）		动断触点（常闭触点）即继电器被激励而动作后，其触点就断开（图中为动作前的初始状态）
Z（或 C）		转换触点即继电器被激励而动作后，其触点的接通和断开状态相互变化（图中为动作前的初始状态）

二、继电器的种类及工作原理

(一) 电磁继电器

当电磁继电器线圈两端加上一定的电压或电流,线圈产生的磁通通过铁芯、轭铁、衔铁、磁路工作气隙组成的磁路,在磁场的作用下,衔铁吸向铁芯极面,从而推动触点常闭触点断开,常开触点闭合;当线圈两端电压或电流小于一定值时,机械反力大于电磁吸力,衔铁回到初始状态,常开触点断开,常闭触点接通。如图 6-3-2 所示为电磁继电器结构示意图。

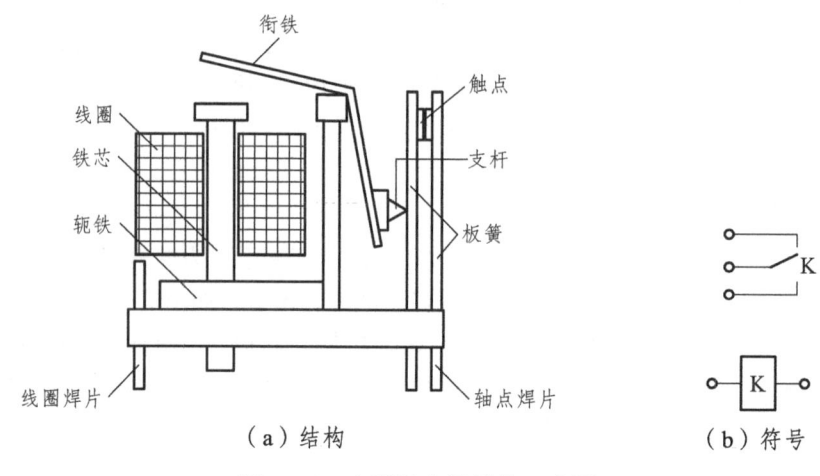

图 6-3-2 电磁继电器结构示意图

电磁继电器是在输入电路内电流的作用下,由机械部件的相对运动产生预定响应的一种继电器。它包括直流电磁继电器、交流电磁继电器、磁保持继电器、极化继电器、舌簧继电器及节能功率继电器。

电磁继电器是自动控制电路中常用的一种元件。实际上它是用较小电流控制较大电流的一种自动开关,广泛应用于电子设备中。电磁继电器一般由一个线圈、铁芯、一组或几组带触点的簧片组成。触点有动触点和静触点之分,在工作过程中能够动作的称为动触点,不能动作的称为静触点。

(二) 热继电器

热继电器是用于电动机或其他电气设备、电气线路起过载保护作用的保护电器。电动机在实际运行中,如拖动生产机械进行工作过程中,若机械出现不正常的情况或电路异常使电动机出现过载,则电动机转速下降、绕组中的电流将增大,使电动机的绕组温度升高。若过载电流不大且过载的时间较短,电动机绕组不超过允许温升,这种过载是允许的。但若过载时间长,过载电流大,电动机绕组的温升就会超过允许值,缩短电动机的使用寿命,严重时甚至会使电动机绕组烧毁。所以,这种过载是电动机不能承受的。热继电器就是利用电流的热效应原理,在出现电动机不能承受的过载时切断电动机电路,为电动机提供过载保护的保护电器。如图 6-3-3 所示为热继电器工作原理示意图。

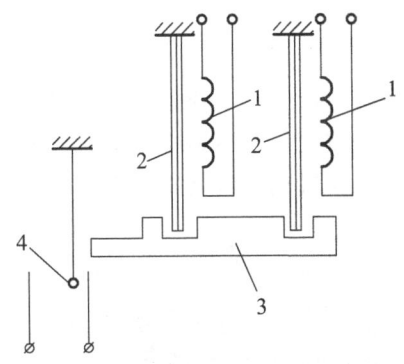

图 6-3-3 热继电器工作原理示意图

1—热元件；2—双金属片；3—导板；4—触点

使用热继电器对电动机进行过载保护时，将热元件与电动机的定子绕组串联，将热继电器的常闭触头串联在交流接触器的电磁线圈的控制电路中，并调节电流调节凸轮，使人字形拨杆与推杆相距一适当距离。当电动机正常工作时，通过热元件的电流即为电动机的额定电流，热元件发热，双金属片受热后弯曲，使推杆刚好与人字形拨杆接触，而又不能推动人字形拨杆。常闭触头处于闭合状态，交流接触器保持吸合，电动机正常运行。

热继电器的断相保护功能是由内、外推杆组成的差动放大机构提供的。如图 6-3-4 所示，当电动机正常工作时，通过热继电器热元件的电流正常，内外两推杆均向前移至适当位置。当出现电源一相断线而造成缺相时，该相电流为零，该相的双金属片冷却复位，使内推杆向右移动，另两相的双金属片因电流增大而弯曲程度增大，使外推杆向左移动。由于差动放大作用，在出现断相故障后很短的时间内外推杆就推动常闭触头使其断开，使交流接触器释放，电动机断电停车而得到保护。

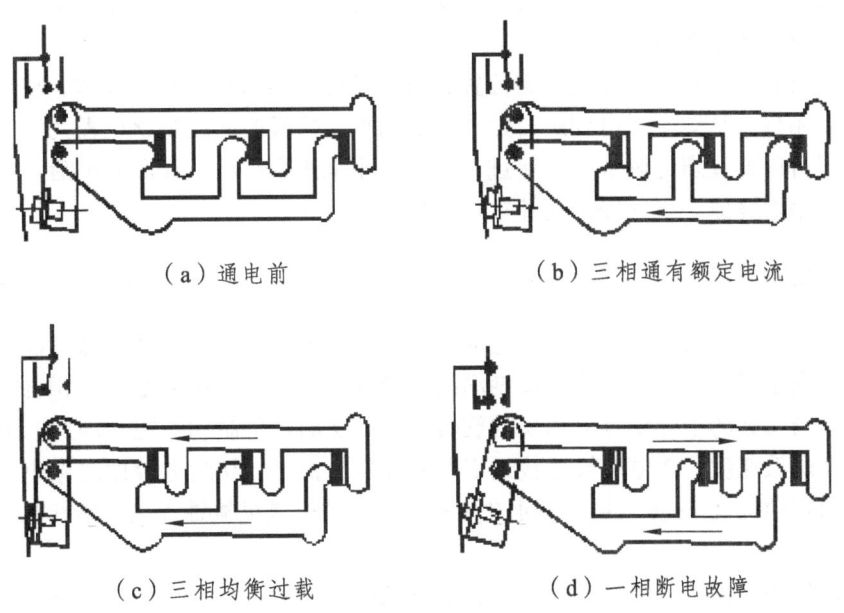

(a) 通电前　　　　(b) 三相通有额定电流

(c) 三相均衡过载　　(d) 一相断电故障

图 6-3-4 差动式断相保护装置示意图

（三）时间继电器

时间继电器是一种实现触头延时接通或断开的自动控制电器，主要作为辅助电器元件用于各种电气保护及自动装置中，使被控元件达到所需要的延时，如图 6-3-5 所示按其延时原理有电磁式、机械空气阻尼式、电动机式、双金属片式、电子式、可编程式和数字式等。

图 6-3-5　时间继电器

当线圈通电时，衔铁及托板被铁芯吸引而瞬时下移，使瞬时动作触点接通或断开。但是活塞杆和杠杆不能同时跟着衔铁一起下落，因为活塞杆的上端连着气室中的橡皮膜，当活塞杆在释放弹簧的作用下开始向下运动时，橡皮膜随之向下凹，上面空气室的空气变得稀薄而使活塞杆受到阻尼作用而缓慢下降。

经过一定时间，活塞杆下降到一定位置，便通过杠杆推动延时触点动作，使动断触点断开，动合触点闭合。从线圈通电到延时触点完成动作，这段时间就是继电器的延时时间。延时时间的长短可以通过螺钉调节空气室进气孔的大小来改变。吸引线圈断电后，继电器依靠恢复弹簧的作用而复原。空气经出气孔被迅速排出。

（四）速度继电器

速度继电器又称反接制动继电器。它的主要结构是由转子、定子及触点三部分组成。速度继电器主要用于三相异步电动机反接制动的控制电路中，它的任务是当三相电源的相序改变以后，产生与实际转子转动方向相反的旋转磁场，从而产生制动力矩。因此，电动机在制动状态下迅速降低速度。在电机转速接近零时立即发出信号，切断电源使之停车（否则电动机开始反方向启动）。它的转子是一个永久磁铁，与电动机或机械轴连接，随着电动机旋转而旋转。

定子与鼠笼转子相似，内有短路条，它也能围绕着转轴转动。当转子随电动机转动时，它的磁场与定子短路条相切割，产生感应电势及感应电流，这与电动机的工作原理相同，故定子随着转子转动而转动起来。定子转动时带动杠杆，杠杆推动触点，使之闭合与分断。当电动机旋转方向改变时，继电器的转子与定子的转向也改变，这时定子就可以触动另外一组触点，使之分断与闭合。当电动机停止时，继电器的触点即恢复原来的静止状态。

由于继电器工作时是与电动机同轴的，不论电动机正转或反转，电器的两个常开触点，就有一个闭合，准备实行电动机的制动。一旦开始制动时，由控制系统的联锁触点和速度继电器的备用的闭合触点，形成一个电动机相序反接（俗称倒相）电路，使电动机在反接制动下停车。而当电动机的转速接近零时，速度继电器的制动常开触点分断，从而切断电源，使电动机制动状态结束。

（五）中间继电器

中间继电器是在自动控制电路中起控制与隔离作用的执行部件，广泛应用于遥控、遥测、通讯、自动控制、机电一体化及电力电子设备中，是最重要的控制元件之一。继电器一般都有能反映一定输入变量（如电流、电压、功率、阻抗、频率、温度、压力、速度、光等）的感应机构（输入部分）；有能对被控电路实现"通""断"控制的执行机构（输出部分）；在继电器的输入部分和输出部分之间，还有对输入量进行耦合隔离、功能处理和对输出部分进行驱动的中间机构（驱动部分）。

在实际应用中，中间继电器主要有两个作用：一是隔离作用；二是增加辅助接点。在实际应用中增加接点比较少，因为现在的接触器可以另加很多对辅助接点，而且动作也可靠，所以没有必要在一般控制电路中增加辅助继电器。而其隔离作用在目前的控制中用得是比较多的。主要有两个方面的隔离：

一是将一个控制回路分隔为两个甚至更多的相对独立的回路；

二是将强电量的模拟信号通过中间继电器转化为开关量（有源或无源）。

中间继电器的工作原理是将一个输入信号变成一个或多个输出信号的电子元件。它的输入信号为线圈的通电或断电。它的输出是触头的动作（所带常开点闭合，常闭点打开），它的触点接在其他控制回路中，通过触点的变化导致控制回路发生变化（例如导通或截止），从而实现既定的控制或保护的目的。在此过程中，继电器主要起了传递信号的作用。

三、继电器的选用

继电器的选用除环境力学条件外，通常应注意以下几个方面：

（一）负载切换能力

继电器的负载能力并不都是从零到额定负载，比如选取额定负载为 15 A 的产品去切换 20 mA 负载并不一定可靠，有时甚至会出现失误。

恰当的降额使用继电器（降额使用准则可参考《GJB/Z35》），可以提高继电器的使用寿命和可靠性，但降至 100 mA 或微安级时应慎重。对于切换 10~50 μA、10~50 mV 低电压负载，用户应在订货时注明，以便于生产过程控制中特殊安排。

(二)负载性质

继电器的触点负载能力是指在额定电压、电流下,负载为阻性的动作次数,当负载性质改变时,其触点负载能力将发生较大变化,用户可参照变换触点负载电流。

(三)瞬态抑制

继电器线圈失电瞬间,在线圈上可产生几倍于线圈所加电压的反峰电压(通常为 8 倍),这对电子线路有极大的危害,应加以抑制。抑制方法较多,通常采取并联二极管的方式。但并联二极管将延长继电器的释放时间,影响继电器的使用寿命,在设计上应加以注意。

(四)动作速率

继电器的动作时间和释放时间在产品标准中已有规定,使用时其动作速率不应超过这些指标,磁保持继电器线圈上施加的脉冲宽度及幅值也应符合规定,不然会危及继电器的使用可靠性。

(五)线圈功耗

线圈功耗表示继电器向供电回路索取的能量大小,若供电回路不能提供线圈所必须的能量,其结果是继电器不能转换或转换不可靠。

(六)冗余技术

从提高继电器的接触可靠性出发,在重要、关键部分采用两只继电器并联使用是必要的,这样可以使触点失效概率降低,获得高的可靠性,其一般公式为:$RT = 1 - (1 - R)n$(n 为冗余单元数)。

比如某继电器的可靠度 $R = 90\%$,则两只继电器并联使用后其 $R = 1 - (1 - 0.9) \times 2 = 0.99 = 99\%$。这种方式在温度继电器的使用上非常有效,从可靠性出发,应对其推广采用。

(七)安装与保护

密封继电器的引线脚都是通过玻璃绝缘子支承的,若随意扳动容易造成玻璃绝缘子的碎裂,轻则使继电器密封受损,重则由于引线脚的松动而使继电器失效。这就要求印制板孔距要正确,孔径不能太小。当必须扳动引线脚时,应首先将引线脚靠底板 3 mm 处固定再扳动。

焊线的产品绞线用力要恰当,以免用力不当造成引线脚松动。继电器不慎掉落地,由于受强冲击,内部可能受损,应隔离,检测确认合格后才能使用。

继电器引出端焊接应使用中性焊剂,以免污染玻璃绝缘子而使产品绝缘性降低。同时焊接的时间不宜过长,一般连续焊接时间不应超过 3 s。

四、城市轨道交通信号系统中的安全继电器

(一)直流无极继电器

1. 结 构

安全型直流无极继电器由直流电磁系统和触点系统两部分构成,如图 6-3-6 所示。

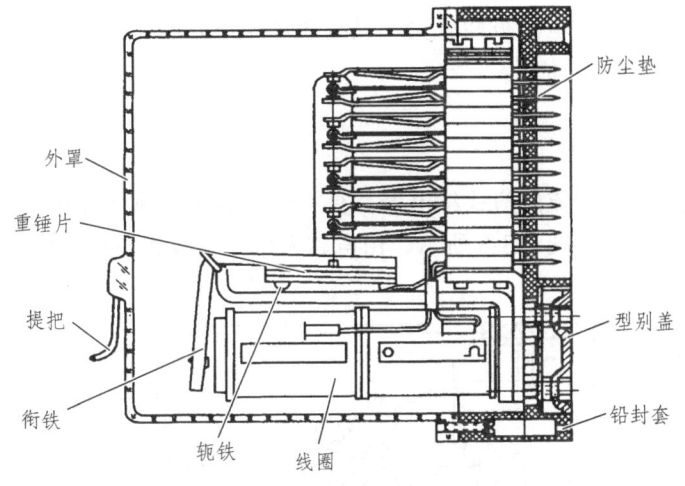

图 6-3-6 直流无极继电器

直流电路系统由线圈、铁芯、轭铁组成。线圈分为前圈和后圈，可根据电路需要设置单线圈、双线圈串联和双线圈并联控制。通电时产生磁通，吸引衔铁；断电后线圈失磁，衔铁依靠重力作用可靠释放。

2. 工作原理

当线圈通以直流电后，产生磁通，经铁芯、轭铁、衔铁和气隙，形成闭合磁路，使铁芯对衔铁产生吸引力。当此吸引力增大到足以克服重锤片和拉杆重力时就能将衔铁吸向铁芯，于是衔铁带动拉杆推动动触点向上动作，使动触点和前触点闭合，此时称继电器处于励磁状态。

当线圈中的电流减少或断电时，磁路的磁通减少或者没有，铁芯对衔铁的吸引力减少，当吸引力不足以克服重锤片和拉杆重力时，衔铁释放，使动触点和前触点断开并和后触点闭合，此时称继电器处于失磁状态。

（二）整流式继电器

整流式继电器应用于交流电路中，其电磁系统、触点系统、动作原理和直流无极继电器基本相同，在直流无极继电器的基础上增加整流电路，一般采用四个二极管组成桥式整流电路，如图 6-3-7 所示，将交流电源整流后输入继电器线圈。

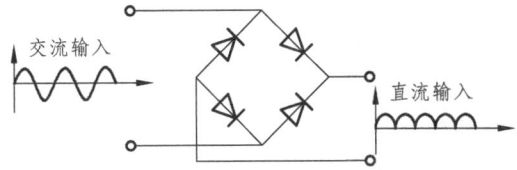

图 6-3-7 整流式继电器电路

（三）偏极继电器

偏极继电器是为了满足信号电路中鉴别电流极性的需要而设计的。它与无极性继电器不同，衔铁的吸起与电路中的电流极性有关。只有通过规定方向的电流时，衔铁才吸起，电流方向与要求相反时，衔铁不动作。

（四）交流二元继电器

交流二元继电器属于交流感应式继电器，具有两个既相互独立又相互作用的交变电磁系统，交流二元继电器结构如图 6-3-8 所示，由电磁系统、翼板和触点组成。

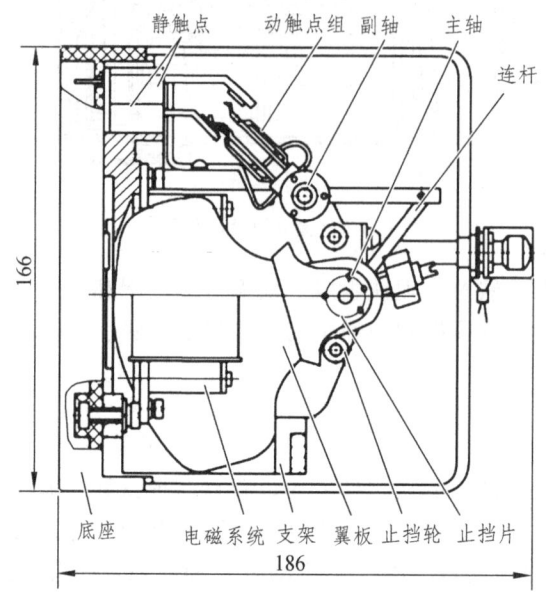

图 6-3-8 交流二元继电器

当局部线圈和轨道线圈中分别通以一定相位差的交流电流时，形成交变磁通 Φ_J、Φ_G，磁通穿过翼板时就形成了磁极 J 和 G，在翼板中分别产生感应电流，可看作是由许多环绕磁通的电流环所组成，故称为涡流。涡流分别与磁通 Φ_J、Φ_G 作用，产生电磁力 F_1 和 F_2。

当 Φ_J 超前 Φ_G 90°时，在翼板上得到正方向转矩，接通前接点；而当 Φ_J 滞后 Φ_G 90°时，则在翼板上得到反方向转矩，使后接点更加闭合。如果仅在任一线圈通电，或两线圈接入同一电源，翼板均不能产生转矩而动作，这就是交流二元继电器所具有的可靠的相位选择性，由此可解决轨端绝缘破损的防护问题。

【巩固练习】

1．继电器的结构与工作原理是什么？
2．继电器的机电特性是什么？
3．继电器的种类及各自的特点是什么？
4．继电器的选用应注意哪些方面？

项目七　牵引电动机

任务一　认识牵引电动机

【学习目标】
1．了解轨道交通牵引电动机的基本概念。
2．理解轨道交通牵引电机的分类与作用。
3．掌握三相异步电动机的基本结构与旋转磁场。
4．学会三相异步电动机的基本内连接方式。
5．学会动车牵引电动机的简单检测及维修方法。

【知识要点】
1．牵引电动机的特点及参数。
2．三相异步电动机的基本结构与旋转磁场。
3．三相异步电动机的转动原理及转差率。
4．三相异步电动机的运行特性。

【理论知识】

电力牵引是一种以电能为动力牵引车辆前进的牵引方式。轨道车辆通过受流器从架空接触网或第三轨（输电轨）接收电能，通过车载的变流装置给安装在转向架上的牵引电机供电，牵引电机将电能转变成机械能，机械能通过齿轮传给轮对，驱动轮对在轨道上运动带动车辆前进。目前应用最多的是旋转电机所主要采用的鼠笼型三相异步电动机。

一、牵引电机的特点及设计要求

（一）牵引电机的工作特点

牵引电机是机车的重要部件之一，它安装在转向架上，通过齿轮与轮对相连。机车在牵引运行状态时，牵引电机将电能转换成机械能，通过轮对驱动机车运行。当机车在电气制动状态运行时，牵引电机将机械能转换成电能，产生机车的制动力，此时电机处于发电状态。

牵引电机的工作条件十分恶劣：负载变化大，冲击和振动严重，恶劣的风沙、雨雪气候、受酸碱性气体影响侵蚀严重。对于交流变频调速异步牵引电机来说，还有一个特殊之处，就是要在PWM波调制的、含有大量谐波和尖峰脉冲的、非标准的正弦波电源供电下工作。

机车在运行中，牵引电机要在启动、爬坡这样的大电流状态下运行；要在平直道上轻载高速状态下运行；要在过弯道、过道岔这样的冲击和振动状态下运行；还要能适应沿海多雨潮湿、内地干燥风沙的环境。

（二）牵引电动机的设计要求

为满足机车对电机的运行要求，牵引电机设计的要求和设计思路如下：
（1）在尺寸和重量受限制的情况下，应满足机车牵引和制动功率的要求。
（2）在机车总体控制和逆变器供电下，应满足机车电传动系统对牵引电机的要求。
（3）关键新技术和新材料的使用要经过充分研究和试验。

二、三相异步电动机的基本结构与旋转磁场

（一）三相异步电动机的基本结构

三相异步电动机主要有两部分：定子和转子，如图 7-1-1 所示。

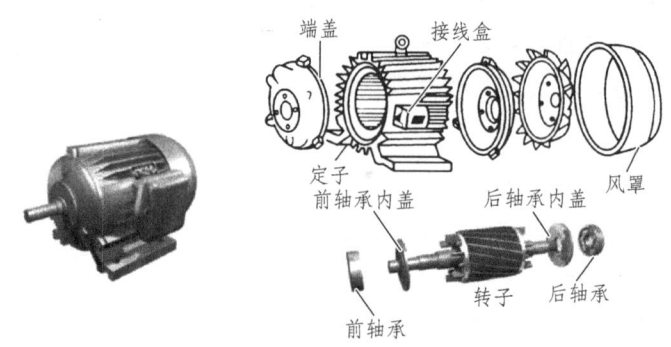

图 7-1-1　三相异步电动机的结构

1. 定　子

定子是电动机的固定部分。它包括机壳、定子铁芯、硅钢片内嵌置三相定子绕组。定子铁芯是由表面涂有绝缘漆的硅钢片叠压而成，其内圆均匀分布槽孔。

三相异步电动机定子绕组属于三相对称负载。所以，定子绕组可以接成星形或三角形，如图 7-1-2 所示。

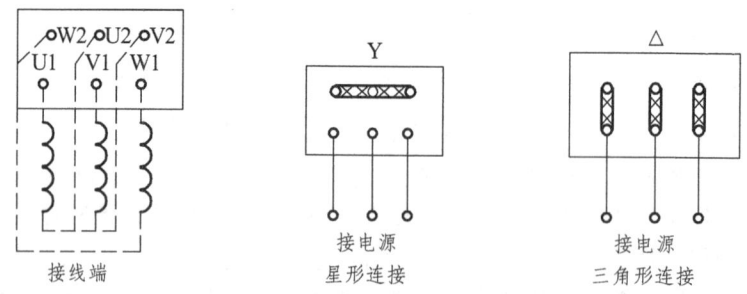

图 7-1-2　三相异步电动机定子绕组

当电动机每相绕组额定电压等于电源的相电压时，绕组接成星形连接；其等于电源的线电压时，绕组接成三角形连接。

2. 转 子

转子是电动机的旋转部分，由转子铁芯和转子绕组组成。

转子绕组又分笼型转子和绕线型转子，分别如图 7-1-3、图 7-1-4 所示。

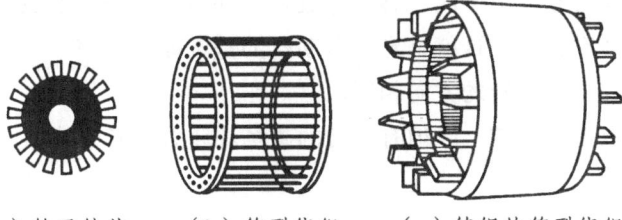

（a）转子铁芯　　（b）笼型绕组　　（c）铸铝的笼型绕组

图 7-1-3　笼型转子

转子绕组是在铁芯槽内压进铜条，两端分别焊在两个铜环上而制成的。中小型电动机一般用熔化的铝浇铸成转子绕组。

铁芯是由厚的硅钢片叠压而成的圆柱体，其外圆周冲有槽孔，以嵌置转子绕组。

铁芯与笼型相同，但铁芯槽内嵌置对称三相绕组并作星形连接。各相绕组首端通过滑环和电刷引到相应的接线盒里，在启动和调速时可在转子电路中串入附加电阻。

绕线型异步电动机能获得较好的启动与调速性能，其接线示意图如图 7-1-5 所示。

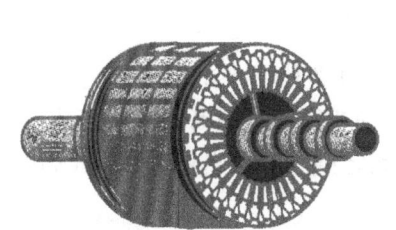　　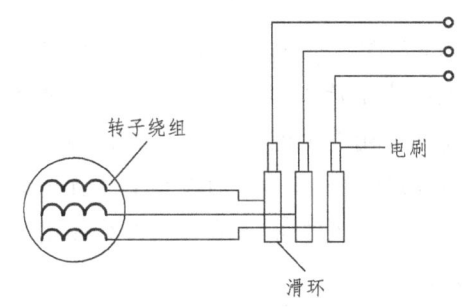

图 7-1-4　绕线型转子　　图 7-1-5　接线示意图

（二）三相异步电动机的转动原理

1. 基本原理

为了说明三相异步电动机的工作原理，我们做如下演示实验，如图 7-1-6 所示。

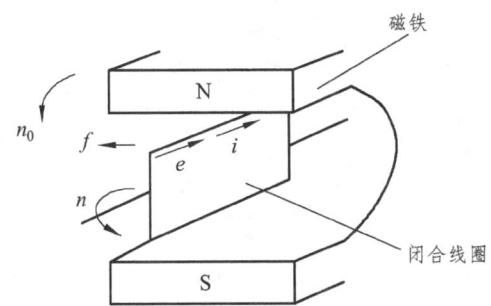

图 7-1-6　三相异步电动机工作原理

演示实验：在装有手柄的蹄形磁铁的两极间放置一个闭合导体，当转动手柄带动蹄形磁铁旋转时，将发现导体也跟着旋转；若改变磁铁的转向，则导体的转向也跟着改变。

现象解释：当磁铁旋转时，磁铁与闭合的导体发生相对运动，鼠笼式导体切割磁力线而在其内部产生感应电动势和感应电流。感应电流又使导体受到一个电磁力的作用，于是导体就沿磁铁的旋转方向转动起来，这就是异步电动机的基本原理。

转子转动的方向和磁极旋转的方向相同。

结论：欲使异步电动机旋转，必须有旋转的磁场和闭合的转子绕组。

2. 旋转磁场

如图 7-1-7 所示为最简单的三相定子绕组 AX、BY、CZ，它们在空间按互差 120°的规律对称排列，并接成星形与三相电源 U、V、W 相连，则三相定子绕组便通过三相对称电流；随着电流在定子绕组中通过，在三相定子绕组中就会产生旋转磁场（如图 7-1-7 所示）。

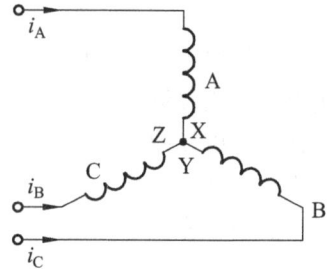

$$\begin{cases} i_U = I_m \sin \omega t \\ i_V = I_m \sin(\omega t - 120°) \\ i_W = I_m \sin(\omega t + 120°) \end{cases}$$

图 7-1-7 三相异步电动机定子接线

当 $\omega t = 0°$ 时，$i_A = 0$，AX 绕组中无电流；i_B 为负，BY 绕组中的电流从 Y 流入 B_1 流出；i_C 为正，CZ 绕组中的电流从 C 流入 Z 流出；由右手螺旋定则可得合成磁场的方向如图 7-1-8（a）所示。

当 $\omega t = 120°$ 时，$i_B = 0$，BY 绕组中无电流；i_A 为正，AX 绕组中的电流从 A 流入 X 流出；i_C 为负，CZ 绕组中的电流从 Z 流入 C 流出；由右手螺旋定则可得合成磁场的方向如图 7-1-8（b）所示。

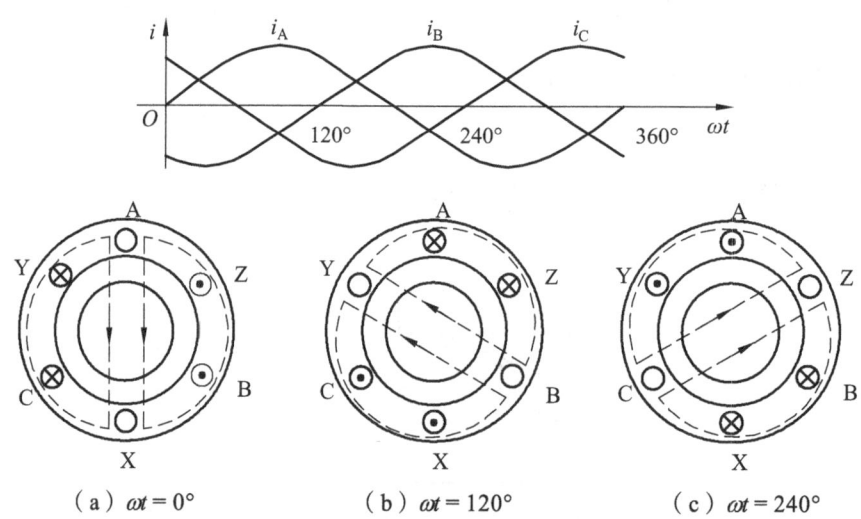

图 7-1-8 旋转磁场的形成

当 $\omega t = 240°$ 时，$i_C = 0$，CZ 绕组中无电流；i_A 为负，AX 绕组中的电流从 X 流入 A 流出；i_B 为正，BY 绕组中的电流从 B 流入 Y 流出；由右手螺旋定则可得合成磁场的方向如图 7-1-8（c）所示。

可见，当定子绕组中的电流变化一个周期时，合成磁场也按电流的相序方向在空间旋转一周。随着定子绕组中的三相电流不断地作周期性变化，产生的合成磁场也不断地旋转，因此称为旋转磁场。

3. 旋转磁场的方向

旋转磁场的方向是由三相绕组中电流相序决定的，若想改变旋转磁场的方向，只要改变通入定子绕组的电流相序，将三根电源线中的任意两根对调即可。这时，转子的旋转方向也跟着改变。

（三）三相异步电动机的极数与转速

1. 极数（磁极对数 p）

三相异步电动机的极数就是旋转磁场的极数。旋转磁场的极数和三相绕组的安排有关。

当每相绕组只有一个线圈，绕组的始端之间相差 120°空间角时，产生的旋转磁场具有一对极，即 $p = 1$。

当每相绕组为两个线圈串联，绕组的始端之间相差 60°空间角时，产生的旋转磁场具有两对极，即 $p = 2$。

同理，如果要产生三对极，即 $p = 3$ 的旋转磁场，则每相绕组必须有均匀安排在空间的串联的三个线圈，绕组的始端之间相差 40°（= 120°/p）空间角。极数 p 与绕组的始端之间的空间角 θ 的关系为：$\theta = 120°/p$。

2. 转速 n

三相异步电动机旋转磁场的转速 n_0 与电动机磁极对数 p 有关，它们的关系是：

$$n_0 = \frac{60 f_1}{p} \tag{7-1-1}$$

由式 7-1-1 可知，旋转磁场的转速 n_0 决定于电流频率 f_1 和磁场的极数 p。对某一异步电动机而言，f_1 和 p 通常是一定的，所以磁场转速 n_0 是个常数。

在我国，工频 $f_1 = 50$ Hz，因此对应于不同极对数 p 的旋转磁场转速 n_0，如表 7-1-1 所示。

表 7-1-1　常见极对数与旋转磁场转速关系表

p	1	2	3	4	5	6
N_0	3 000	1 500	1 000	750	600	500

3. 转差率 s

电动机转子转动方向与磁场旋转的方向相同，但转子的转速 n 不可能达到与旋转磁场的转速 n_0 相等，否则转子与旋转磁场之间就没有相对运动，因而磁力线就不切割转子导体，转子电动势、转子电流以及转矩也就都不存在。也就是说,旋转磁场与转子之间存在转速差,因此我们把这种电动机称为异步电动机,又因为这种电动机的转动原理是建立在电磁感应基础上的,故又称为感应电动机。

旋转磁场的转速 n_0 常称为同步转速。

转差率 s:用来表示转子转速 n 与磁场转速 n_0 相差的程度的物理量。即:

$$s = \frac{n_0 - n}{n_0} = \frac{\Delta n}{n_0} \tag{7-1-2}$$

转差率是异步电动机的一个重要的物理量。

4. 三相异步电动机的定子电路与转子电路

三相异步电动机中的电磁关系同变压器类似,定子绕组相当于变压器的原绕组,转子绕组(一般是短接的)相当于副绕组。给定子绕组接上三相电源电压,则定子中就有三相电流通过,此三相电流产生旋转磁场,其磁力线通过定子和转子铁芯而闭合,这个磁场在转子和定子的每相绕组中都要感应出电动势。

三、三相异步电动机的运行特性

(一)电磁转矩(简称转矩)

异步电动机的转矩 T 是由旋转磁场的每极磁通 Φ 与转子电流 I_2 相互作用而产生的。电磁转矩的大小与转子绕组中的电流 I 及旋转磁场的强弱有关。

经理论证明,它们的关系是:

$$T = K_T \Phi I_2 \cos\varphi_2 \tag{7-1-3}$$

其中,T 为电磁转矩,K_T 为与电机结构有关的常数,Φ 为旋转磁场每个极的磁通量,I_2 为转子绕组电流的有效值,φ_2 为转子电流滞后于转子电势的相位角。

若考虑电源电压及电机的一些参数与电磁转矩的关系,式(7-1-3)修正为

$$T = K_T' \frac{sR_2 U_1^2}{R_2^2 + (sX_{20})^2} \tag{7-1-4}$$

其中,K_T' 为常数,U_1 为定子绕组的相电压,s 为转差率,R_2 为转子每相绕组的电阻,X_{20} 为转子静止时每相绕组的感抗。

由上式可知,转矩 T 还与定子每相电压 U_1 的平方成比例,所以当电源电压有所变动时,对转矩的影响很大。此外,转矩 T 还受转子电阻 R_2 的影响。

(二)机械特性曲线

在一定的电源电压 U_1 和转子电阻 R_2 下,电动机的转矩 T 与转差率 n 之间的关系曲线 $T = f(s)$ 或转速与转矩的关系曲线 $n = f(T)$,称为电动机的机械特性曲线,它可根据式(7-1-3)得出,如图 7-1-9 所示。

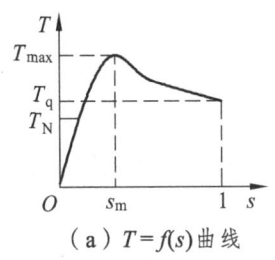
(a) $T=f(s)$ 曲线

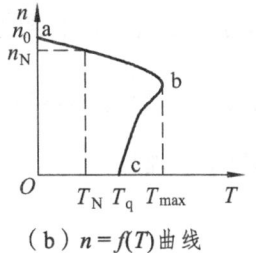
(b) $n=f(T)$ 曲线

图 7-1-9　三相异步电动机的机械特性曲线

在机械特性曲线上我们要讨论三个转矩：

1. 额定转矩 T_N

额定转矩 T_N 是异步电动机带额定负载时，转轴上的输出转矩。即

$$T_N = 9\,550\frac{P_2}{n} \qquad (7\text{-}1\text{-}5)$$

式中，P_2 是电动机轴上输出的机械功率，其单位是瓦特（W）；n 的单位是转/分（r/min）；T_N 的单位是牛·米（N·m）。

当忽略电动机本身机械摩擦转矩 T_0 时，阻转矩近似为负载转矩 T_L，电动机作等速旋转时，电磁转矩 T 必与阻转矩 T_L 相等，即 $T=T_L$。额定负载时，则有 $T_N=T_L$。

2. 最大转矩 T_m

T_m 又称为临界转矩，是电动机可能产生的最大电磁转矩。它反映了电动机的过载能力。最大转矩的转差率为 s_m，此时的 s_m 叫作临界转差率，如图 7-1-9（a）所示。

最大转矩 T_m 与额定转矩 T_N 之比称为电动机的过载系数 λ，即

$$\lambda = T_m / T_N$$

一般三相异步的过载系数在 1.8～2.2 之间。

在选用电动机时，必须考虑可能出现的最大负载转矩，然后根据所选电动机的过载系数算出电动机的最大转矩，它必须大于最大负载转矩。否则，就需重选电动机。

3. 启动转矩 T_{st}

T_{st} 为电动机启动初始瞬间的转矩，即 $n=0$，$s=1$ 时的转矩。

为确保电动机能够带额定负载启动，必须满足：$T_{st}>T_N$，一般的三相异步电动机有 $T_{st}/T_N=1\sim2.2$。

（三）电动机的负载能力自适应分析

电动机在工作时，它所产生的电磁转矩 T 的大小能够在一定的范围内自动调整以适应负载的变化，这种特性称为自适应负载能力。

$\underline{T_L\uparrow \Rightarrow n\downarrow \Rightarrow S\uparrow \Rightarrow I_2\uparrow \Rightarrow T\uparrow}$ 直至新的平衡。此过程中，$I_2\uparrow$ 时，$I_1\uparrow$ 导致电源提供的功率自动增加。

四、三相异步电动机技术数据及选择

（一）三相异步电动机技术数据

每台电动机的机座上都装有一块铭牌。铭牌上标注有该电动机的主要性能和技术数据，如表 7-1-2 所示。

表 7-1-2　电动机主要性能和技术数据

三相异步电动机					
型　　号	Y132M-4	功　　率	7.5 kW	频　　率	50 Hz
电　　压	380 V	电　　流	15.4 A	接　　法	△
转　　速	1 440 r/min	绝缘等级	E	工作方式	连续
温　　升	80 ℃	防护等级	IP44	质　　量	55 kg
年　　月		编　　号			××电机厂

1. 型　号

为适应不同用途和不同工作环境的需要，电机制造厂把电动机制成各种系列，每个系列的不同电动机用不同的型号表示。如表 7-1-3 所示。

表 7-1-3　电动机不同型号

Y	315	S	6
三相异步电动机	机座中心高 （mm）	机座长度代号 S：短铁芯 M：中铁芯 L：长铁芯	磁极数

2. 接　法

接法指电动机三相定子绕组的连接方式。

一般鼠笼式电动机的接线盒中有六根引出线，标有 U_1、V_1、W_1、U_2、V_2、W_2，其中：

U_1、V_1、W_1 是每一相绕组的始端；

U_2、V_2、W_2 是每一相绕组的末端。

三相异步电动机的连接方法有两种：星形（Y）连接和三角形（△）连接。通常三相异步电动机功率在 4 kW 及以下者接成星形；在 4 kW（不含）以上者，接成三角形。

3. 电　压

铭牌上所标的电压值是指电动机在额定运行时定子绕组上应加的线电压值。一般规定电动机的电压不应高于或低于额定值的 5%。

必须注意：在低于额定电压下运行时，最大转矩 T_{max} 和启动转矩 T_{st} 会显著地降低，这对电动机的运行是不利的。

三相异步电动机的额定电压有 380 V、3 000 V 及 6 000 V 等多种。

4. 电　流

铭牌上所标的电流值是指电动机在额定运行时定子绕组的最大线电流允许值。

当电动机空载时，转子转速接近于旋转磁场的转速，两者之间相对转速很小，所以转子电流近似为零，这时定子电流几乎全为建立旋转磁场的励磁电流。当输出功率增大时，转子电流和定子电流都随之相应增大。

5. 功率与效率

铭牌上所标的功率值是指电动机在规定的环境温度下，在额定运行时电极轴上输出的机械功率值。输出功率与输入功率不等，其差值等于电动机本身的损耗功率，包括铜损、铁损及机械损耗等。

所谓效率η就是输出功率与输入功率的比值。一般鼠笼式电动机在额定运行时的效率为72%~93%。

6. 功率因数

因为电动机是电感性负载，定子相电流比相电压滞后一个φ角，$\cos\varphi$就是电动机的功率因数。三相异步电动机的功率因数较低，在额定负载时为0.7~0.9，而在轻载和空载时更低，空载时只有0.2~0.3。

选择电动机时应注意其容量，防止"大马拉小车"，并力求缩短空载时间。

7. 转　速

电动机额定运行时的转子转速，单位为转/分。

不同的磁极数对应有不同的转速等级。最常用的是四个级的（$n_0 = 1\ 500$ r/min）。

8. 绝缘等级

绝缘等级是按电动机绕组所用的绝缘材料在使用时容许的极限温度来分级的。

所谓极限温度是指电机绝缘结构中最热点的最高容许温度。

表 7-1-4　绝缘等级及极限温度

绝缘等级	环境温度 40 °C 时的容许温升	极限允许温度
A	65 °C	105 °C
E	80 °C	120 °C
B	90 °C	130 °C

（二）三相异步电动机的选择

正确选择电动机的功率、种类、型式是极为重要的。

1. 功率的选择

电动机的功率应根据负载的情况选择合适的功率，选大了虽然能保证其正常运行，但是不经济，电动机的效率和功率因数都不高；选小了就不能保证电动机和生产机械的正常运行，不能充分发挥生产机械的效能，并使电动机由于过载而过早地损坏。

1）连续运行电动机功率的选择

对连续运行的电动机,先算出生产机械的功率,所选电动机的额定功率等于或稍大于生产机械的功率即可。

2）短时运行电动机功率的选择

如果没有合适的专为短时运行设计的电动机,可选用连续运行的电动机。由于发热惯性,在短时运行时可以容许过载。工作时间愈短,则过载可以愈大,但其是受到限制的。通常是根据过载系数 λ 来选择短时运行电动机的功率。电动机的额定功率可以是生产机械所要求的功率的 $1/\lambda$。

2. 种类和型式的选择

1）种类的选择

选择电动机的种类是从交流或直流、机械特性、调速与启动性能、维护及价格等方面来考虑的。

（1）交、直流电动机的选择。

如没有特殊要求,一般都应采用交流电动机。

（2）鼠笼式与绕线式的选择。

三相鼠笼式异步电动机结构简单,坚固耐用,工作可靠,价格低廉,维护方便,但调速困难,功率因数较低,启动性能较差。因此,要求机械特性较硬而无特殊调速要求的一般生产机械的拖动应尽可能采用鼠笼式电动机。

只有在不方便采用鼠笼式异步电动机时才采用绕线式电动机。

2）结构型式的选择

电动机常制成以下几种结构型式：

（1）开启式。

在构造上无特殊防护装置,用于干燥无灰尘的场所。通风非常良好。

（2）防护式。

在机壳或端盖下面有通风罩,以防止铁屑等杂物掉入。也有将外壳做成挡板状,以防止在一定角度内有雨水滴溅入其中。

（3）封闭式。

它的外壳严密封闭,靠自身风扇或外部风扇冷却,并在外壳带有散热片。在灰尘多、潮湿或含有酸性气体的场所,可采用它。

（4）防爆式。

整个电机严密封闭,用于有爆炸性气体的场所。

3）安装结构型式的选择

（1）机座带底脚,端盖无凸缘（B3）。

（2）机座不带底脚,端盖有凸缘（B5）。

（3）机座带底脚,端盖有凸缘（B35）。

4）电压和转速的选择

（1）电压的选择。

电动机电压等级的选择,要根据电动机类型、功率以及使用地点的电源电压来决定。Y

系列鼠笼式电动机的额定电压只有 380 V 一个等级。只有大功率异步电动机才采用 3 000 V 和 6 000 V。

(2) 转速的选择。

电动机的额定转速是根据生产机械的要求而选定的。但通常转速不低于 500 r/min。因为当功率一定时，电动机的转速越低，则其尺寸越大，价格越贵，且效率也较低，因此不如购买一台高速电动机再另配减速器合算。

异步电动机通常采用 4 个极的，即同步转速 $n_0 = 1 500$ r/min。

【巩固练习】

1. 三相异步电动机的结构和工作原理是什么？
2. 三相异步电动机的转动原理是什么？
3. 某四极异步电动机接在频率为 50 Hz 的电源上，额定转速 $n_N = 1 440$ r/min，求转差率 s_N。
4. 某三相异步电动机额定功率 $P_N = 4$ kW，额定转数 $n_N = 1 440$ r/min，过载能力为 2.2，启动能力为 1.8。试求额定转矩 T_N、启动转矩 T_{st}、最大转矩 T_m。

任务二　电动机的拆装与检修

【学习目标】

1. 掌握三相异步电动机的拆装步骤。
2. 掌握单相异步电动机的拆装步骤。

【知识要点】

1. 三相异步电动机的拆卸。
2. 单相异步电动机的拆卸。

【理论知识】

对电动机进行定期保养、维护和检修时，首先需要将其拆装。如果拆装方法不当，就会造成部分部件损坏，引发新的故障。因此，正确拆装电动机是确保维修质量的前提。在学习维修电动机时，应优先学会正确的拆装技术。

一、三相异步电动机的拆卸

（一）拆卸前的准备

(1) 切断电源，拆开电动机与电源连接线，并做好与电源线相对应的标记，以免恢复时搞错相序，并把电源线的线头做绝缘处理。
(2) 备齐拆卸工具，特别是拉具、套筒等专用工具。
(3) 熟悉被拆电动机的结构特点及拆装要领。
(4) 测量并记录联轴器或皮带轮与轴台间的距离。
(5) 标记电源线在接线盒中的相序、电动机的出轴方向及引出线在机座上的出口方向。

（二）拆卸步骤

借助如图 7-2-1 所示电动机，简述其拆卸步骤：

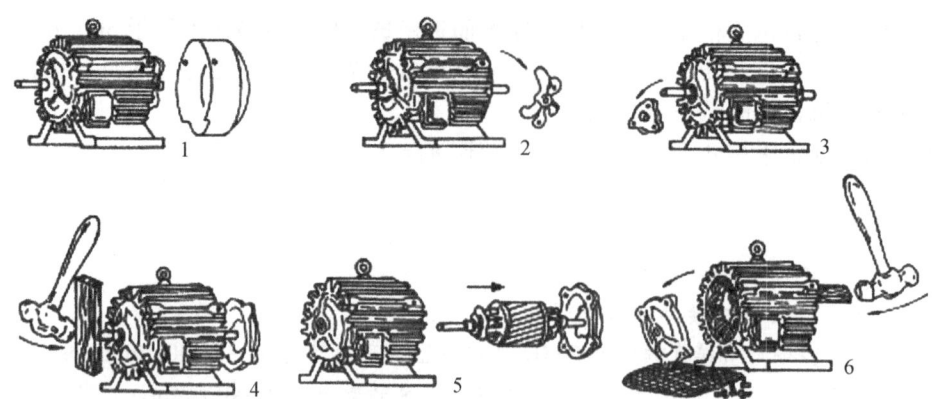

图 7-2-1　电动机拆卸步骤

（1）卸皮带轮或联轴器，拆电动机尾部风扇罩。
（2）卸下定位键或螺丝，并拆下风扇。
（3）旋下前后端盖紧固螺钉，并拆下前轴承外盖。
（4）用木板垫在转轴前端，将转子连同后端盖一起用锤子从止口中敲出。
（5）抽出转子。
（6）将木方伸进定子铁芯顶住前端盖，再用锤子敲击木方卸下前端盖，最后拆卸前后轴承及轴承内盖。

（三）主要部件的拆卸方法

1. 皮带轮（或联轴器）的拆卸

先在皮带轮（或联轴器）的轴伸端（联轴端）做好尺寸标记，然后旋松皮带轮上的固定螺丝或敲去定位销，给皮带轮（或联轴器）的内孔和转轴结合处加入煤油，稍等其渗透后，使锈蚀的部分松动，再用拉具将皮带轮（或联轴器）缓慢拉出，如图 7-2-2 所示。若拉不出，可用喷灯急火在皮带轮外侧轴套四周加热，加热时需用石棉或湿布把轴包好，并向轴上不断浇冷水，以免使其随同外套膨胀，影响皮带轮的拉出。

注意：加热温度不能过高，时间不能过长，以防变形。

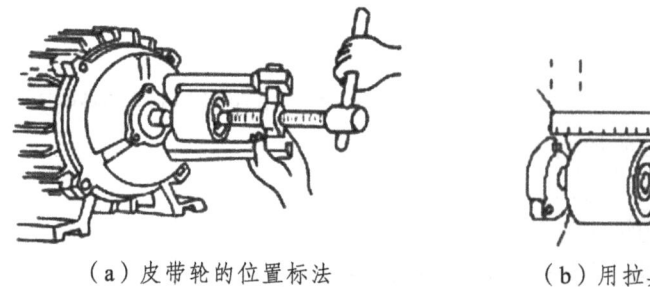

（a）皮带轮的位置标法　　　（b）用拉具拆卸皮带轮

图 7-2-2　拆卸皮带轮

2. 轴承的拆卸

轴承的拆卸可采取以下三种方法：

（1）用拉具进行拆卸。拆卸时拉具钩爪一定要抓牢轴承内圈，以免损坏轴承，如图 7-2-3 所示。

（2）用铜棒拆卸。将铜棒对准轴承内圈，用锤子敲打铜棒，如图 7-2-4 所示。用此方法时要注意轮流敲打轴承内圈的相对两侧，不可敲打一边，用力也不要过猛，直到把轴承敲出为止。

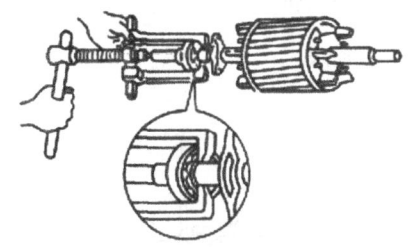

图 7-2-3　用拉具拆卸轴承

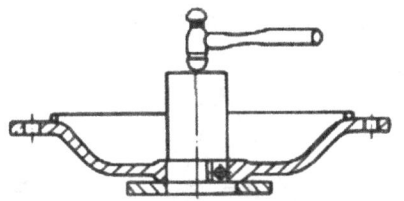

图 7-2-4　敲打拆卸轴承

在拆卸端盖内孔轴承时，可采用如图 7-2-5 所示的方法，将端盖止口面向上平稳放置，在轴承外圈的下面垫上木板，但不能顶住轴承，然后用一根直径略小于轴承外沿的铜棒或其他金属管抵住轴承外圈，从上往下用锤子敲打，使轴承从下方脱出。

（3）铁板夹住拆卸。用两块厚铁板夹住轴承内圈，铁板的两端用可靠支撑物架起，使转子悬空，如图 7-2-6 所示，然后在轴上端面垫上厚木板并用锤子敲打，使轴承脱出。

图 7-2-5　拆卸端盖内孔轴承

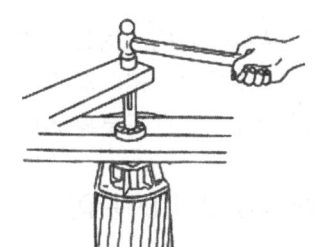

图 7-2-6　铁板夹住拆卸轴承

3. 抽出转子

在抽出转子之前，应在转子下面气隙和绕组端部垫上厚纸板，以免抽出转子时碰伤铁芯和绕组。对于小型电动机的转子可直接用手取出，一手握住转轴，把转子拉出一些，随后另一手托住转子铁芯渐渐往外移，如图 7-2-7 所示。

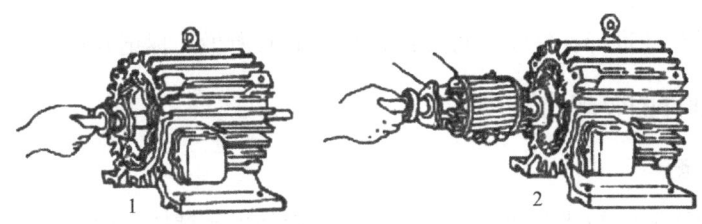

图 7-2-7　小型电动机转子的拆卸

在拆卸较大的电动机时，可两人一起操作，每人抬住转轴的一端，渐渐地把转子往外移，若铁芯较长，有一端不好出力时，可在轴上套一节金属管，当作假轴，方便出力，如图 7-2-8 所示。

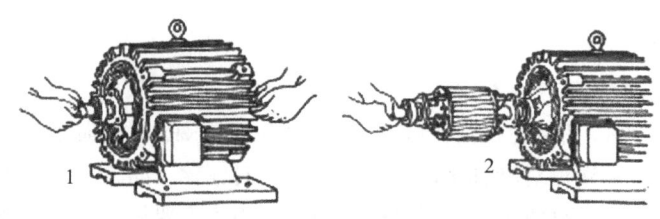

图 7-2-8　中型电动机转子的拆卸

对大型的电动机必须用起重设备吊出，如图 7-2-9 所示。

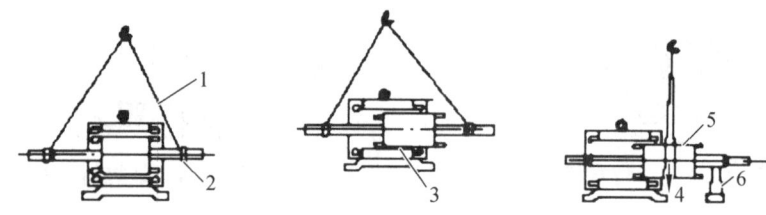

图 7-2-9　用起重设备吊出转子

1—钢丝绳；2—衬垫（纸板或纱头）；3—转子铁芯可搁置在定子铁芯上，但切勿碰到绕组；
4—重心；5—绳子不要吊在铁芯风道里；6—支架

二、单相异步电动机的拆卸

由于单相异步电动机结构较三相异步电动机简单，且重量轻、体积小，通常只要会拆卸三相电动机，就会拆卸单相电动机。只有带启动开关的单相电动机在拆卸时，相对要复杂一些，因此在拆卸时，注意不要碰坏启动开关。

三、异步电动机的装配

（一）装配前的准备

先备齐装配工具，将可洗的各零部件用汽油冲洗，并用棉布擦拭干净，再彻底清扫定、转子内部表面的尘垢。接着检查槽楔、绑扎带等是否松动，有无高出定子铁芯内表面的地方，并做好相应处理。

（二）装配步骤

按拆卸时的逆顺序进行，并注意将各部件按拆卸时所做的标记复位。

（三）主要部件的装配方法

1. 轴承的装配

轴承的装配分冷套法和热套法。冷套法是先将轴颈部分揩擦干净，把经过清洗好的轴承套在轴上，用一段钢管，其内径略大于轴颈直径，外径又略小于轴承内圈的外径，套入轴颈，再用手锤敲打钢管端头，将轴承敲进。也可用硬质木棒或金属棒顶住轴承内圈敲打，为避免轴承歪扭，应在轴承内圈的圆周上均匀敲打，使轴承平衡地行进，如图 7-2-10 所示。

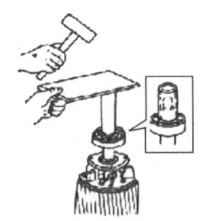
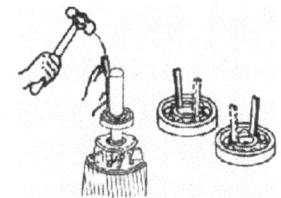

图 7-2-10 冷套法安装轴承

热套法为将轴承放入 80～100 ℃ 变压器油中 30～40 min 后,趁热取出迅速套入轴颈中。如图 7-2-11 所示。

注意:安装轴承时,标号必须向外,以便下次更换时查对轴承型号。

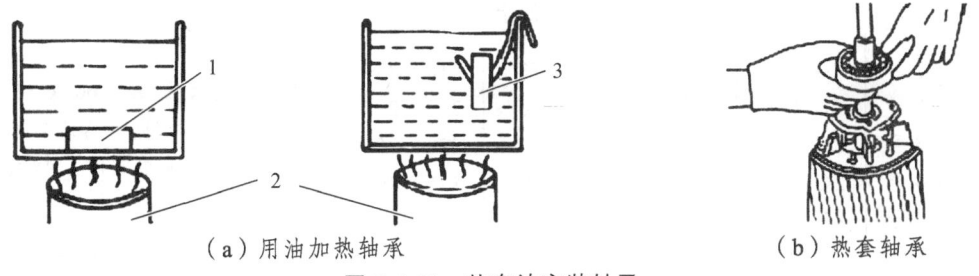

（a）用油加热轴承　　　　　　　　　　　（b）热套轴承

图 7-2-11 热套法安装轴承
1—轴承不能放在槽底；2—火炉；3—轴承应吊在槽中

另外,在安装好的轴承中要按其总容量的 1/3～2/3 容积加注润滑油,转速高的按小值加注,转速低的按大值加注。轴承如损坏应立即更换。如轴承磨损严重,外圈与内圈间隙过大,造成轴承过度松动,转子下垂并摩擦铁芯,轴承滚动体破碎或滚动体与滚槽有斑痕出现,保持架有斑痕或被磨坏等,都应更换新轴承。更换的轴承应与损坏的轴承型号相符。

2. 轴承的识别及选用

当损坏的轴承型号无法识别,操作人员看不懂轴承型号及代号的意义时,都会给更换带来一定的困难。学会识别轴承型号及代号,对选用轴承是十分必要的。

电动机的轴承一般分为滚动轴承和滑动轴承两类。滚动轴承装配结构简单,维修方便,主要用于中、小型电动机；滑动轴承多用于大型电动机。表 7-2-1 所列为滚动轴承代号的意义。

表 7-2-1 滚动轴承代号的意义

位数（自右向左）	数字代表的意义	代号									
		0	1	2	3	4	5	6	7	8	9
第一、二位数	轴承内径	代号数字<04 时,00、01、02、03、分别表示轴承内径 d＝10 mm、12 mm、15 mm、17 mm,代号数字为 04～99 时,代号的数字乘以 5,即为轴承的内径尺寸										
第三位数	轴承直径系列			特轻系列	轻窄系列	中窄系列	重窄系列	轻宽系列	中宽系列	特轻系列	超轻系列	超轻系列
第四位数	轴承类型		向心球轴承	调心球轴承	向心短圆柱滚子轴承	调心滚子轴承	滚针轴承	螺旋滚子轴承	角接触球轴承	圆锥滚子轴承	推力球轴承	推力滚子轴承

注意:标注代号时最左边的"0"规定不写。表 7-2-1 列出常用电动机滚动轴承的型号。

3. 轴承润滑脂的识别及选择

对滚动轴承润滑脂的选择，主要考虑轴承的运转条件，如使用环境（潮湿或干燥），工作温度和电动机转速等。当环境温度较高时，应使用耐水性强的润滑脂，转速愈高，应选用锥入度愈大（稠度较稀）的润滑脂。避免高速时润滑脂内产生很大的摩擦损耗，使轴承温升增高和电动机效率降低。负载越大时，应选择锥入度越小的润滑脂。

电动机中常用润滑脂的品种、型号及适用场合如表7-2-2 所列。

表7-2-2 轴承润滑脂的品种、型号及适用场合

名称	牌号		外观	滴点 $t/℃$ 不低于	工作锥入度 （1/10） h/mm	适用场合
钙基润滑脂	1号 2号 3号 4号 5号	ZG-1 ZG-2 ZG-3 ZG-4 ZG-5	从深黄色到暗褐色，在玻璃上涂抹 1～2 mm 厚的润滑脂层，对光检查时，呈均匀无块状油膏	75 80 85 90 95	310～340 265～295 220～250 175～205 130～160	工作温度低于 55～60 ℃ 与水接触的封闭式电动机，各种工农业与交通机械设备的轴承润滑。特点为耐水，但不耐热
钠基润滑脂 高温钠基脂	2号 3号 4号	ZN-2 ZN-3 ZN-4	深黄色到暗褐色均匀油膏 深绿色纤维状均匀软膏	140 140 150	265～295 220～250 175～205 170～225	在较高工作温度、清洁无水分的条件下，用于开启式电动机，其工作温度分别为：2号低于 115 ℃，3号低于 115 ℃，4号低于 130 ℃ 高温钠基脂工作温度在 140～160 ℃ 之间
钙钠基润滑脂	1号 2号	ZGN-1 ZGN-2	黄色到深棕色的均匀软膏	120 135	250～290 200～240	在 80～100 ℃，允许有水蒸气的条件下，用于开启式、封闭式电动机。不适于低温
石墨钙基润滑脂		ZG-S	黑色均匀油膏	80	—	适用于工作温度 60 ℃ 以下粗糙、重负荷摩擦部位，不适用于滚动轴承润滑
二硫化钼润滑脂				210	290～330	适用于 20～80 ℃，3 000 r/min 常见的中小型机电设备等滚动轴承润滑，也适用于各类油杯加油的轴瓦及间隙 0.5 mm 以上的重负荷设备轴瓦润滑
锂基润滑脂	1号 2号 3号 4号	ZL-1 ZL-2 ZL-3 ZL-4	淡黄色到暗褐色均匀油膏	170 175 180 185	310～340 265～295 220～250 175～205	通用长寿命的润滑脂可代替钙基、钠基、钙钠基，能长期在 120 ℃ 左右工作。广泛用于高温高速与水接触的机器上。2号用于中小型电动机，3号用于大中型电动机
铝基润滑脂	2号	ZU-2	淡黄色到暗褐色的光滑透明油膏	75	230～280	用于常温工作，有严重水分场合电动机

4. 后端盖的装配

将轴伸端朝下垂直放置，在其端面上垫上木板，后端盖套在后轴承上，用木锤敲打，如图 7-2-12 所示。把后端盖敲进去后，装轴承外盖。紧固内外轴承盖的螺栓时注意要对称地逐步拧紧，不能先拧紧一个，再拧紧另一个。

5. 前端盖的装配

将前轴承内盖与前轴承按规定加够润滑油后，一起套入转轴，然后，在前内轴承盖的螺孔与前端盖对应的两个对称孔中穿入铜丝拉住内盖，待前端盖固定就位后，再从铜丝上穿入前外轴承盖，拉紧对齐。接着给未穿铜丝的孔中先拧进螺栓，带上丝口后，抽出铜丝，最后给这两个螺孔拧入螺栓，依次对称逐步拧紧。也可用一个比轴承盖螺栓更长的无头螺丝（吊紧螺丝），先拧进前内轴承盖，再将前端盖和前外轴承盖相应的孔套在这个无头长螺丝上，使内外轴承盖和端盖的对应孔始终拉紧对齐。待端盖到位后，先拧紧其余两个轴承盖螺栓，再用第三个轴承盖螺栓换下开始时用以定位的无头长螺丝（吊紧螺丝），如图 7-2-13 所示。

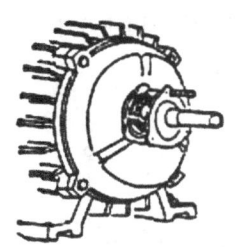

图 7-2-12 后端盖的装配

图 7-2-13 轴承内外端盖的固定

四、异步电动机的检修

对异步电动机的定期维护和故障分析是异步电动机检修的基本环节，了解并掌握定期维修及故障分析的内容和方法是维修电动机的基本技能。

（一）定期维修

1. 维修时限

通常是一年进行一次。

2. 维修内容

（1）检查电动机各部件有无机械损伤，若有则作相应修复或更换。

（2）对拆开的电动机进行清理，清除所有油泥、污垢。清理中，注意观察绕组绝缘状况。若油漆为暗褐或深棕色，说明绝缘已老化，对这种绝缘要特别注意不要碰撞使它脱落。若发现有脱落应进行局部绝缘修复和刷漆。

（3）拆下轴承，浸在柴油或汽油中彻底清洗后，再用干净汽油清洗一遍。检查清洗后的轴承是否转动灵活，有无异常响声，内外钢圈有无晃动。根据检查结果，确定对润滑油脂或轴承是否进行更换。

（4）检查定子绕组是否存在故障。使用兆欧表测绕组绝缘电阻，绝缘电阻的大小可判断出绕组受潮程度或短路情况。若有，要进行相应处理。

（5）检查定、转子铁芯有无磨损和变形，若观察到有磨损处或发亮点，说明可能存在定、转子铁芯相擦。可使用锉刀或刮刀将亮点刮低。

（6）对电动机进行装配、安装，测试空载电流大小及对称性，最后带负载运行。

（二）故障分析

电动机故障通常分为电气和机械两个方面，电气故障为主要方面，常见的有：

1. 跑单相运行

（1）原因：线路和电动机引线连接有浮接现象，引起接触电阻大，使连接处逐步氧化而造成断相。

（2）特征：由于跑单相运行而烧毁的电动机，其绕组特征很明显，拆开电动机端盖，看到电动机绕组端部的 1/3 或 2/3 的极相组烧黑或变为深棕色，而其中的一相或两相绕组完好或微变色，则说明是跑单相运行造成的。以二级电动机为例，其跑单相运行烧坏绕组如图 7-2-14 所示。

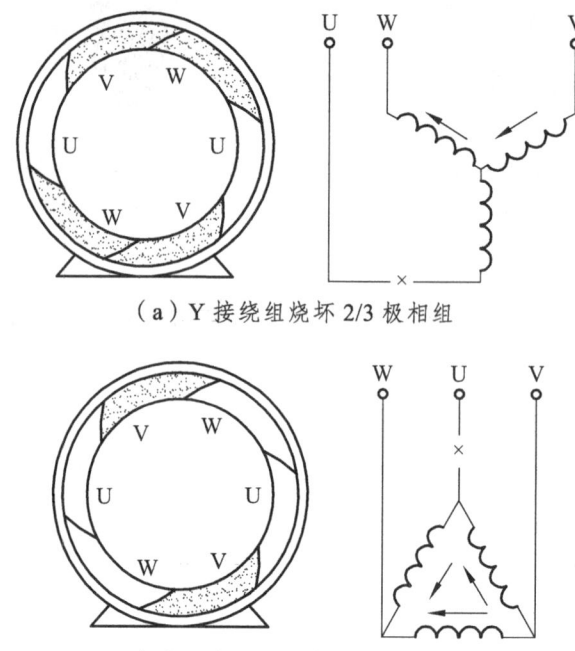

（a）Y 接绕组烧坏 2/3 极相组

（b）△接绕组烧坏 1/3 极相组

图 7-2-14 跑单相运行烧坏绕组特征

在 Y 接时，U 相电源断开，电流从 V-W 相绕组流过，因此将 V、W 相绕组烧坏。在△接时，U 相电源断开，电流分两路：一路由 U、W 相绕组串联组成，另一路由 V 相单独组成，后一路阻抗小于前一路，因而 V 相首先烧坏。

（3）处理方法：重绕电动机绕组。

2. 绕组断路

（1）原因：同一相绕组的连接头接线质量不好，造成连接头虚接，断开。

（2）特征：启动时，无启动转矩。运行时，绕组断路，发出较强的"嗡嗡"响声，最终烧毁电动机，现象同跑单相运行。

（3）处理方法：找到断线处，重新接线。

3. 匝间短路

（1）原因：由于嵌线质量不高或机械擦损造成本相绕组中导线绝缘损伤引起匝间短路。

（2）特征：在线圈的端部，可清楚地看到线圈的几匝或整个线圈，甚至一个极相组烧焦，烧焦部分呈裸铜线，其他均完好。

③ 处理方法：可局部修理的，换一个线圈或一组线圈即可。不宜局部修理的，重绕全部绕组。

4. 相间短路

（1）原因：端部相间绝缘、双层线圈层间绝缘没有垫妥，在电动机受热或受潮时，绝缘性能下降，击穿形成相间短路。也有线圈组间连线套管处理不妥，绝缘材料选用不当等原因。

（2）特征：在短路处发生爆断，并熔断很多导线，附近有许多熔化的铜屑，而其他处均完好无损。

（3）处理方法：重绕电动机绕组，并注意相间绝缘要垫妥，合适选用绝缘材料。

5. 接　地

（1）原因：嵌线质量不高，造成槽口绝缘破损；高温或受潮引起绝缘性能降低；雷击也能引起。

（2）特征：用兆欧表测试电动机绕组与地之间绝缘电阻小于 $1\,M\Omega$。

（3）处理方法：从嵌线质量、绝缘材料选用方面提高要求。

6. 过　载

（1）原因：电动机端电压太低；接线不符合要求，Y、△接不分；机械方面，不注意电动机的使用条件和要求；电动机本身定、转子间气隙过大，鼠笼式转子铝条断裂，重绕时线圈数据与原设计相差太大等都是造成过载的原因。

（2）特征：三相绕组全部均匀焦黑。

（3）处理方法：重绕电动机绕组后，再找原因，并对其针对性处理。

操作实训

【实训要求】

1．两人拆卸一台三相异步电动机，并填写记录。

2．按定期维修的内容要求，检修所拆装的电动机，并填写记录表。

3．能判断出因跑单相运行而烧坏的电动机。

4．能判断出因过载而烧坏的电动机。

【实训记录】

1．拆卸前标记，联轴器或皮带轮与轴台间的距离_____mm，出轴方向为_____，电源引线位置_____。

2．拆卸顺序_____、_____、_____、_____、_____。

3．拆卸皮带轮或联轴器所使用的工具_____，操作要点_____。

4．轴承拆卸后清洗干净，用手转动其声音为_____能否再使用_____，轴承型号_____；新换轴承润滑油名称_____，用量____g；轴承装配方法_____，操作要点_____。

5．端盖及前轴承内外盖装配的方法_____，操作要点_____。

6．一台四极电动机，有12个极相组，分别画出Y接和△接跑单相运行而烧坏的示意图。

7．三相异步电动机检修记录表。

表 7-2-3　三相异步电动机检修记录表

内　　容	记　　录		处　　理
检查各部件有无机械损伤	外壳		
	端盖		
	风扇及罩叶		
	转轴及键槽		
	其余部位		
清洗各部件油垢，检查绕组绝缘情况	清洗情况		
	绕组绝缘评价		
清洗、检修轴承	润滑油状况		
	轴承是否灵活		
	轴承表面状况		
	轴承有无变色		
	加油量及名称		

续表

内容	记	录	处 理
检查定子绕组故障,测绝缘电阻	绝缘电阻（MΩ）	U、V、W相对机壳	
		U-V、V-W、W-U相间	
	绕组状况		
定、转子铁芯有无磨损和变形	定、转子铁芯有无亮点或擦痕		
	定、转子铁芯变形		
	转轴有无弯曲		
试机	U、V、W相空载电流（A）		
	绕组绝缘评价		

【实训考核】

表7-2-4 实训项目量化考核表

项目内容	考核要求	配分	扣分标准	得分
拆卸电动机	拆卸方法正确,顺序合理,定子绕组无碰伤、部件无损坏,所打标记清楚	30分	拆卸方法不正确,每次扣10分;碰伤定子绕组或损坏部件,每件扣20分;标记不清楚,每处扣5分	
装配电动机	装配方法正确,顺序合理,重要及关键部件清洗干净,装配后转动灵活	40分	装配方法错误,每次扣10分;轴承和轴承盖清洗不干净,每只扣10分;轴承装反或装法不当,每只扣10分;装配后转动不灵活扣20分	
电动机检修	检修环节齐全、步骤规范,检修记录填写完整	20分	检修步骤每少一步扣10分;轴承不加或多加润滑油,每只扣10分;绝缘电阻测量,每少测一项扣5分;空载电流少测一相扣5分	
故障分析	对常见的故障通过现象会判断、会分析,并能提出一般的处理方案及实施	10分	给出跑单相、匝间短路、相间短路、过载、接地等故障现象,每判断错一项扣5分	
安全文明操作	每违反一次扣10分			
限 时	拆装电动机或检修电动机分别限时为120 min或180 min,每超过1 min扣1分	指导教师（签字）		

项目八 低压电器与控制电路

任务一 常用的低压电器

【学习目标】

1．掌握低压电器的基本概念。
2．了解电器的分类与作用、特点。
3．掌握各种电器的类型、主要参数、型号、器件选择。

【知识要点】

1．电器的基本知识。
2．低压电器的分类与作用。
3．组合开关的结构。
4．热继电器的工作原理。

【理论知识】

在城市轨道交通中，列车的牵引主要是由三相异步电动机来完成的，还有运用直流电动机来拖动的部分，如地铁屏蔽门等。因此认识并掌握电力拖动装置是我们学习本课程的一个重要部分，它由电动机、传动机构和控制电动机的电气设备等环节组成。为了使电动机能按地铁运营所需要工作，通常采用继电器、接触器、按钮及可编程序控制器等控制电器来实现生产过程的自动控制。

低压电器通常是指工作在 1 000 V 以下的电力线路中起保护、控制或调节等作用的电气设备。低压配电电器主要用于低压配电系统中，要求工作可靠，在系统发生异常情况下动作准确，并有足够的热稳定性和动稳定性。低压控制电器主要用于电力传动系统中，要求使用寿命长，体积小，重量轻，工作可靠。低压电器的种类繁多，用途很广，但就其用途或所控制的对象可分为低压配电电器和低压控制电器两大类。

一、电器的分类与作用

电器是接通和断开电路或调节、控制和保护电路及电气设备作用的电工器具。由控制电器组成的自动控制系统，称为继电器-接触器控制系统，简称电器控制系统。

（一）电器的分类

电器的用途广泛，功能多样，种类繁多，结构各异。下面是几种常用的电器分类。

1. 按工作电压等级分类

(1) 高压电器：

用于交流电压 1 200 V、直流电压 1 500 V 及以上电路中的电器。例如高压断路器、高压隔离开关、高压熔断器等。

(2) 低压电器：

用于交流 50 Hz（或 60 Hz），额定电压为 1 200 V 以下；直流额定电压 1 500 V 及以下的电路中的电器。例如接触器、继电器等。

2. 按动作原理分类

(1) 手动电器：

用手或依靠机械力进行操作的电器，如手动开关、控制按钮、行程开关等主令电器。

(2) 自动电器：

借助于电磁力或某个物理量的变化自动进行操作的电器，如接触器、各种类型的继电器、电磁阀等。

3. 按用途分类

(1) 控制电器：

用于各种控制电路和控制系统的电器，例如接触器、继电器、电动机启动器等。

(2) 主令电器：

用于自动控制系统中发送动作指令的电器，例如按钮、行程开关、万能转换开关等。

(3) 保护电器：

用于保护电路及用电设备的电器，如熔断器、热继电器、各种保护继电器、避雷器等。

(4) 执行电器：

用于完成某种动作或传动功能的电器，如电磁铁、电磁离合器等。

(5) 配电电器：

用于电能的输送和分配的电器，例如高压断路器、隔离开关、刀开关、低压断路器等。

4. 按工作原理分类

(1) 电磁式电器：

依据电磁感应原理来工作的电器，如接触器、各种类型的电磁式继电器等。

(2) 非电量控制电器：

依靠外力或某种非电物理量的变化而动作的电器，如刀开关、行程开关、按钮、速度继电器、温度继电器等。

(二) 低压电器的作用

低压电器能够依据操作信号或外界现场信号的要求，自动或手动地改变电路的状态、参数，实现对电路或被控对象的控制、保护、测量、指示、调节。低压电器的作用有：

1. 控制作用

如控制电梯的上下移动、快慢速自动切换与自动停层等。

2. 保护作用

能根据设备的特点,对设备、环境、以及人身实行自动保护,如电机的过热保护、电网的短路保护、漏电保护等。

3. 测量作用

利用仪表及与之相适应的电器,对设备、电网或其他非电参数进行测量,如电流、电压、功率、转速、温度、湿度等。

4. 调节作用

低压电器可对一些电量和非电量进行调整,以满足用户的要求,如柴油机油门的调整、房间温湿度的调节、照明度的自动调节等。

5. 指示作用

利用低压电器的控制、保护等功能,检测出设备运行状况与电气电路工作情况,如绝缘监测、保护指示等。

6. 转换作用

在用电设备之间转换或对低压电器、控制电路分时投入运行,以实现功能切换,如励磁装置手动与自动地转换,供电的市电与自备电的切换等。

当然,低压电器的作用远不止这些,随着科学技术的发展,新功能、新设备会不断出现。常用低压电器的主要种类及用途如表 8-1-1 所示。

表 8-1-1 常用低压电器的主要种类及用途

序号	类别	主要品种	用途
1	断路器	塑料外壳式断路器	主要用于电路的过负荷保护、短路保护、欠电压保护、漏电压保护,也可用于步频繁接通和断开的电路
		框架式断路器	
		限流式断路器	
		漏电保护式断路器	
		直流快速断路器	
2	刀开关	开关板用刀开关	主要用于电路的隔离,有时也能用来分断电路
		负荷开关	
		熔断器式刀开关	
3	转换开关	组合开关	主要用于电源切换,也可用于负荷通断或电路的切换
		换向开关	

续表

序号	类别	主要品种	用途
4	主令电器	按钮	主要用于命令发布或程序控制
		限位开关	
		微动开关	
		接近开关	
		万能转换开关	
5	接触器	交流接触器	主要用于远距离频繁控制负荷,切断带负荷电路
		直流接触器	
6	启动器	磁力启动器	主要用于电动机的启动
		Y/△启动器	
		自耦减压启动器	
7	控制器	凸轮控制器	主要用于控制电路的切换
		平面控制器	
8	继电器	电流继电器	主要用于控制电路中,将被控量转换成电路所需的电量或开关信号
		电压继电器	
		时间继电器	
		中间继电器	
		温度继电器	
		热继电器	
9	熔断器	有填料熔断器	主要用于电路的短路保护,也可用于电路的过载保护
		无填料熔断器	
		半封闭插入式熔断器	
		快速熔断器	
		自复熔断器	
10	电磁铁	制动电磁铁	主要用于起重、牵引、制动
		起重电磁铁	
		牵引电磁铁	

对低压配电电器的要求是灭弧能力强、分断能力好、热稳定性能好等。对低压控制电器,则要求其动作可靠、操作频率高、寿命长并具有一定的负载能力。

(三)低压电器结构的基本特点

低压电器在结构上种类繁多且没有固定的结构形式。从低压电器各组成部分的作用上去理解,低压电器一般有三个基本组成部分:感受部分、执行部分和灭弧机构。

1. 感受部分

用来感受外界信号并根据外界信号作特定的反应或动作。不同的电器，感受部分结构不一样，对手动电器来说，操作手柄就是感受部分；而对电磁式电器而言，感受部分一般指电磁机构。

2. 执行部分

根据感受机构的指令，对电路进行"通断"操作。对电路实行"通断"控制的工作由触点来完成，所以执行部分一般是指电器的触点。

3. 灭弧机构

触点在一定条件下断开电流时往往伴随有电弧或火花，电弧或火花对断开电流的时间和触点的使用寿命都有极大的影响，特别是电弧，必须及时熄灭。用于熄灭电弧的机构称为灭弧机构。

从某种意义上说，可以将低压电器定义为：根据外界信号的规律（有无或大小等），实现电路通断的一种"开关"。

二、接触器

接触器是一种用来自动接通或断开大电流电路的电器。它可以频繁地接通或分断交直流电路，并可实现远距离控制。其主要控制对象是电动机，也可用于电热设备、电焊机、电容器组等其他负载。它还具有低电压释放保护功能。接触器具有控制容量大，过载能力强，寿命长，设备简单经济等特点，是电力拖动中使用最广泛的电器元件。

按照所控制电路的种类，接触器可分为交流接触器和直流接触器两大类。

（一）交流接触器

1. 交流接触器的结构与工作原理

图 8-1-1 所示为交流接触器的外形与结构示意图。交流接触器由以下四部分组成：

（1）电磁机构：由线圈、动铁芯（衔铁）和静铁芯组成，其作用是将电磁能转换成机械能，产生电磁吸力带动触点动作。

（2）触点系统：包括主触点和辅助触点。主触点用于通断主电路，通常为三对常开触点。辅助触点用于控制电路，起电气联锁作用，故又称联锁触点，一般有常开、常闭各两对。

（3）灭弧装置：容量在 10 A 以上的接触器都有灭弧装置，对于小容量的接触器，常采用双断口触点灭弧、电动力灭弧、相间弧板隔弧及陶土灭弧罩灭弧。对于大容量的接触器，采用纵缝灭弧罩及栅片灭弧。

（4）其他部件：包括反作用弹簧、缓冲弹簧、触点压力弹簧、传动机构及外壳等。

电磁式接触器的工作原理如下：线圈通电后，在铁芯中产生磁通及电磁吸力。此电磁吸力克服弹簧反力使得衔铁吸合，带动触点机构动作，常闭触点打开，常开触点闭合。线圈失电或线圈两端电压显著降低时，电磁吸力小于弹簧反力，使得衔铁释放，触点机构复位。

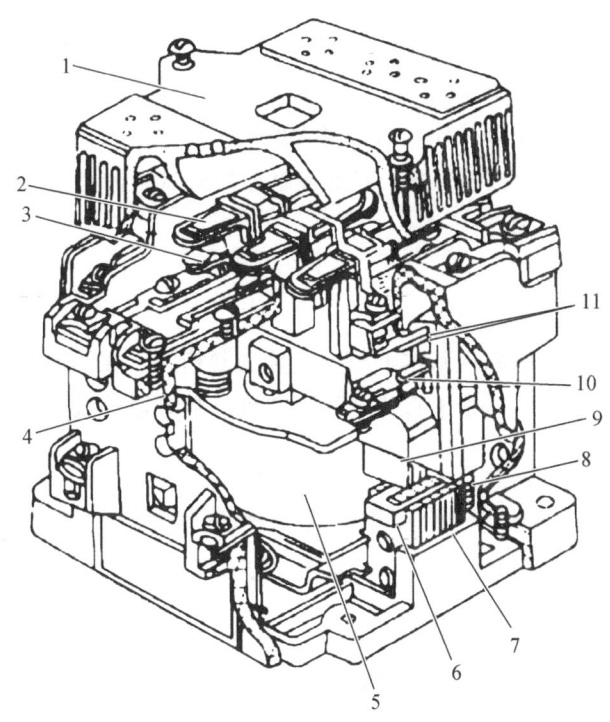

图 8-1-1　CJ10-20 型交流接触器

1—灭弧罩；2—触点压力弹簧片；3—主触点；4—反作用弹簧；5—线圈；6—短路环；
7—静铁芯；8—弹簧；9—动铁芯；10—辅助常开触点；11—辅助常闭触点

2. 交流接触器的基本参数

（1）额定电压：指主触点额定工作电压，应大于等于负载的额定电压。一只接触器常规定几个额定电压，同时列出相应的额定电流或控制功率。通常，最大工作电压即为额定电压。常用的额定电压值为 220 V、380 V、660 V 等。

（2）额定电流：指接触器触点在额定工作条件下的电流值。常用额定电流等级为 5 A、10 A、20 A、40 A、60 A、100 A、150 A、250 A、400 A、600 A 等。

（3）通断能力：可分为最大接通电流和最大分断电流。最大接通电流是指触点闭合时不会造成触点熔焊时的最大电流值；最大分断电流是指触点断开时能可靠灭弧的最大电流。一般通断能力是额定电流的 5~10 倍。当然，这一数值与开断电路的电压等级有关，电压越高，通断能力越小。

（4）动作值：可分为吸合电压和释放电压。吸合电压是指接触器吸合前，缓慢增加吸合线圈两端的电压，接触器可以吸合时的最小电压。释放电压是指接触器吸合后，缓慢降低吸合线圈的电压，接触器释放时的最大电压。一般吸合电压不低于线圈额定电压的 85%，释放电压不高于线圈额定电压的 70%。

（5）吸引线圈额定电压：指接触器正常工作时，吸引线圈上所加的电压值。一般该电压数值以及线圈的匝数、线径等数据均标于线包上，而不是标于接触器外壳铭牌上，使用时应加以注意。

（6）操作频率：接触器在吸合瞬间，吸引线圈需消耗比额定电流大 5~7 倍的电流，如果操作频率过高，则会使线圈严重发热，直接影响接触器的正常使用。为此，规定接触器的允许操作频率，一般为每小时允许操作次数的最大值。

（7）寿命：包括电寿命和机械寿命。目前接触器的机械寿命已达 1×10^3 万次以上，电气寿命约是机械寿命的 5%~20%。

（二）直流接触器

直流接触器的结构和工作原理基本上与交流接触器相同。在结构上也是由电磁机构、触点系统和灭弧装置等部分组成。由于直流电弧比交流电弧难以熄灭，直流接触器常采用磁吹式灭弧装置灭弧。

1. 接触器的符号

接触器的图形符号如图 8-1-2 所示，文字符号为 KM。

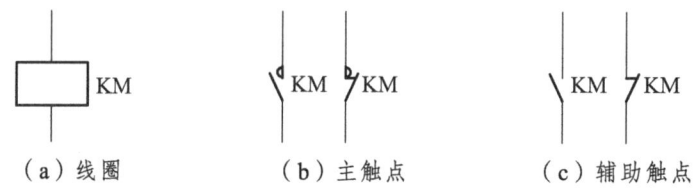

图 8-1-2　接触器的图形符号

2. 接触器的型号说明

我国生产的交流接触器常用的有 CJ10、CJ12、CJX1、CJ20 等系列及其派生系列产品，CJ0 系列及其改型产品已逐步被 CJ20、CJX 系列产品取代。上述系列产品一般具有三对常开主触点，常开、常闭辅助触点各两对。直流接触器常用的有 CZ0 系列，分单极和双极两大类，常开、常闭辅助触点各不超过两对。如图 8-1-3 所示为接触器型号说明。

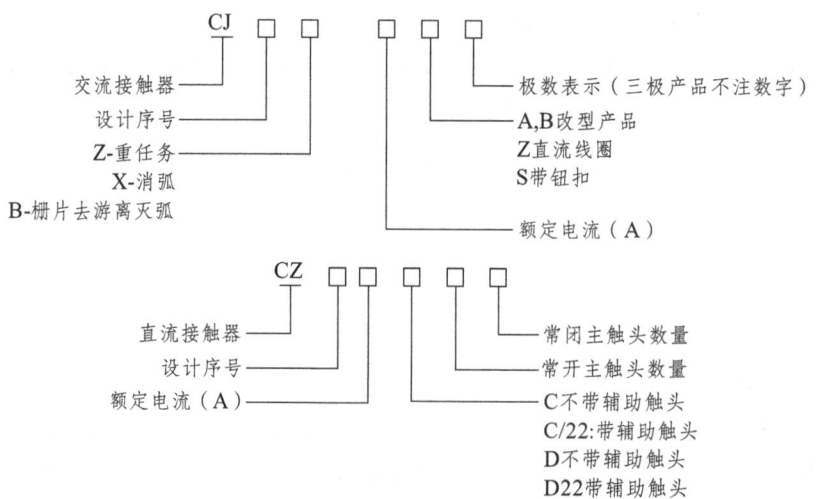

图 8-1-3　接触器型号说明

（三）接触器的选用

交流接触器应根据负荷的类型和工作参数合理选用。具体分为以下几步：

1. 选择接触器的类型

交流接触器按负荷种类一般分为一类、二类、三类和四类，分别记为 AC1、AC2、AC3 和 AC4。一类交流接触器对应的控制对象是无感或微感负荷，如白炽灯、电阻炉等；二类交流接触器用于绕线转子感应电动机的启动和停止；三类交流接触器的典型用途是笼型感应电动机的运转和运行中分断；四类交流接触器用于笼型感应电动机的启动、反接制动、反转和点动。

2. 选择接触器的额定参数

根据被控对象和工作参数，如电压、电流、功率、频率及工作制等确定接触器的额定参数。

（1）接触器的线圈电压，一般应低一些为好，这样对接触器的绝缘要求可以降低，使用时也较安全。但为了方便和减少设备，常按实际电网电压选取。

（2）电动机的操作频率不高，如压缩机、水泵、风机、空调、冲床等，接触器额定电流大于负荷额定电流即可。接触器类型可选用 CJ10、CJ20 等。

（3）对重任务型电动机，如机床主电动机、升降设备、绞盘、破碎机等，其平均操作频率超过 100 次/min，运行于启动、点动、正反向制动、反接制动等状态，可选用 CJ10Z、CJ12 型的接触器。为了保证电寿命，可使接触器降容使用。选用时，接触器额定电流大于电动机额定电流。

（4）对特重任务电动机，如印刷机、镗床等，操作频率很高，可达 600~12 000 次/h，经常运行于启动、反接制动、反向等状态，接触器大致可按电寿命及启动电流选用，接触器型号可选 CJ10Z、CJ12 等。

（5）交流回路中的电容器投入电网或从电网中切除时，接触器选择应考虑电容器的合闸冲击电流。一般地，接触器的额定电流可按电容器的额定电流的 1.5 倍选取，型号可选 CJ10、CJ20 等。

（6）用接触器对变压器进行控制时，应考虑浪涌电流的大小。例如交流电弧焊机、电阻焊机等，一般可按变压器额定电流的 2 倍选取接触器，型号可选 CJ10、CJ20 等。

（7）对于电热设备，如电阻炉、电热器等，负荷的冷态电阻较小，因此启动电流相应要大一些。选用接触器时可不用考虑启动电流，直接按负荷额定电流选取。型号可选用 CJ10、CJ20 等。

（8）由于气体放电灯启动电流大、启动时间长，对于照明设备的控制，可按额定电流 1.1~1.4 倍选取交流接触器，型号可选 CJ10、CJ20 等。

（9）接触器额定电流是指接触器在长期工作下的最大允许电流。持续时间≤8 h，且安装于敞开的控制板上，如果冷却条件较差，选用接触器时，接触器的额定电流按负荷额定电流的 110%~120%选取。对于长时间工作的电动机，由于接触器触点的氧化膜没有机会得到清除，使接触电阻增大，导致触点发热超过允许温升，实际选用时，可将接触器的额定电流减小 30%使用。

三、继电器

继电器是根据某种输入信号的变化,接通或断开控制电路,实现自动控制和保护电力装置的自动电器。

继电器的种类很多,按输入信号的性质分为电压继电器、电流继电器、时间继电器、温度继电器、速度继电器、压力继电器等。

按工作原理可分为电磁式继电器、感应式继电器、电动式继电器、热继电器和电子式继电器等。

按输出形式可分为有触点和无触点两类。

按用途可分为控制用和保护用继电器等。

(一) 电磁式继电器

1. 电磁式继电器的结构和工作原理

电磁式继电器是应用得最早、最多的一种型式。其结构及工作原理与接触器大体相同,由电磁系统、触点系统和释放弹簧等组成。电磁式继电器原理如图 8-1-4 所示。由于继电器用于控制电路,流过触点的电流比较小(一般 5 A 以下),故不需要灭弧装置。

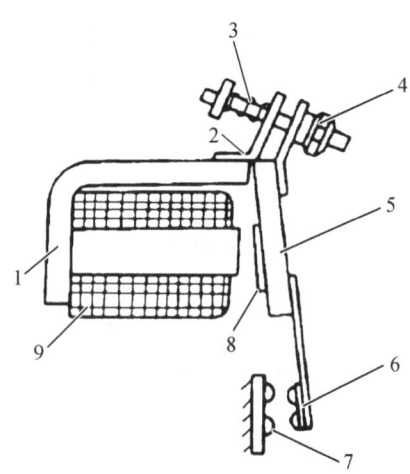

图 8-1-4 电磁式继电器原理

1—铁芯;2—旋转棱角;3—释放弹簧;4—调节螺母;5—衔铁;6—动触点;
7—静触点;8—非磁性垫片;9—线圈

常用的电磁式继电器有电压继电器、中间继电器和电流继电器。电磁式继电器的图形、文字符号如图 8-1-5 所示。

图 8-1-5 电磁式继电器的图形、文字符号

2．电压继电器

电压继电器用于电力拖动系统的电压保护和控制。其线圈并连接入主电路，感测主电路的线路电压；触点接于控制电路，为执行元件。

电压继电器可分为过电压继电器、欠电压继电器、零电压继电器和中间继电器。

3．电流继电器

电流继电器用于电力拖动系统的电流保护和控制。其线圈串联接入主电路，用来感测主电路的线路电流；触点接于控制电路，为执行元件。电流继电器反映的是电流信号。常用的电流继电器有欠电流继电器和过电流继电器两种。

（二）磁电式继电器

1．磁电式继电器的结构与原理

磁电式继电器结构原理图如图 8-1-6 所示，它的结构原理与磁电式电表基本相同，所不同的只是在原指针式小杆 1 上多加了一对触点 2。触点通常用白金或镍合金制成，接触压力很小，仅 3～15 mN。小杆是固定在可动线圈 3 上的。因为永久磁铁在动圈之外，故此类继电器也称外磁式；反之，若将永久磁铁放在动圈之内，则称为其内磁式。

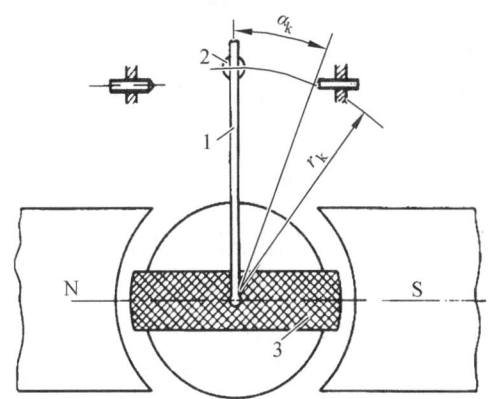

图 8-1-6　磁电式继电器结构原理图

1—指针式小杆；2—触点；3—活动线圈

当动圈通入电流后，在永久磁铁的作用下，动圈将旋转。电流到达某值，动圈旋转角为 α_k 时，静动触点闭合，从而接通被控制的电路。当动圈中电流减小至某定值时，动圈在游丝弹簧的作用下返回，触点断开。电流减至零时，动圈恢复原位。当通入反向电流时，动圈反转，另一对静动触点接通。

2．磁电式继电器的性能特点

（1）因为触点接触压力很小，所需的控制功率很小（仅 0.1～2 W），因而灵敏度高，几乎可与电子式继电器相比拟。其返回系数也高，最高可达 0.99。

（2）能反应输入信号的极性，即能反应电流方向，故能作为极化继电器使用，但比极化继电器更灵敏。

（3）具有足够的稳定性，但可动部分不能承受冲击负载。

（三）舌簧继电器

舌簧继电器包括干簧继电器、水银湿式舌簧继电器、铁氧体剩磁式舌簧继电器，但通常舌簧继电器就是指干簧继电器，这里就以它为例进行介绍。

干簧继电器的触点是密封的，舌簧片由铁镍合金（坡莫合金）做成，舌片的接触部分通常镀以贵金属如金、铑、钯等，接触良好，具有良好的导电性能。触点密封在充有惰性气体的玻璃管中与外界的气体隔绝，因而有效地防止了尘埃的污染，减小了触点的电腐蚀，提高了工作可靠性，其结构原理如图 8-1-7 所示。

当线圈通电后，管中两舌簧片的自由端分别被磁化成 N 极与 S 极而相互吸引，因而接通了被控制的电路。线圈断电后，舌簧片在本身的弹力作用下分开并复位，控制电路亦被切断。

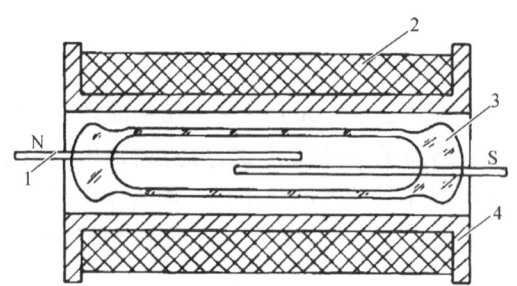

图 8-1-7 舌（干）簧继电器结构原理图

1—舌簧片；2—线圈；3—玻璃管；4—骨架

四、刀开关、组合开关与低压断路器

开关是最普通、使用最早的电器，其作用是分合电路、开断电流。常用的有刀开关、隔离开关、负荷开关、转换开关（组合开关）、低压断路器等。

开关有有载运行操作、无载运行操作、选择性运行操作之分；又有正面操作、侧面操作、背面操作几种；还有不带灭弧装置和带灭弧装置之分。开关常采用弹簧片以保证接触良好。

刀口接触有面接触和线接触两种，线接触形式，刀片容易插入，接触电阻小，制造方便。

（一）低压刀开关

常用的 HD 系列和 HS 系列刀开关的外形如图 8-1-8 所示。刀开关的图形和文字符号如图 8-1-9 所示。

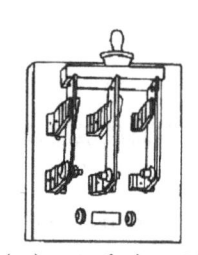 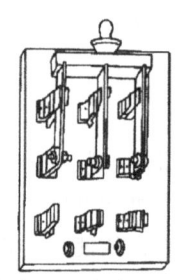 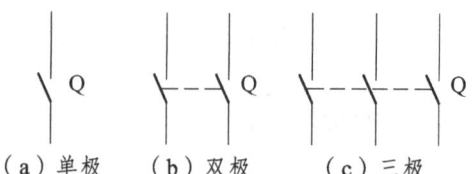

（a）HD 系列刀开关　（b）HS 系列刀开关　　　（a）单极　（b）双极　（c）三极

图 8-1-8　HD 系列、HS 系列刀开关外形图　　图 8-1-9　刀开关的图形、文字符号

刀开关是手动电器中结构最简单的一种，主要用作隔离电源，也可用来非频繁地接通和分断容量较小的低压配电线路。接线时应将电源线接在上端，负载接在下端，这样拉闸后刀片与电源隔离，可防止意外事故发生。如图8-1-10所示为普通刀开关及其在电路中的符号。

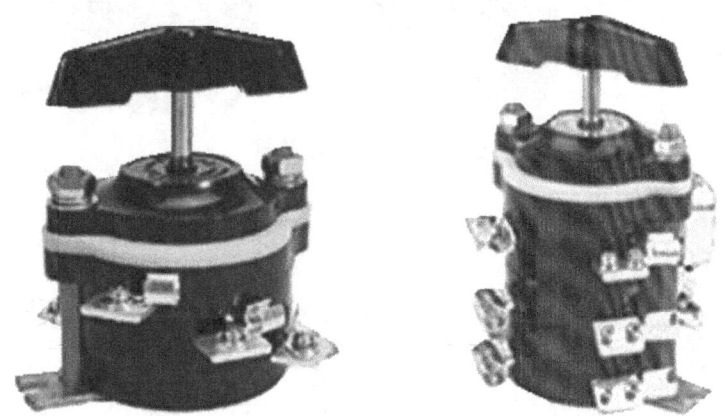

图 8-1-10　普通刀开关及其在电路中的符号

（二）组合开关

组合开关由多层动触点和静触点组成，主要用于机床设备的电源引入开关，也可用来通断5 kW以下电机电路或小电流电路。如图8-1-11所示为用组合开关起停电动机的接线图。

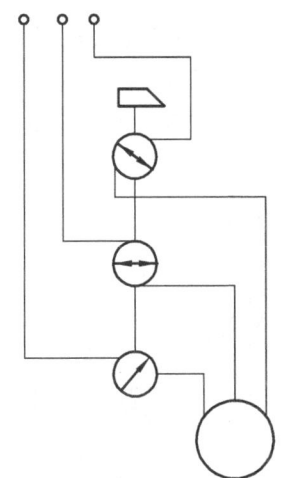

图 8-1-11　用组合开关起停电动机的接线图

（三）低压断路器

低压断路器也称为自动空气开关，可用来接通和分断负载电路，也可用来控制不频繁启动的电动机，如图8-1-12所示。它功能相当于闸刀开关、过电流继电器、失压继电器、热继电器及漏电保护器等电器部分或全部的功能总和，是低压配电网中一种重要的保护电器。如图8-1-13所示为自动空气断路器原理图。

207

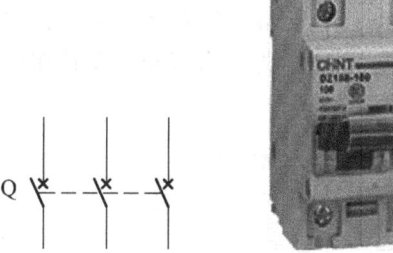
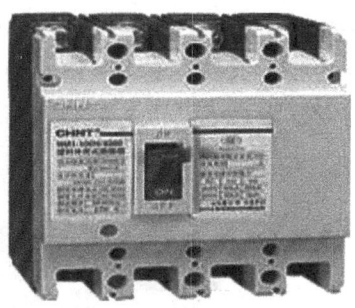

图 8-1-12 低压断路器

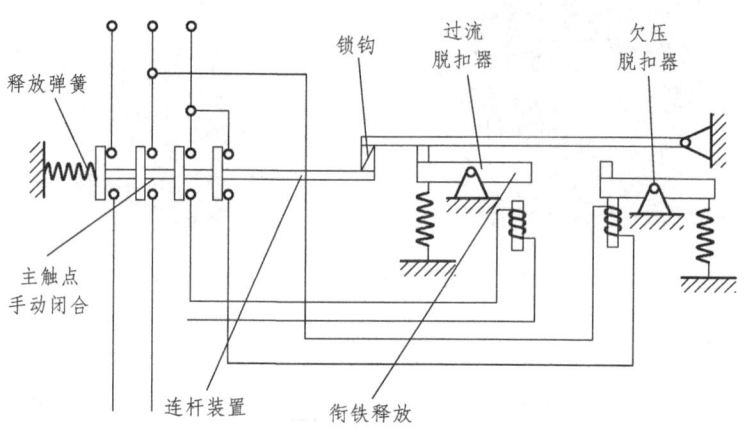

图 8-1-13 自动空气断路器原理图

低压断路器具有多种保护功能（过载、短路、欠电压保护等）、动作值可调、分断能力高、操作方便、安全等优点，所以目前其被广泛应用。

低压断路器由操作机构、触点、保护装置（各种脱扣器）、灭弧系统等组成。低压断路器工作原理如图 8-1-14 所示。

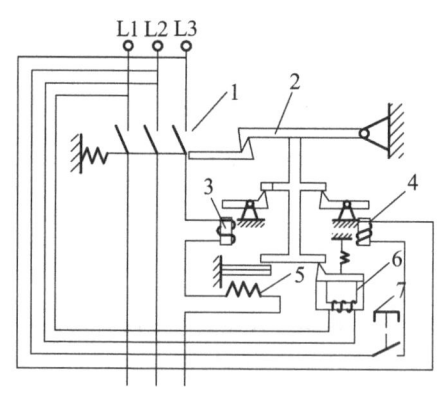

图 8-1-14 低压断路器工作示意图

1—主触点；2—自由脱扣机构；3—过电流脱扣器；4—分励脱扣器；
5—热脱扣器；6—欠电压脱扣器；7—停止按钮

低压断路器的主触点是靠手动操作或电动合闸的。主触点闭合后，自由脱扣机构将主触点锁在合闸位置上。过电流脱扣器的线圈和热脱扣器的热元件与主电路串联，欠电压脱扣器的线圈和电源并联。当电路发生短路或严重过载时，过电流脱扣器的衔铁吸合，使自由脱扣机构动作，主触点断开主电路。当电路过载时，热脱扣器的热元件发热使双金属片上弯曲，推动自由脱扣机构动作。当电路欠电压时，欠电压脱扣器的衔铁释放，使自由脱扣机构动作。分励脱扣器则作为远距离控制用，在正常工作时，其线圈是断电的，在需要远距离控制时，按下停止按钮，使线圈通电，衔铁带动自由脱扣机构动作，使主触点断开。

五、熔断器

熔断器俗称保险器，是电网和用电设备的安全保护电器之一。低压熔断器广泛用于低压供配电系统和控制系统中，主要用作短路保护，有时也可用于过负荷保护。

熔断器的种类很多，按其结构可分为半封闭插入式熔断器、螺旋式熔断器、无填料封闭管式熔断器、有填料管式快速熔断器、半导体保护用熔断器及自复式熔断器等。

（一）插入式熔断器

如图 8-1-15 所示，它常用于 380 V 及以下电压等级的线路末端，作为配电支线或电气设备的短路保护。

（二）螺旋式熔断器

如图 8-1-16 所示，熔体上的上端盖有一熔断指示器，一旦熔体熔断，指示器马上弹出，可透过瓷帽上的玻璃孔观察到，它常用于机床电气控制设备中。螺旋式熔断器分断电流较大，可用于电压等级 500 V 及其以下、电流等级 200 A 以下的电路中，作为短路保护。

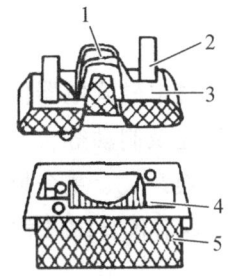

图 8-1-15　插入式熔断器

1—熔体；2—动触点；3—瓷插件；4—静触点；5—瓷座

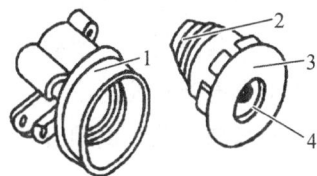

图 8-1-16　螺旋式熔断器

1—底座；2—熔体；3—瓷帽；4—熔断指示器

（三）封闭式熔断器

封闭式熔断器分有填料熔断器和无填料熔断器两种，分别如图 8-1-17 和图 8-1-18 所示。有填料熔断器一般用方形瓷管，内装石英砂及熔体，分断能力强，用于电压等级 500 V 以下、电流等级 1 kA 以下的电路中。无填料密闭式熔断器将熔体装入密闭式圆筒中，分断能力稍小，用于 500 V 以下、600 A 以下电力网或配电设备中。

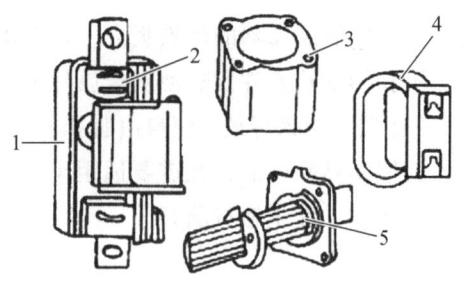
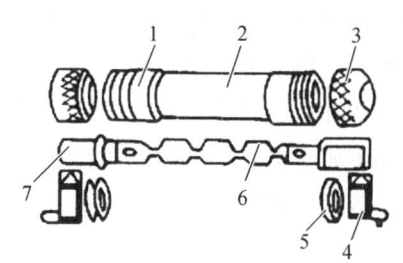

图 8-1-17　有填料封闭管式熔断器　　图 8-1-18　无填料密闭管式熔断器

1—铜圈；2—熔断管；3—管帽；4—插接件；
5—特殊垫圈；6—熔体；7—熔片

（四）快速熔断器

它主要用于半导体整流元件或整流装置的短路保护。由于半导体元件的过载能力很低。其只能在极短时间内承受较大的过载电流，因此要求短路保护具有快速熔断的能力。快速熔断器的结构和有填料封闭式熔断器基本相同，但熔体材料和形状不同，它是以银片冲制的有 V 形深槽的变截面熔体。

（五）自复熔断器

采用金属钠作熔体，在常温下具有高电导率。当电路发生短路故障时，短路电流产生高温使钠迅速汽化，气态钠呈现高阻态，从而限制了短路电流。当短路电流消失后，温度下降，金属钠恢复原来的良好导电性能。自复熔断器只能限制短路电流，不能真正分断电路。其优点是不必更换熔体，能重复使用。

六、主令电器

控制系统中，主令电器是一种专门发布命令、直接或间接通过电磁式电器作用于控制电路的电器。常用其控制电力拖动系统中电动机的启动、停车、调速及制动等。

常用的主令电器有控制按钮、行程开关、接近开关、万能转换开关、主令控制器及其他主令电器（如脚踏开关、倒顺开关、紧急开关、钮子开关等）。本节仅介绍几种常用的主令电器。

（一）控制按钮

控制按钮是一种结构简单、使用广泛的手动主令电器，它可以与接触器或继电器配合，对电动机实现远距离的自动控制。

如图 8-1-19 所示，控制按钮由按钮帽、复位弹簧、桥式触点和外壳等组成，通常做成复合式，即具有常闭触点和常开触点。按下按钮时，先断开常闭触点，后接通常开触点；按钮释放后，在复位弹簧的作用下，按钮触点自动复位的先后顺序相反。通常，在无特殊说明的情况下，有触点电器的触点动作顺序均为"先断后合"。

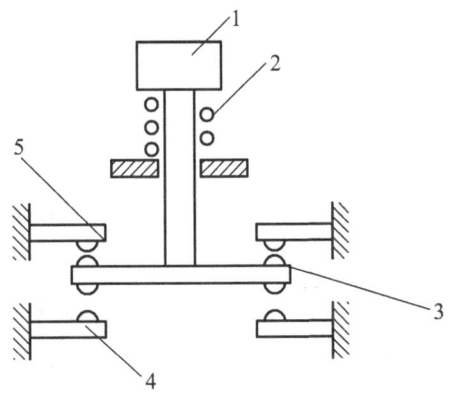

图 8-1-19 按钮的结构示意图

1—按钮帽；2—复位弹簧；3—动触点；4—常开静触点；5—常闭静触点

在电器控制线路中，常开按钮常用来启动电动机，也称启动按钮；常闭按钮常用于控制电动机停车，也称停车按钮；复合按钮用于联锁控制电路中。

（二）行程开关

行程开关又称限位开关，用于控制机械设备的行程及限位保护。在实际生产中，将行程开关安装在预先安排的位置。当装于生产机械运动部件上的挡块撞击行程开关时，行程开关的触点动作，实现电路的切换。因此，行程开关是一种根据运动部件的行程位置而切换电路的电器，它的作用原理与按钮类似。行程开关广泛用于各类机床和起重机械，用以控制其行程、进行终端限位保护。在电梯的控制电路中，还利用行程开关来控制开关轿门的速度、自动开关门的限位及轿厢的上、下限位保护。

行程开关按其结构可分为直动式、滚轮式、微动式和组合式。

1. 直动式行程开关

其结构原理如图 8-1-20 所示，其动作原理与按钮开关相同，但其触点的分合速度取决于生产机械的运行速度，不宜用于速度低于 0.4 m/min 的场所。

2. 滚轮式行程开关

其结构原理如图 8-1-21 所示，当被控机械上的挡块撞击带有滚轮的撞杆时，撞杆转向右边，带动凸轮转动，顶下推杆，使微动开关中的触点迅速动作。当运动机械返回时，在复位弹簧的作用下，各部分动作部件复位。

滚轮式行程开关又分为单滚轮自动复位和双滚轮（羊角式）非自动复位式，双滚轮行移开关具有两个稳态位置，有"记忆"作用，在某些情况下可以简化线路。

3. 微动开关式行程开关

其结构如图 8-1-22 所示。

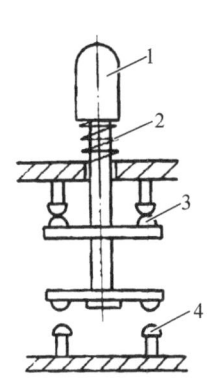
图 8-1-20 直动式行程开关
1—推杆；2—弹簧；3—常闭触点；4—常开触点

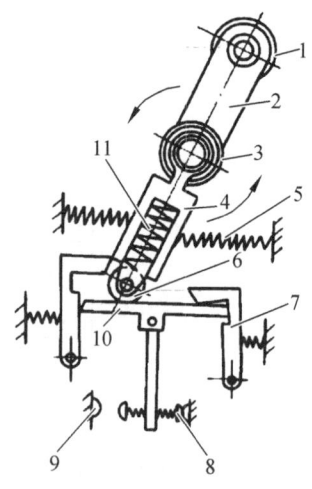
图 8-1-21 滚轮式行程开关
1—滚轮；2—上转臂；3、5、11—弹簧；4—套架；
6—滑轮；7—压；8、9—触点；10—横板

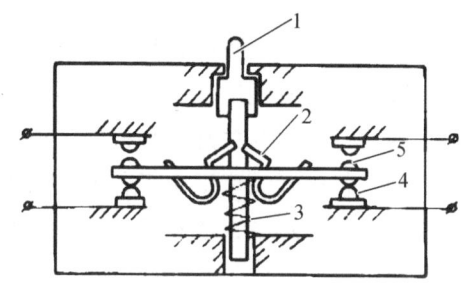
图 8-1-22 微动式行程开关
1—推杆；2—弹簧；3—压缩弹簧；4—动断触点；5—动合触点

（三）接近开关

接近式位置开关是一种非接触式的位置开关，简称接近开关。它由感应头、高频振荡器、放大器和外壳组成。当运动部件与接近开关的感应头接近时，就使其输出一个电信号。

接近开关分为电感式和电容式两种。

（四）红外线光电开关

红外线光电开关分为反射式和对射式两种。

反射式光电开关是利用物体对光电开关发射出的红外线反射回去，由光电开关接收，从而判断是否有物体存在。如有物体存在，光电开关接收到红外线，其触点动作，否则其触点复位。

对射式光电开关是由分离的发射器和接收器组成。当无遮挡物时，接收器接收到发射器发出的红外线，其触点动作；当有物体挡住时，接收器便接收不到红外线，其触点复位。

（五）万能转换开关

万能转换开关是一种多档式、控制多回路的主令电器。万能转换开关主要用于各种控制线路的转换、电压表、电流表的换相测量控制、配电装置线路的转换和遥控等。万能转换开关还可以用于直接控制小容量电动机的启动、调速和换向。

如图 8-1-23 所示为万能转换开关单层的结构示意图。万能转换开关的手柄操作位置是以角度表示的。不同型号的万能转换开关的手柄有不同的触点。

（六）主令控制器

主令控制器是一种频繁对电路进行接通和切断的电器。通过操作它，可以对控制电路发布命令，与其他电路联锁或切换。其常配合磁力启动器对绕线转子感应电动机的启动、制动、调速及换向实行远距离控制，广泛用于各类起重机械的拖动电动机的控制系统中。

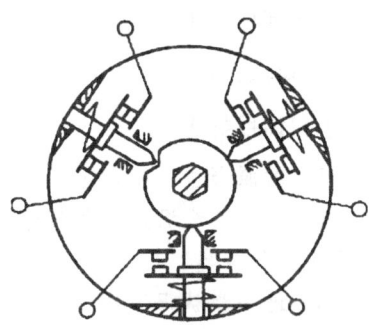

图 8-1-23　万能转换开关单层的结构示意图

主令控制器一般由外壳、触点、凸轮、转轴等组成，与万能转换开关相比，它的触点容量较大，操纵档位也较多。主令控制器的动作过程与万能转换开关相类似，也是由一块可转动的凸轮带动触点动作。

从结构上讲，主令控制器分为两类：一类是凸轮可调式主令控制器；另一类是凸轮固定式主令控制器。如图 8-1-24 所示为凸轮可调式主令控制器。

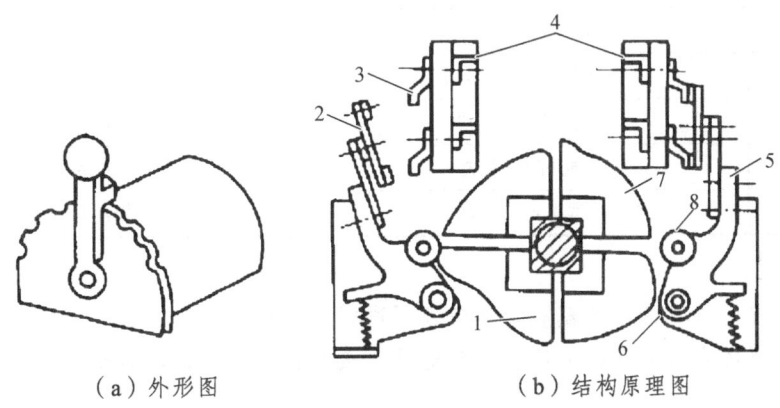

（a）外形图　　　　　（b）结构原理图

图 8-1-24　凸轮可调式主令控制器

1—凸轮块；2—动触点；3—静触点；4—接线端子；5—支杆；6—转动轴；7—凸轮块；8—小轮

【巩固练习】

1．什么是高压电器？什么是低压电器？电器元件按用途可分为哪几类？
2．电磁式电器由哪几部分组成？
3．试述交流电磁机构上短路环的作用。
4．用热继电器对三相电路实施过电流保护，试画出电路图。

5．既然在电动机的主电路中装有熔断器，为什么还要装热继电器？装热继电器是否可以不装熔断器？为什么？

操作实训

【实训任务】

认知低压电器。

【实训目标】

1．对照书本，对所学的各种低压电器的外形、结构有进一步的认识。

2．进一步认识并区别各种控制电器、保护电器、配电电器、执行电器的特点以及主令电器的作用与种类。

3．进一步认识不同型号、不同结构的接触器，并比较其特点。

4．对通电延时及断电延时型的空气阻尼式时间继电器结构上的区别有进一步的认识。

5．对书本尚未介绍的元器件（如电流互感器等）有初步了解。

【实训工具】

（1）仪表：交流电压表、交流电流表、万用表、500 V兆欧表、直流双臂电桥。

（2）器材：220 V/18 V/1 A电源变压器、0～250 V交流调压器、100 Ω/20 W滑线电阻器。

（3）工具：常用电工工具一套。

表8-1-1

序　号	名　称	主要用途
1	元器件展示板5块	供学生认识实训
2	低压配电屏5块	供学生认识实训
3	电控柜12块	供学生做实验
4	电控板8块	供学生做实验
5	试验台25块	供学生做实验

【任务实施】

1．对实验室内所有低压电器在老师带领下进行参观认识。

2．按书本所讲内容对开关电器、主令电器、接触器、继电器、熔断器等进行分类观看，并登记型号。

3．对几种不同型号、不同外形结构的接触器进行仔细观察，找出其异同之处。

【注意事项】

1．严禁打开动力电源箱进行合闸操作。

2．轻拿轻放各种元器件以免将其损坏。

【实验报告要求】

1．写出配电电器、控制电器、主令电器、保护电器各五种名称及其常用型号，并绘制图形符号，标注文字符号于表8-1-2至表8-1-4中。

表 8-1-2 配电电器名称与符号

名称	图形符号	文字符号	常用型号
刀开关	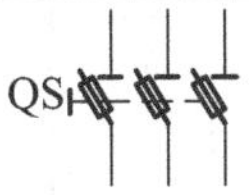	QS	HR 型熔断器式刀开关
断路器	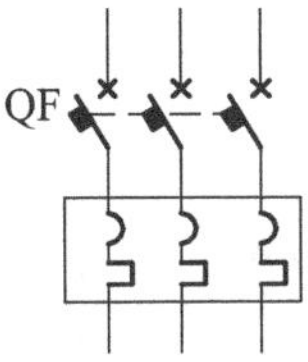	QF	DZ20 系列断路器
熔断器		FU	RT12、RT14、RT15、RS3
热继电器	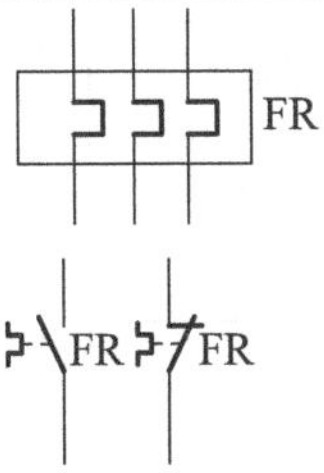	FR	JRS1、JIRS4 JR0、JR10 JRS28
互感器	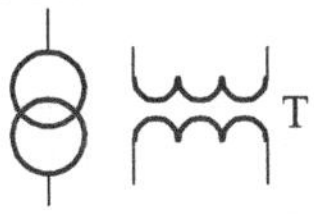	T	AKH-0.66-I AKH-0.66-II JDZX-10Q

表 8-1-3 主令电器名称与符号

名称	图形符号	文字符号	常用型号
按钮	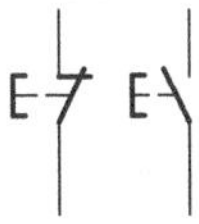	SB	BB-16，BB-15 BB-16，BB-26
刀开关	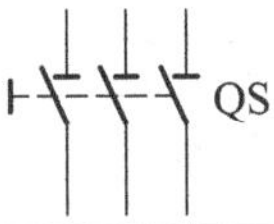	QS	HR 型熔断器式刀开关
行程开关		SQ	LX10-31/32
接近开关	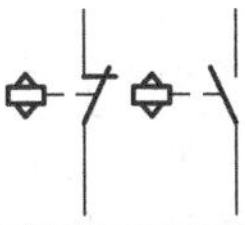	SQ	E2E-C1C1 2M E2E-CR8C1 2M
转换开关	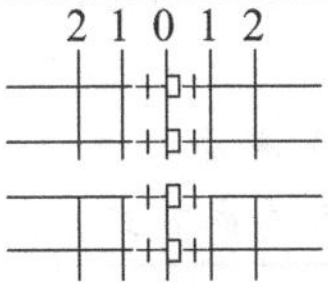	SA	LW5 系列万能转换开关

表 8-1-4　保护电器名称与符号

名称	图形符号	文字符号	常用型号
熔断器		FU	RT12 RT14 RT15 RS3
断路器		QF	DZ20 系列断路器
热继电器		FR	JRS1　　JIRS4 JR0　　JR10 JRS28
电流继电器		FA	DL-20 DL-21
电压继电器		FV	DY-21C DY-22C

2．写出五种及以上智能型电器元件的名称和型号，并说明用途（可上网查阅）。

表 8-1-5

名称	型号	用途
数显智能单相电压/电流表	ABS194I-9K1	用于电力电网、自动化系统中对电流、电压的电参数测量和显示，通过面板设置倍率，直观显示系统一次侧运行点参数
智能化漏电继电器	JLM（Z）型	适用于额定电压 380/220 V，中性点直接接地的低电压网和用电设备作间接保护
智能化断路器	HTS2Z 塑料外壳式	HTS2Z 塑料外壳式智能化断路器具有三段保护功能，自供电，具有"预报警指示"
智能传感器	WB 系列传感器	信息存储和传输；自补偿和计算功能；自检、自校、自诊断功能；复合敏感功能；智能传感器的集成化
智能剩余电流监控器	WB9081	对交流漏电流信号进行实时采集和计算，并以 RS485 总线方式输出数据

任务二　常见的控制电路

【学习目标】
1. 熟练掌握电力机车电气线路的通用符号及各种联锁方法。
2. 会分析电力机车的控制电路原理。
3. 能熟读电力机车控制电路图，能处理控制电路常见故障。
4. 学会简单的电动机控制电路的设计。

【知识要点】
1. 电力机车对控制电路的要求。
2. 电力机车的控制方法及其特点。
3. 联锁方法与重联电路。
4. 电力机车控制线路的七大组成部分。

【理论知识】

控制电路是由司机控制器、低压电器、主电路与辅助电路中的各电器电磁线圈及各电器的联锁等组成的电路。由于主电路和辅助电路中各电器的动作均要由控制电路控制，因而对控制电路也提出了相应的要求，目的是保证行车的安全，便于操纵、运用、维修、尽量减少电器设备，以达到最佳的经济指标。

以下除介绍各型机车对控制电路的要求、电力机车的控制方法及特点外，重点介绍电力机车电气线路通用符号、各种联锁方法及其特点。

一、概　述

电力机车控制电路是机车三大电路中最为复杂的电路，属于低压直流小功率电路。它由司机控制器、低压电器、主电路与辅助电路中的各电器电磁线圈及各电器的联锁等组成。控制电路可以控制主电路和辅助电路中各电器的动作，并通过司机控制台上各按键开关和司机控制器手柄位置操纵，使机车按照司机的意图运行。

（一）对控制电路的要求

由于主电路和辅助电路中各电器动作要求均由控制电路控制，因此控制电路应满足下列要求：
（1）能改变机车的运行状态，如运行方向的改变、牵引与制动的转换。
（2）能对牵引力、制动力、速度进行调节。
（3）有控制各辅助机组启动及运行的电路，有控制其他辅助设备的电路。
（4）有保证主电路、辅助电路工作的控制电路，如避免重合闸，避免由于误操作所引起的不良影响等。

(5）能保证各电器按一定的次序动作，动作结果与司机发出的指令一致，在动作过程中对于没有灭弧装置的电器则不应产生电弧。

（6）设有照明电路和信号电路。

（7）设有故障电路，在机车发生某一故障又不能及时处理时，组成故障电路或切除故障部分，使机车维持运行。

（8）当机车重联运行时，若一台机车故障，要求不影响另一台机车运行。

（9）在保护电器动作引起主断路器跳闸后，应有零位联锁，即要重新合闸，机车各电器须处于启动前状态，各按键开关须先关闭。

（10）要求电气制动与机械制动之间有一定的安全联锁。

（11）要求控制电路在满足要求的前提下应尽量简单，操纵部分简单易记，便于操纵。

总之，控制系统要保证行车的安全，利于操纵、运用、维修，尽量节省电气设备，以达到最佳的经济指标。

正因为控制电路是机车电路最复杂的部分，就机车运行中出现的故障而言，控制电路中故障也较多。因此，熟练地掌握控制电路原理，就能在平时对机车进行全面保养，在发生故障时能迅速准确地对其进行分析与处理，对确保行车安全是非常重要的。

（二）电力机车的控制方法及其特点

电力机车的控制方法视机车的类别不同而选用。对于电压不高，功率不大的直流电力机车，可采用直接控制的方法，即用手动的方法直接控制机车主电路而使机车运行，这种机车其控制电路就包括在主电路之中。这种方法使机车电路简单，故障率低，但只能适用于一些城市电车及工矿用小功率电力机车。

对于高电压大电流的大功率机车，直接控制显然是不能满足要求的，而且具有极大的危险性，所以必须选用间接控制的方法。所谓间接控制是指通过司机控制器及各按键开关来控制一些低压电器，再通过这些低压电器去控制高压部分。这种方法使弱电控制强电，还使操纵部分轻巧灵便，而且使操作者与高压部分很好地隔离。

采用间接控制的方法有利于机车向自动化方向发展。随着科学技术的发展，电力机车也得到不断发展，电力机车的自动化水平越来越高，自动控制环节（系统）越来越完善。电力电子技术的发展及新型电器、仪表的出现，为机车的自动控制提供了广阔的基础，使机车向全自动化方向发展成为可能，同时也使机车的控制系统日趋复杂，这必然对控制系统提出了更高的要求。

二、三相异步电动机的正、反转控制电路

（一）直接启动控制电路

1. 直接启动控制电路

图 8-2-1 中：

QS：为闸刀开关，在电路中起隔离开关作用；

FU：为熔断器，起短路保护作用；
FR：为热继电器，起过载保护作用；
M：为三相交流异步电动机，是直接启动控制电路的控制对象；
SB_{stP}：为动断按钮，也称停止按钮；
SB_{st}：为动合按钮，也称启动按钮；
KM：为接触器，其主触点控制电动机的启动和停止。

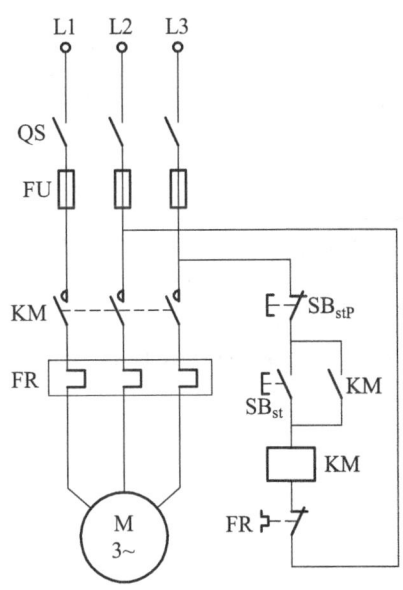

图 8-2-1　直接启动控制电路

2. 直接启动过程

控制过程也可以用符号来表示：各种电器在没有外力作用或未通电的状态记作"－"；电器在受到外力作用或通电的状态记作"＋"；并将它们相互关系用线段"——"表示，线段的左面符号表示原因，线段的右面符号表示结果；自锁状态用在接触器符号右下角写"自"表示。$SB_{st}^{\pm}$ 和 $SB_{stP}^{\pm}$ 表示先按下，后松开。

启动过程：$SB_{st}^{\pm}$ —— $KM_{自}^{+}$ —— M^{+}

停止过程：$SB_{stP}^{\pm}$ —— KM^{-} —— M^{-}

（二）正、反转控制电路

1. 反转控制电路

图 8-2-2 中：

QF：为空气断路器，隔离开关兼做短路保护；
KM_F：为正转接触器，主触点闭合时，电动机正转；
KM_R：为反转接触器，主触点闭合时，电动机反转。

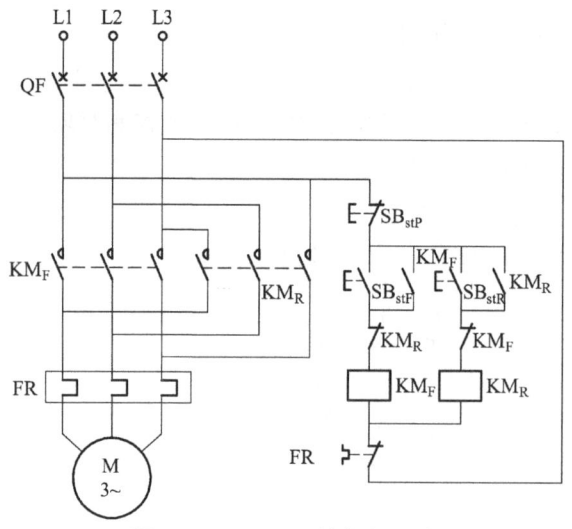

图 8-2-2　正、反转控制电路

2. 互锁（联锁）

在正转和反转接触器线圈 KM_F 和线圈 KM_R 支路中，串入对方的动断触点。利用接触器动断触点的互锁也称为电气互锁。

3. 正、反转控制过程

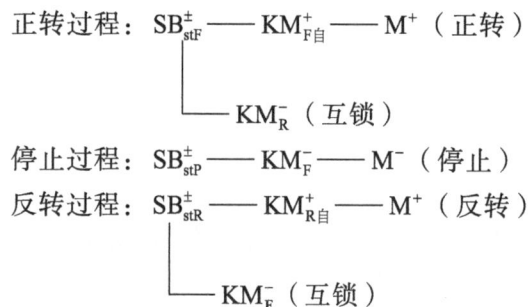

4. 正、反转直接过渡

如图 8-2-3 所示（复合按钮，机械互锁）为机械互锁正、反转电路。

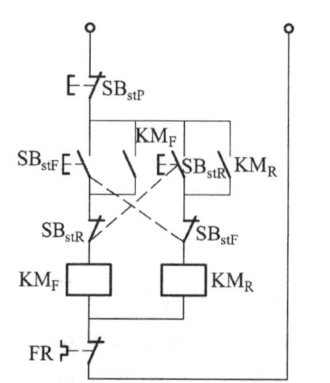

图 8-2-3　机械互锁正、反转电路

正、反转控制过程如下：

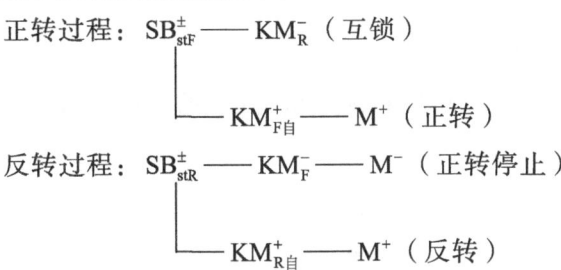

5. 双重互锁

如图 8-2-4 所示，双重互锁电动机正、反转控制过程如下。

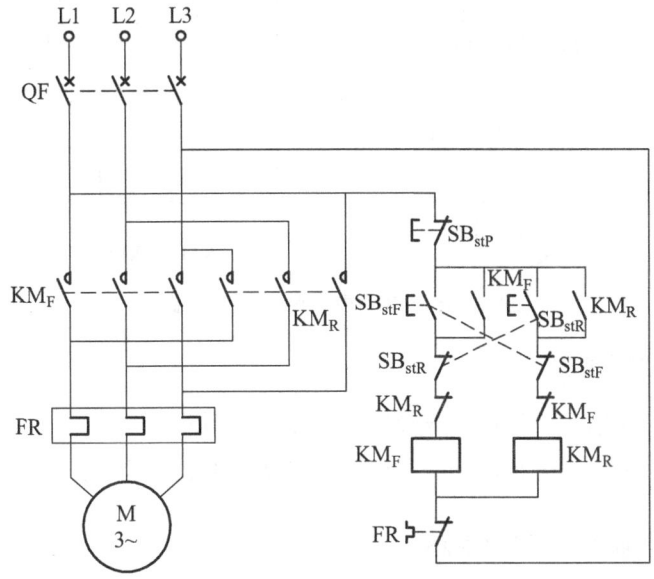

图 8-2-4 双重互锁正、反转电路

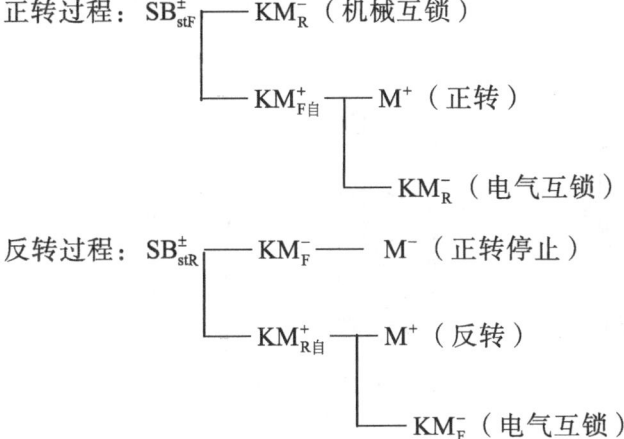

（三）三相异步电动机降压启动电路

1. 定子绕组串电阻降压启动控制电路

降压电阻 R 启动时串联在电动机定子绕组中，起到降低启动电流的目的。如图 8-2-5 所示。

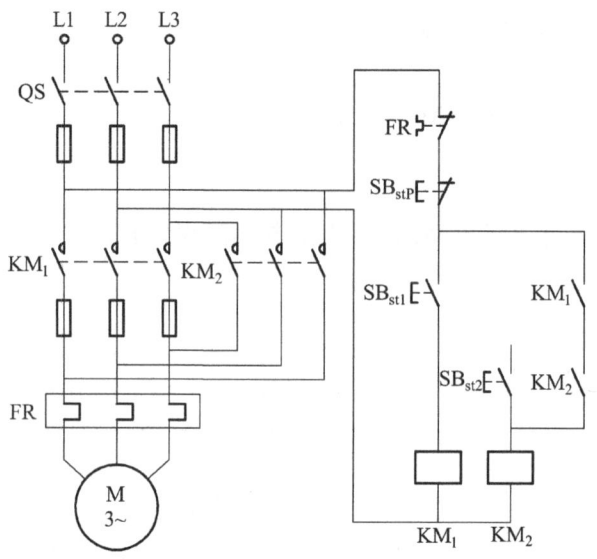

图 8-2-5　串联电阻降压启动电路

2. 降压启动控制过程

降压启动过程：$SB_{st1}^{\pm}$ —— $KM_{1自}^{+}$ —— M^{+}（M 串 R 启动）

正常运行过程：$SB_{st2}^{\pm}$ —— $KM_{2自}^{+}$ —— R^{-}（短接 R，M 全压运行）。

（四）行程开关和限位控制电路

1. 行程开关

（1）行程开关（限位开关）。

行程开关是按运动部件的行程或位置要求而动作的电器。如图 8-2-6 所示是行程开关的外形图和符号。

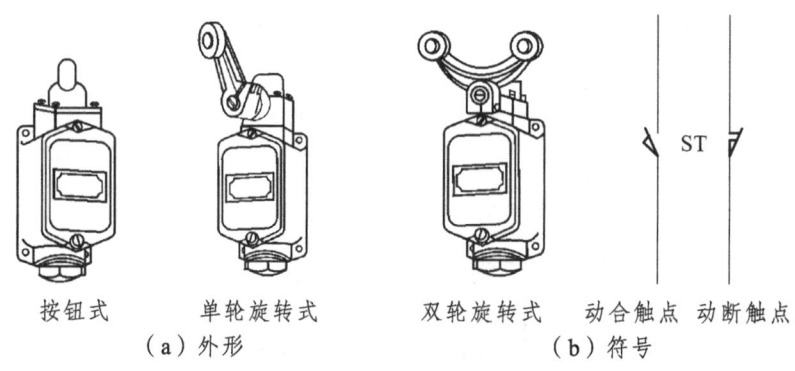

图 8-2-6　行程开关图

（2）动作情况。

行程开关在被撞块压下时动作，当撞块离开后，按钮式和单轮旋转式行程开关自动复位，双轮旋转式行程开关依靠外力撞击滚轮，改变触点的状态。

2．限位控制电路

（1）限位控制电路（利用行程开关控制运动部件在一个指定区域内自动往返运动），如图8-2-7所示是其工作示意图。

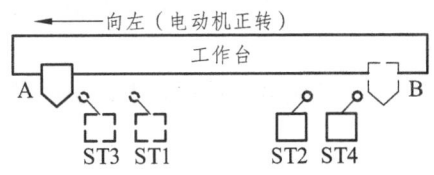

图 8-2-7　自动往返工作示意图

ST1 控制工作台向左运动（电动机正转）的位置。

ST2 控制工作台向右运动（电动机反转）的位置。

撞块 B 和 ST1、ST3 安装在工作台的一侧。

撞块 A 和 ST2、ST4 安装在工作台的另一侧。

（2）工作台自动往返控制电路如图 8-2-8 所示。

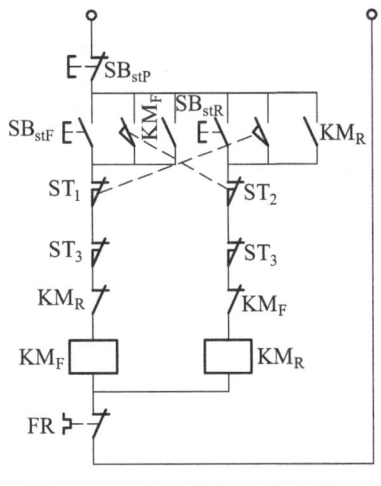

图 8-2-8　自动往返工作电路图

三、电动机的制动控制

制动目的：使电动机在切断电源后，其转子尽快停止运动。

制动方法：机械制动和电气制动。

电气制动：反接制动、能耗制动、再生制动。

不管采用哪种制动方式，都是产生和电动机运行方向相反的转矩以迫使电动机尽快停止。

（一）能耗制动停车控制

原理：切断运行电动机定子三相交流电源，同时立即接通直流电源，使定子绕组通入直流电流在气隙产生恒定（不动）的磁场。电动机转子的动能使转子绕组切割恒定磁场，产生电势，转子绕组即流过电流，这一电流与恒定磁场产生相互作用力矩是阻碍性力矩，从而使电动机进入能耗制动。

用途：迅速减速；匀速落货。

实现方法：控制电动机运行的接触器断开；控制直流励磁的接触器闭合，转速接近 0 时断开。

能量关系：电动机转子的动能转换成电能消耗在电动机的转子回路。

（二）能耗制动控制线路

工作状态：电动机正常运转时，KM1 和 KT 线圈通电工作，因为 KM1 常闭触头断开，所以 KM2 线圈无电。

制动过程：按下 SB1，KM1 线圈断电，KM2 线圈得电，电动机进入能耗制动，KT 线圈开始断电延时。延时时间到，KT 触头断开，KM2 线圈断电，能耗制动结束。如图 8-2-9 所示为三相异步电动机能耗制动正反转控制线路。

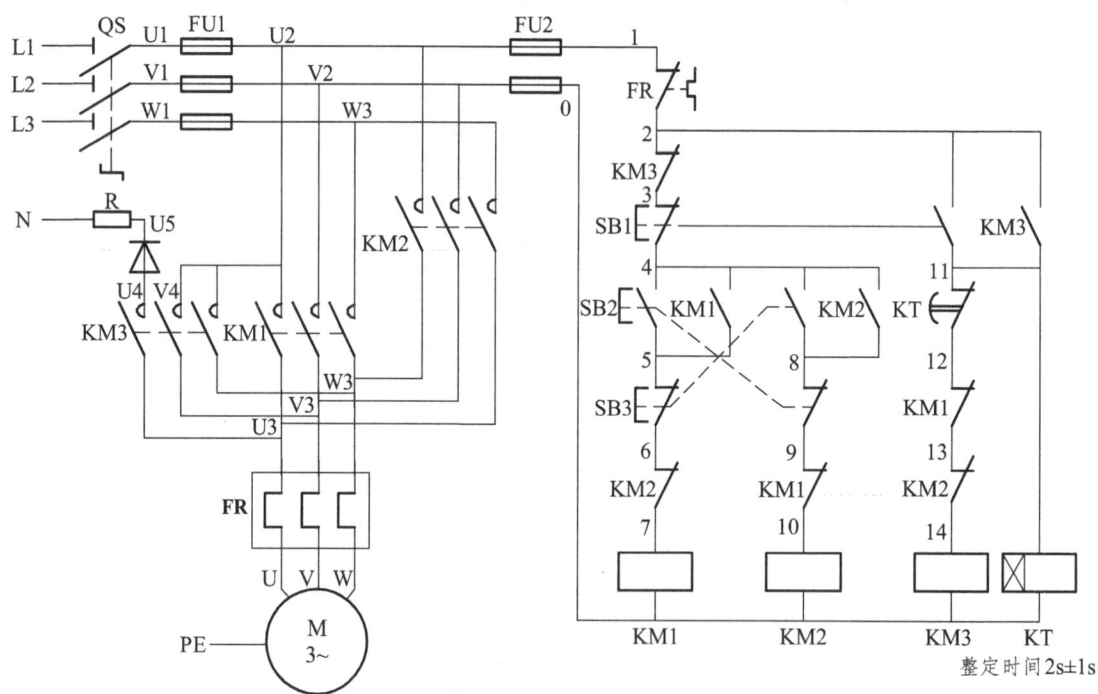

图 8-2-9　三相异步电动机能耗制动正反转控制线路

制动时间调整：调节 KT 的断电延时，可以调整制动过程时间。这属于按时间原则换接（切换）。

准备工作：合上空气开关 QS 后，电源提供的三相交流电送到主接触器主触头的上方，控制线路也有电。启动的准备工作就绪。

启动：按下启动按钮 SB2，异步电动机进入启动过程。

制动操作：按下停止按钮 SB1，主接触器线圈失电，主触头断开电动机三相交流电源，常闭辅助触头接通接触器 KM2 的线圈回路，KM2 的主触头将直流电源送给电机定子绕组。同时时间继电器 KT 断电延时。

（三）三相异步电动机反接制动控制

方法：将异步电动机定子三相交流电源相序变反，将进入反接制动。为了限制制动电流，经常需要在反接制动时串入限流电阻。

能量关系：电动机转子的动能转换成电能及电源提供的电能都消耗在电动机的转子回路。

注意：制动结束时应及时将反向电源切断，否则电动机将反向启动。

电动机的启动：合上 QS，按下 SB2，电机启动，KM1 线圈通电，当转速接近 n，继电器 KS 常开触头闭合，为反接制动做准备。

制动过程：按下 SB1，KM1 线圈断电，同时 KM2 线圈得电，电动机进入反接制动。当 n 降低到接近 0 时，KS 触头断开，KM2 断电，反接制动结束。

制动时间：通过调节转速继电器 KS 释放值，可调整制动结束时的转速，保证电机准确停车，不进入反向启动。这属于按转速原则换接（切换）。

【巩固练习】

1．试描述三相异步电动机能耗制动正反转控制线路的组成、工作原理与动作过程。
2．试描述能耗制动的意义、能耗制动正反转控制线路的组成。
3．试描述电动机制动控制的目的及方法。
4．试描述三相异步电动机反接制动控制的方法和能量关系。

项目九 数字电路

任务一 数字电路基本知识

【学习目标】

1．了解数字信号、数字电路的概念与特点。
2．理解数制与编码。
3．掌握基本逻辑运算、逻辑函数的表示方法。
4．掌握逻辑代数的基本公式，熟练应用公式化简逻辑函数。

【知识要点】

1．数字信号、数字电路与脉冲波形。
2．逻辑代数的基本知识。
3．二进制、十六进制与编码。

【理论知识】

一、数字电路概述

（一）数字信号和数字电路

模拟信号：在时间上和数值上连续的信号。如图 9-1-1 所示。
对模拟信号进行传输、处理的电子线路称为模拟电路。
数字信号：在时间上和数值上不连续的（即离散的）信号。如图 9-1-2 所示。

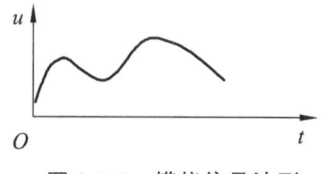

图 9-1-1 模拟信号波形

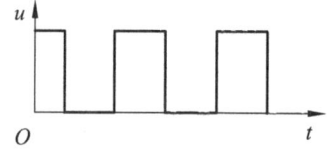

图 9-1-2 数字信号波形

对数字信号进行传输、处理的电子线路称为数字电路。
表 9-1-1 所列为模拟电路与数字电路的对比表。

表 9-1-1 模拟电路与数字电路的对比表

内容	处理对象	典型信号	任务	分析方法	器件工作的区域	基本电路
模拟电路	模拟信号	正弦波	不失真地放大	图解法、微变等效电路	放大区	电压放大功率放大
数字电路	数字信号	矩形波	逻辑实现功能	逻辑代数	截止区饱和区	组合电路时序电路

（二）数字电路的特点

（1）数字电路的工作信号是不连续的数字信号，它在电路中只表现为信号的有、无或电平的高低（通常用"1"和"0"来表示）。

（2）数字电路研究的对象是电路的输出与输入之间的因果关系，这种关系称为逻辑关系。因此，数字电路又叫逻辑电路。

（三）正逻辑与负逻辑

（1）正逻辑：1 表示有脉冲，0 表示无脉冲。或者，1 表示高电平，0 表示低电平。此种表示方法称为正逻辑。

（2）负逻辑：1 表示无脉冲，0 表示有脉冲。或者，1 表示低电平，0 表示高电平。此种表示方法称为负逻辑。

二、常见的脉冲波形及其参数

（一）常见的脉冲波形

脉冲是指在极短时间内出现的电压和电流的变化。常见的脉冲波形如图 9-1-3 所示。

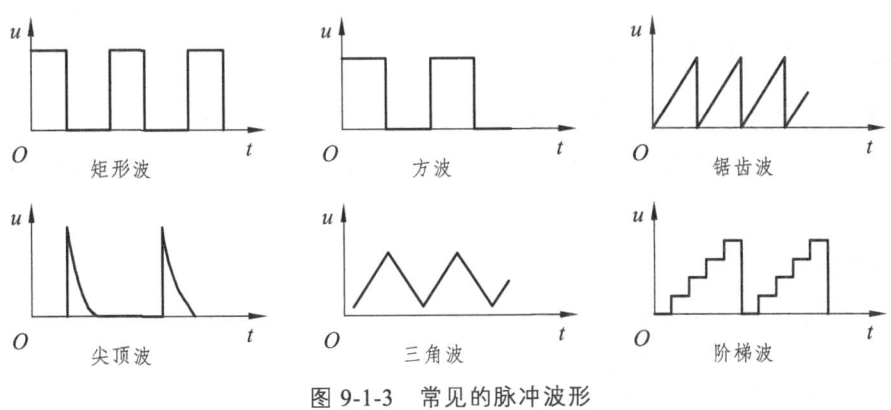

图 9-1-3 常见的脉冲波形

（二）脉冲波的主要参数

如图 9-1-4 所示为脉冲参数示意图。

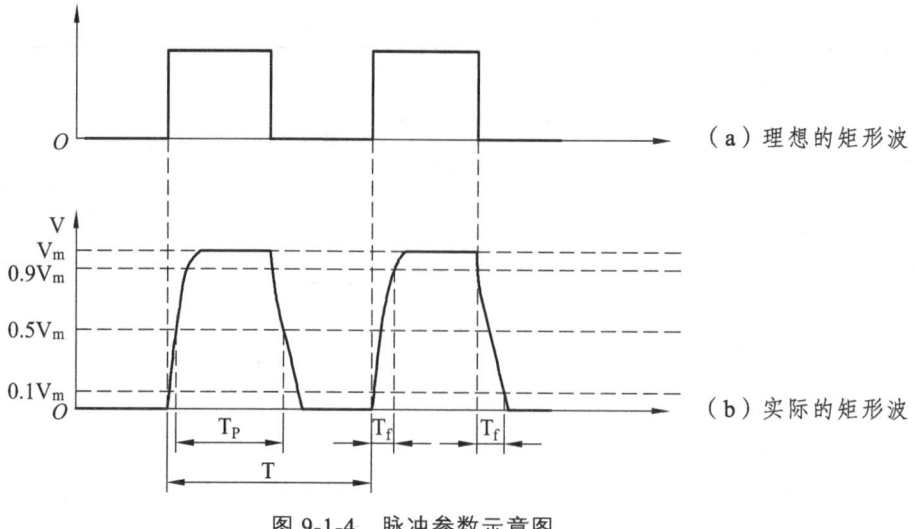

图 9-1-4　脉冲参数示意图

（1）幅度 V_m——脉冲电压变化的最大值。

（2）上升时间 t_r——脉冲从幅度的 10% 处上升到幅度的 90% 处所需时间。

（3）下降时间 t_f——脉冲从幅度的 90% 处下降到幅度的 10% 处所需的时间。

（4）脉冲宽度 t_p——定义为前沿和后沿幅度为 50% 处的宽度。

（5）脉冲周期 T——对周期性脉冲，相邻两脉冲波对应点间相隔的时间。周期的倒数为脉冲的频率 f，即

$$f = \frac{1}{T}$$

（三）脉冲电路中主要元器件的作用

1. RC 微分电路和积分电路

RC 电路：电阻 R 和电容器 C 构成的简单电路，是脉冲电路的基础。

由于 C 两端电压不能突变，所以在充、放电时必须要经历一个过渡过程，如图 9-1-5 所示。

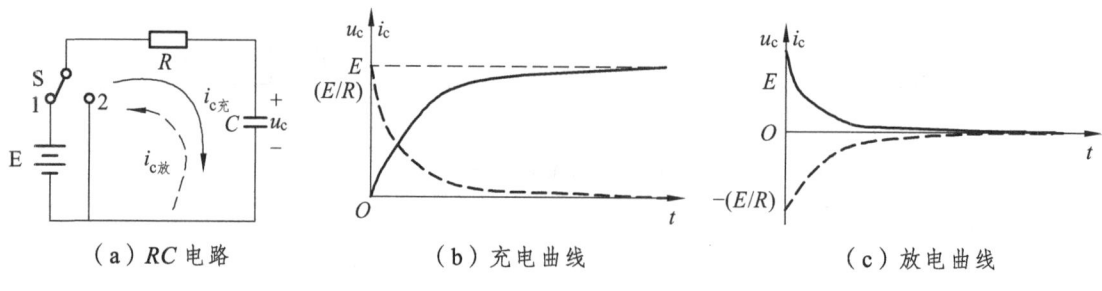

图 9-1-5　RC 电路的充、放电过程

2. RC 电路的特点

（1）充放电时电容两端电压、电流呈指数规律变化。

（2）充放电的速度与时间常数 τ 有关，$\tau = R \times C$，单位为 s。τ 越大，充放电越慢；τ 越小，充放电越快。

3. RC 电路的主要应用

常用于波形变换，常用电路有微分电路、积分电路。

4. RC 微分电路

1）电路组成

RC 微分电路如图 9-1-6 所示。

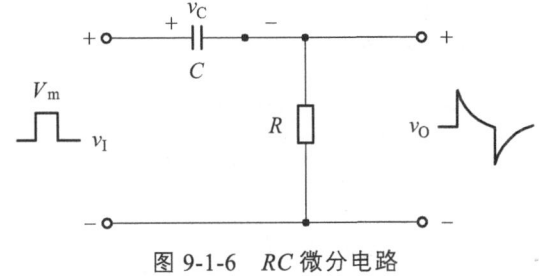

图 9-1-6　RC 微分电路

2）电路特点

（1）输出信号取自 RC 电路中的电阻 R 两端。即 $v_O = v_R$；

（2）时间常数 $\tau \ll t_p$，通常取 $\tau = \dfrac{1}{5} t_p$。

3）电路功能

将矩形波变换成尖峰波，检测出电路的变化量。如图 9-1-7 所示。

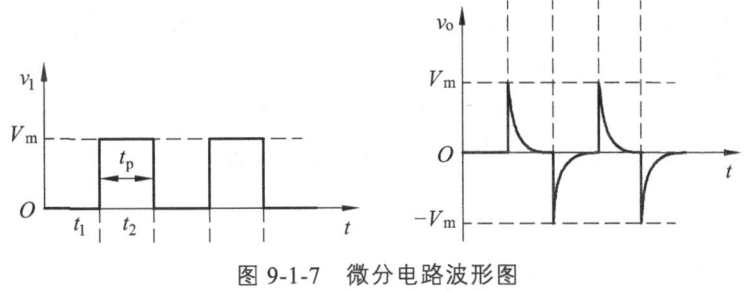

图 9-1-7　微分电路波形图

5. RC 积分电路

1）电路组成

RC 积分电路如图 9-1-8 所示。

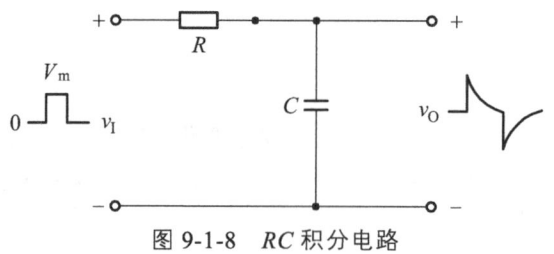

图 9-1-8　RC 积分电路

2）电路特点

（1）v_O 取自 RC 电路的电容 C 两端。即 $v_O = v_C$；

（2）$\tau \gg t_p$，通常 $\tau = 3t_p$。

3）工作原理

$t = t_1$，$v_I = V_m$，C 充电，$v_O = v_C$ 以指数规律缓慢（$\tau \gg t_p$）上升；

$t = t_2$，$v_I = 0$，C 放电，$v_O = v_C$ 以指数规律下降。

4）功能

将矩形波转换成锯齿波（三角波）。

表 9-1-2 所列为微分电路与积分电路的比较。

表 9-1-2　微分电路与积分电路的比较

RC 电路	电路	特点	条件	输出	功能
RC 微分电路		v_O 从 R 输出	$\tau \ll t_p$（$\tau \leq 0.2 t_p$）	尖脉冲	突出变化量，压低恒定量
RC 积分电路		v_O 从 C 输出	$\tau \gg t_p$（$\tau \geq 3 t_p$）	三角波	突出恒定量，压低变化量

三、数制与编码

进位制：表示数时，仅用一位数码往往不够，必须用进位计数的方法组成多位数码。多位数码每一位的构成以及从低位到高位的进位规则称为进位计数制，简称进位制。

基数：进位制的基数，就是在该进位制中可能用到的数码个数。

位权（位的权数）：在某一进位制的数中，每一位的大小都对应着该位上的数码乘上一个固定的数，这个固定的数就是这一位的权数。权数是一个幂。

1. 十进制

数码：0～9；基数是 10。

运算规律：逢十进一，即：9 + 1 = 10。

10^3、10^2、10^1、10^0 称为十进制的权。各数位的权是 10 的幂。

任意一个十进制数都可以表示为各个数位上的数码与其对应的权的乘积之和，称权展开式。

例：$(1999)_{10} = 1 \times 10^3 + 9 \times 10^2 + 9 \times 10^1 + 9 \times 10^0$；

$(209.04)_{10} = 2 \times 10^2 + 0 \times 10^1 + 9 \times 10^0 + 0 \times 10^{-1} + 4 \times 10^{-2}$。

2. 二进制

数码：0、1；基数是2。

运算规律：逢二进一，即：1 + 1 = 10。

二进制数的权展开式：

如：$(10101.01)_2 = 1 \times 2^4 + 1 \times 2^3 + 1 \times 2^2 + 0 \times 2^1 + 1 \times 2^0 + 0 \times 2^{-1} + 1 \times 2^{-2}$
$= 16 + 0 + 4 + 0 + 1 + 0 + 0.25 = (21.25)_{10}$

3. 八进制

数码：0~7；基数是8。

运算规律：逢八进一，即：7 + 1 = 10。

4. 十六进制

数码：0~9、A~F；基数是16。

运算规律：逢十六进一，即：F + 1 = 10。

一般地，N进制需要用到N个数码，基数是N；运算规律为逢N进一。

如果一个N进制数M包含n位整数和m位小数，即：

$(a_{n-1}a_{n-2}\cdots a_1 a_0 \cdot a_{-1}a_{-2}\cdots a_{-m})_2$

则该数的权展开式为：

$(M)_2 = a_{n-1} \times N_{n-1} + a_{n-2} \times N_{n-2} + \cdots + a_1 \times N_1 + a_0 \times N_0 + a_{-1} \times N_{-1} + a_{-2} \times N_{-2} + \cdots + a_{-m} \times N_{-m}$

由权展开式可很容易地将一个N进制数转换为十进制数。表9-1-3所列为几种进制之间对应的关系。

表 9-1-3 几种进制之间对应的关系

十进制数	二进制数	八进制数	十六进制数
0	00000	0	0
1	00001	1	1
2	00010	2	2
3	00011	3	3
4	00100	4	4
5	00101	5	5
6	00110	6	6
7	00111	7	7
8	01000	10	8
9	01001	11	9
10	01010	12	A
11	01011	13	B
12	01100	14	C
13	01101	15	D
14	01110	16	E
15	01111	17	F

【巩固练习】

1．试描述数字电路和模拟电路的特点。
2．脉冲波形的常见种类有哪些？用来描述脉冲波形的参数有哪些？
3．RC微分电路和积分电路的组成以及各自的特点、应用有哪些？
4．二进制、八进制、十进制、十六进制的编码与运算规律分别是什么？

任务二　逻辑门电路

【学习目标】

1．掌握与门、或门、非门的逻辑功能及逻辑符号。
2．了解复合门的逻辑功能和逻辑符号。
3．掌握基本逻辑运算、逻辑函数的表示方法。
4．掌握逻辑代数的基本公式，熟练应用公式化简逻辑函数。

【知识要点】

1．各种逻辑关系的含义。
2．用公式化简逻辑函数。
3．根据函数表达式画出逻辑图。

【理论知识】

一、基本逻辑门电路

数字电路又叫逻辑电路，因为数字电路的运作是以逻辑运算进行的。逻辑是指一定的规律性、一定的因果关系。即：有什么样的原因（条件）就有什么样的结果，是"条件与结果的关系"。这样的条件与结果的关系（逻辑关系）有很多种，而基本的逻辑关系有三种："与"逻辑关系、"或"逻辑关系、"非"逻辑关系。

（一）关于逻辑电路的几个规定

1．逻辑状态的表示方法

用数字符号0和1表示相互对立的逻辑状态，称为逻辑0和逻辑1。表9-2-1所列为常见的对立逻辑状态示例。

表9-2-1　常见的对立逻辑状态示例

一种状态	高电位	有脉冲	闭合	真	上	是	…	1
另一种状态	低电位	无脉冲	断开	假	下	非	…	0

2. 高、低电平规定

用高电平、低电平来描述电位的高低。

高低电平不是一个固定值，而是一个电平变化范围，如图 9-2-1 所示，单位用"V"表示。在集成逻辑门电路中规定：

标准高电平 V_{SH}——高电平的下限值；

标准低电平 V_{SL}——低电平的上限值。

应用时，高电平应大于或等于 V_{SH}；低电平应小于或等于 V_{SL}。

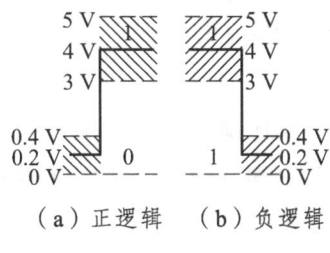

（a）正逻辑　（b）负逻辑

图 9-2-1　正逻辑和负逻辑

3. 正、负逻辑规定

正逻辑：用 1 表示高电平，用 0 表示低电平的逻辑体制。

负逻辑：用 1 表示低电平，用 0 表示高电平的逻辑体制。

（二）与门电路

1. 与逻辑

（1）与逻辑关系。

与逻辑关系如图 9-2-2 所示。当决定一件事情的几个条件全部具备后，这件事情才能发生，否则不发生。

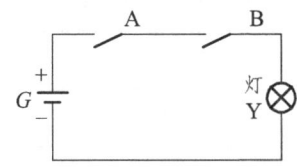

图 9-2-2　用串联开关说明与逻辑关系

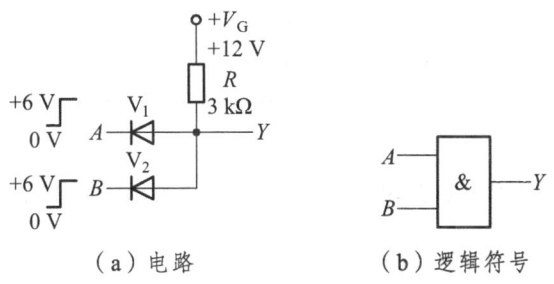

（a）电路　　　　　（b）逻辑符号

图 9-2-3　与门电路

（2）与门电路，如图9-2-3（a）所示。

A、B——输入端；Y——输出端。

（3）逻辑符号，如图9-2-3（b）所示。

2. 工作原理与真值表

1）工作原理

与逻辑指：只有当决定某一事件的全部条件都具备之后，该事件才发生。如只有当开关A与B全部闭合时，灯泡Y才亮；若开关A或B其中有一个不闭合，灯泡Y就不亮。这种因果关系就是与逻辑关系，可表示为$Y=AB$，读作"A与B"。在逻辑运算中，与逻辑称为逻辑乘。

与门是指能够实现与逻辑关系的门电路。与门具有两个或多个输入端，一个输出端。其逻辑符号如图9-2-4所示，为简便计，输入端只用A和B两个变量来表示。

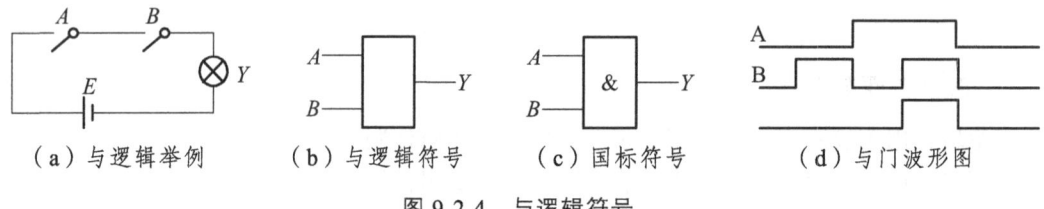

（a）与逻辑举例　　（b）与逻辑符号　　（c）国标符号　　（d）与门波形图

图9-2-4　与逻辑符号

与门的输出和输入之间的逻辑关系用逻辑表达式表示为

$$Y = A \cdot B = AB$$

2）真值表

真值表——表明逻辑门电路输入端状态和输出端状态逻辑对应关系的表。如表9-2-2所列。

表9-2-2　与门真值表

输	入	输　　出
A	B	Y
0	0	0
0	1	0
1	0	0
1	1	1

3）逻辑功能

如图9-2-5所示，与门逻辑功能为："有0出0，全1出1"。即：

$$Y = ABCD$$

说明：输入端不论是几个，逻辑关系相同。

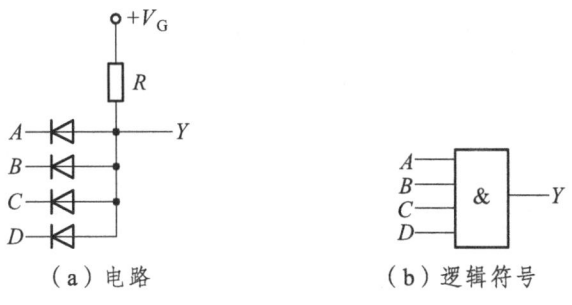

图 9-2-5 四输入端与门

(三) 或门电路

1. 或逻辑

1) 或逻辑关系

或逻辑关系如图 9-2-6 所示。当决定一件事情的几个条件中只要有一个条件得到满足，这件事情就会发生。

2) 或门电路

或门电路如图 9-2-7（a）所示。

3) 逻辑符号

或门的逻辑符号如图 9-2-7（b）所示。

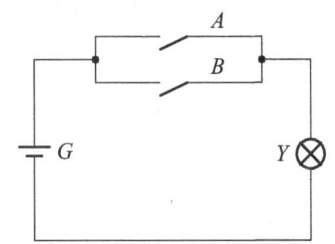

图 9-2-6 用并联开关说明或逻辑关

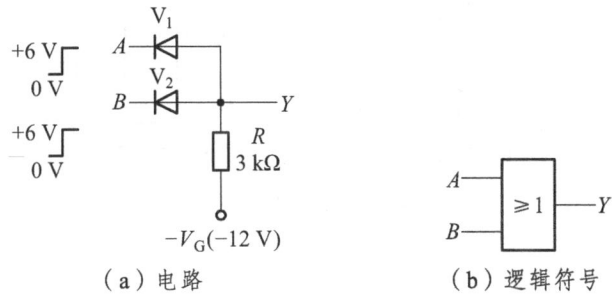

图 9-2-7 或门电路

2. 工作原理

1) 工作原理

$V_A = 0$ V，$V_B = 0$ V，V_1、V_2 均截止，$Y = 12$ V；

235

$V_A = 6\text{ V}$,$V_B = 0\text{ V}$,V_1 导通,V_2 截止,$Y = 6\text{ V}$;

$V_A = 0\text{ V}$,$V_B = 6\text{ V}$,V_1 截止,V_2 导通,$Y = 6\text{ V}$;

$V_A = 6\text{ V}$,$V_B = 6\text{ V}$,V_1、V_2 均导通,$Y = 6\text{ V}$。

2)逻辑函数式

$$Y = A + B$$

3)真值表

表 9-2-3 所列为或门真值表。

表 9-2-3 或门真值表

输入		输出
A	B	Y
0	0	0
0	1	1
1	0	1
1	1	1

4)逻辑功能

或门的逻辑功能为"全 0 出 0,有 1 出 1",其逻辑表达式为

$$Y = A + B + C + D$$

说明:输入端不论是几个,逻辑关系是相同的,如图 9-2-8 所示。

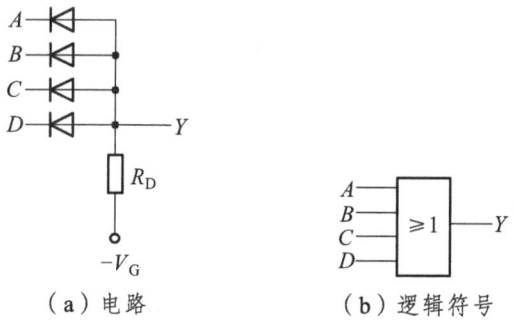

(a)电路　　　　(b)逻辑符号

图 9-2-8 四输入端或门

(四)非门电路

1. 非逻辑关系

1)非逻辑关系

非逻辑关系:事情和条件总是相反状态。

2)非门电路

非门电路如图 9-2-9(a)所示。

3）逻辑符号

非门逻辑符号如图 9-2-9（b）所示。

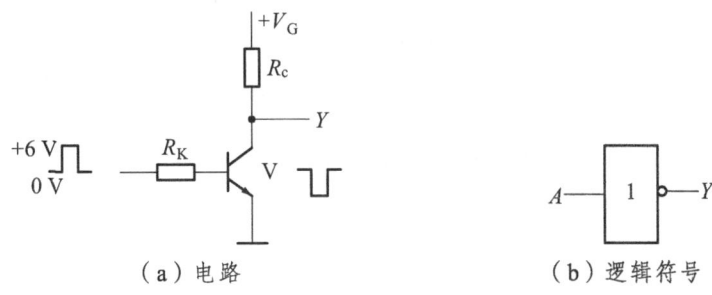

（a）电路　　　　　　　　（b）逻辑符号

图 9-2-9　非门电路

2．工作原理

1）工作原理

$V_A = 6\text{ V}$，V 导通，$Y = 0$；

$V_A = 0\text{ V}$，V 截止，$Y = V_G$。

2）逻辑函数式为：

$$Y = \overline{A}$$

3）真值表

表 9-2-4 所列为非门真值表。

表 9-2-4　非门真值表

输　入	输　出
A	Y
0	1
1	0

4）逻辑功能

有 0 出 1，有 1 出 0。

二、几种常见的简单组合门电路

实用中常把与门、或门和非门组合起来使用。

（一）与非门

1．电路组成

在与门后面接一个非门，就构成了与非门，如图 9-2-10 所示。

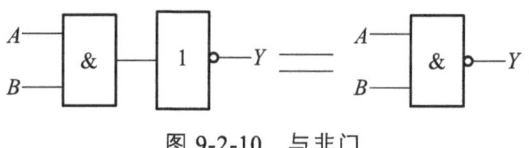

图 9-2-10　与非门

2．逻辑符号

在与门输出端加上一个小圆圈，就构成了与非门的逻辑符号。

3．函数表达式

与非门的函数逻辑式为

$$Y = \overline{A \cdot B}$$

4．真值表

表 9-2-5 给出了与非门的真值表。

表 9-2-5　与非门真值表

A	B	$A \cdot B$	$\overline{A \cdot B}$
0	0	0	1
0	1	0	1
1	0	0	1
1	1	1	0

5．逻辑功能

与非门的逻辑功能为"全 1 出 0，有 0 出 1"。

（二）或非门

1．电路组成

在或门后面接一个非门就构成了或非门，如图 9-2-11 所示。

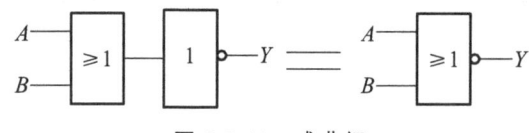

图 9-2-11　或非门

2．逻辑符号

在或门输出端加一小圆圈就变成了或非门的逻辑符号。

3．逻辑函数式

或非门逻辑函数式为

$$Y = \overline{A + B}$$

4. 真值表

表 9-2-6 给出了或非门的真值表。

表 9-2-6 或非门真值表

A	B	$A \cdot B$	$Y = \overline{A+B}$
0	0	0	1
0	1	1	0
1	0	1	0
1	1	1	0

5. 逻辑功能

或非门的逻辑功能为"全 0 出 1，有 1 出 0"。

（三）与或非门

1. 电路组成

把两个（或两个以上）与门的输出端接到一个或非门的各个输入端，就构成了与或非门。与或非门的电路如图 9-2-12（a）所示。

2. 逻辑符号

与或非门的逻辑符号如图 9-2-12（b）所示。

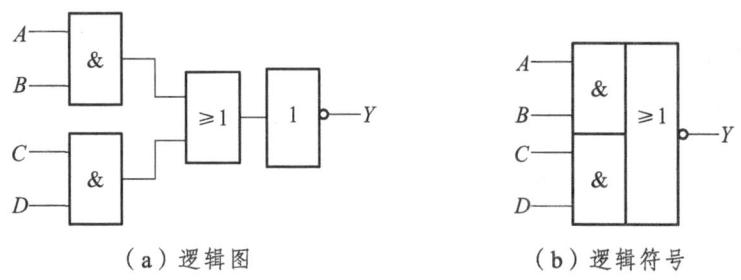

（a）逻辑图　　　　　　（b）逻辑符号

图 9-2-12　与或非门

3. 逻辑函数式

与或非门的逻辑函数式为

$$Y = \overline{AB + CD}$$

4. 真值表

表 9-2-7 给出了与或非门真值表。

表 9-2-7　与或非门真值表

A	B	C	D	Y
0	0	0	0	1
0	0	0	1	1
0	0	1	0	1
0	0	1	1	0
0	1	0	0	1
0	1	0	1	1
0	1	1	0	1
0	1	1	1	0
1	0	0	0	1
1	0	0	1	1
1	0	1	0	1
1	0	1	1	0
1	1	0	0	0
1	1	0	1	0
1	1	1	0	0
1	1	1	1	0

5. 逻辑功能

与或非门的逻辑功能为：当输入端中任何一组全为 1 时，输出即为 0；只有各组输入都至少有一个为 0 时，输出才为 1。

（四）异或门

1. 电路组成

异或门的电路如图 9-2-13（a）所示。

2. 逻辑符号

异或门的逻辑符号如图 9-2-13（b）所示。

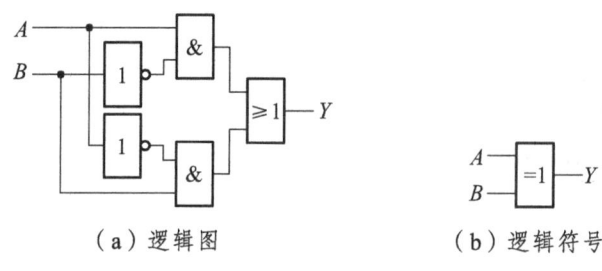

（a）逻辑图　　　　　（b）逻辑符号

图 9-2-13　异或门

3. 逻辑函数式

异或门的逻辑函数式为

$$Y = \overline{A}B + A\overline{B}$$

上式通常也写成

$$Y = A \oplus B$$

4. 真值表

表 9-2-8 给出了异或门真值表。

表 9-2-8 异或门真值表

A	B	Y
0	0	0
0	1	1
1	0	1
1	1	0

5. 逻辑功能

当两个输入端的状态相同（都为 0 或都为 1）时输出为 0；反之，当两个输入端状态不同（一个为 0，另一个为 1）时，输出端为 1。

6. 应　用

判断两个输入信号是否不同。

（五）同或门

1. 电路组成

在异或门的基础上，加上一个非门就构成了同或门，如图 9-2-14（a）所示。

2. 逻辑符号

同或门逻辑符号如图 9-2-14（b）所示。

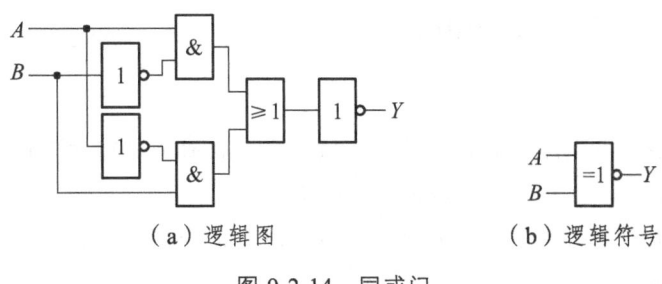

（a）逻辑图　　　　　（b）逻辑符号

图 9-2-14　同或门

3. 逻辑函数式

同或门逻辑函数式为

$$Y = AB + \overline{A}\overline{B}$$

同或门逻辑函数式通常也写成

$$Y = A \odot B$$

4. 真值表

表 9-2-9 给出了同或门的真值表。

表 9-2-9　同或门真值表

A	B	Y
0	0	1
0	1	0
1	0	0
1	1	1

5. 逻辑功能

当两个输入端的状态相同（都为 0 或都为 1）时输出为 1；反之，当两个输入端状态不同（一个为 0，另一个为 1）时，输出端为 0。

6. 应　用

判断两个输入信号是否相同。

三、逻辑代数的基本定律及其应用

（一）逻辑代数概述

逻辑代数是研究逻辑电路的数学工具。

逻辑变量：逻辑代数的变量。在逻辑电路里，输入、输出状态相当于逻辑变量。

逻辑变量的表示：用大写字母 A、B、C 等标记。

逻辑变量特征：只有 0 和 1 两种取值。

（二）逻辑函数式与组合逻辑电路

1. 逻辑函数式

逻辑函数式：逻辑变量用逻辑运算符号连接起来，就成为逻辑函数式。

如：$Y = \overline{A} + B + \overline{\overline{A} \cdot B} \cdot \overline{A + B}$；$Y = (\overline{AB} + A\overline{B}) \cdot (A + B)$。

运算的次序：如有括号先进行括号里的运算，没有括号则先算非号下的内容，取非后，再按乘、加的次序依次运算。

2. 组合逻辑电路

组合逻辑电路：仅由基本门电路（在不加反馈的情况下）组成的逻辑电路称为组合逻辑电路。

（三）逻辑代数的基本定律及其应用

逻辑代数具有基本运算定律，运用这些定律可以把复杂的逻辑函数式恒等化简。

1. 逻辑代数基本定律

交换律：$A+B=B+A$；$A \cdot B = B \cdot A$
结合律：$A+(B+C)=(A+B)+C$；$A \cdot (B \cdot C) = (A \cdot B) \cdot C$
分配律：$A+B \cdot C = (A+B) \cdot (A+C)$；$A+\overline{A}=1$；$A \cdot \overline{A}=0$
反演律（又称摩根定律）：$\overline{A+B} = \overline{A} \cdot \overline{B}$；$\overline{A \cdot B} = \overline{A} + \overline{B}$；$\overline{A+B+C+\cdots} = \overline{A} \cdot \overline{B} \cdot \overline{C} \cdots$；
$\overline{A \cdot B \cdot C \cdots} = \overline{A} + \overline{B} + \overline{C} + \cdots$

注意：逻辑函数等式表示等号两边的函数式所代表的逻辑电路具有的逻辑功能是相同的。

2. 逻辑函数的化简（代数法）

代数法：运用逻辑代数的基本定律和一些恒等式化简逻辑函数式的方法。
化简的目的：使表达式成为最简式。
最简式的含义：乘积项的项目是最少的；每个乘积项中，变量的个数为最少。
化简方法：
1）并项法
利用 $A+\overline{A}=1$ 的关系，将两项合并为一项，并消去一个变量。
2）吸收法
利用 $A+AB=A$ 的关系，消去多余的项。
3）消去法
利用 $A+\overline{A}B = A+B$ 的关系，消去多余的因子。
4）配项法
利用 $A=A(B+\overline{B})$ 的关系，将其配项，然后消去多余的项。

3. 逻辑代数在逻辑电路中的应用

实现一定逻辑功能的逻辑电路有简有繁，利用逻辑代数化简，可以得到简单合理的电路。

【巩固练习】

1. 与门、或门、非门的逻辑功能及逻辑符号分别是什么？
2. 逻辑代数的基本定律及其应用有哪些？
3. 设计一个 $Y = A\overline{B}+C+\overline{A}\overline{C}D+B\overline{C}D$ 的逻辑电路。
4. 变换 $A\overline{B}+A\overline{C}+A\overline{D}$ 为与非表达式，并画出其对应的逻辑电路图。

项目十 输配电及安全用电

任务一 发电、输电和配电概况

【学习目标】

1. 了解电力系统、动力系统的组成。
2. 了解发电厂的类型及其能量转换过程。
3. 掌握供电系统的组成及供电方式。
4. 掌握供电系统中的额定电压以及供电质量评价。
5. 理解电力系统中性点运行方式。

【知识要点】

1. 电力系统、电力网络、动力系统的概念。
2. 发电厂的类型及其能量转换的过程。
3. 供电系统的基本要求、额定电压。
4. 供电系统电能质量的基本参数。

【理论知识】

一、供配电系统基本知识

(一)电力系统

电力系统是由发电厂、电力网和电能用户组成的一个发电、输电、变电、配电和用电的整体。电能的生产、输送、分配和使用的全过程,实际上是同时进行的,即发电厂任何时刻生产的电能等于该时刻用电设备消耗的电能与输送、分配中损耗的电能之和。

发电机生产电能,在发电机中机械能转化为电能;变压器、电力线路输送、分配电能;电动机、电灯、电炉等用电设备使用电能。在这些用电设备中,电能转化为机械能、光能、热能等等。这些生产、输送、分配、使用电能的发电机、变压器、电力线路及各种用电设备联系在一起组成的统一整体,就是电力系统,如图10-1-1所示。

与电力系统相关联的还有"电力网络"和"动力系统"。电力网络或电网是指电力系统中除发电机和用电设备之外的部分,即电力系统中各级电压的电力线路及其联系的变配电所;动力系统是指电力系统加上发电厂的"动力部分"。所谓"动力部分",包括水力发电厂的水库、水轮机,热力发电厂的锅炉、汽轮机、热力网和用电设备,以及核电厂的反应堆等。所以,电力网络是电力系统的一个组成部分,而电力系统又是动力系统的一个组成部分,这三者的关系如图10-1-1所示。

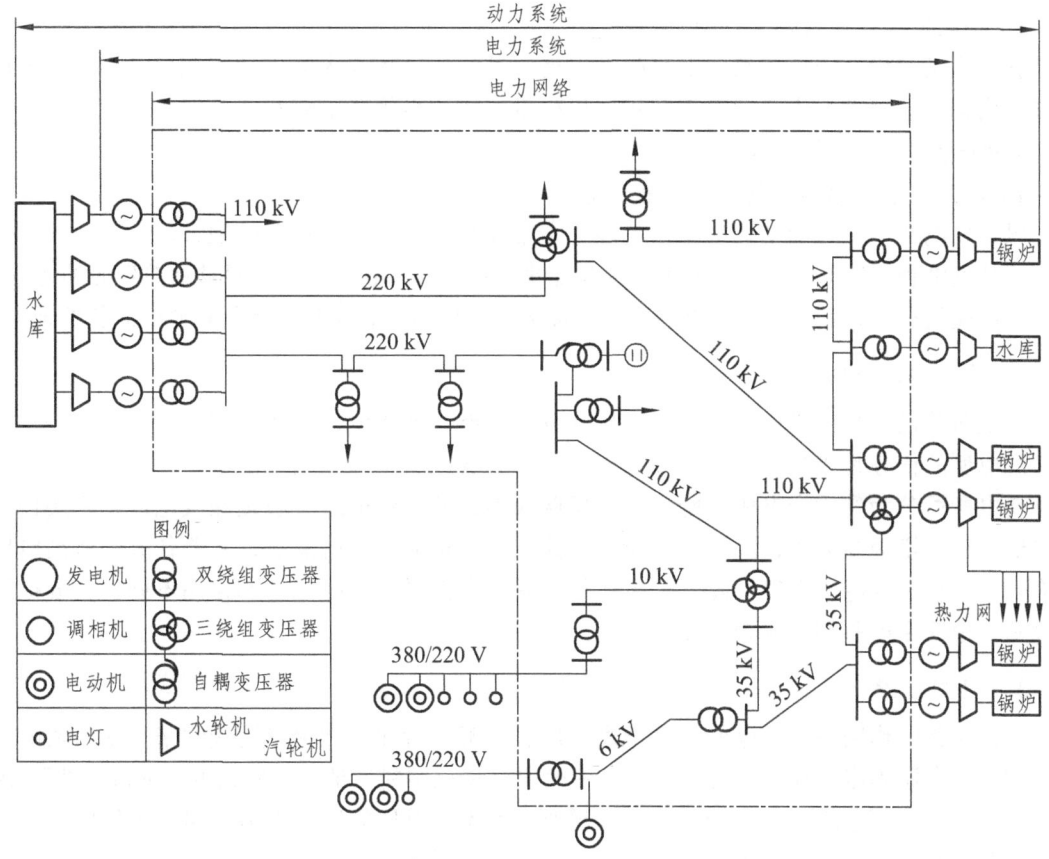

图 10-1-1 动力系统、电力系统、电力网络示意图

1. 发电厂

发电厂是将自然界蕴藏的各种一次能源转换为电能（二次能源）的工厂。

发电厂有很多类型，按其所利用的能源不同，分为火力发电厂、水力发电厂、核能发电厂以及风力、地热、太阳能、潮汐发电厂等类型。目前在我国接入电力系统的发电厂最主要的有火力发电厂和水力发电厂以及核能发电厂（又称核电站）。

1）水力发电厂，简称水电厂或水电站

它利用水流的位能来生产电能，主要由水库、水轮机和发电机组成。水库中的水具有一定的位能，经引水管道送入水轮机推动水轮机旋转，水轮机与发电机联轴，带动发电机转子一起转动发电。其能量转换过程是：水流位能→机械能→电能。

2）火力发电厂，简称火电厂或火电站

它利用燃料的化学能来生产电能，其主要设备有锅炉、汽轮机、发电机。我国的火电厂以燃煤为主。

为了提高燃料的效率，现代火电厂都将煤块粉碎成煤粉燃烧。煤粉在锅炉的炉膛内充分燃烧，将锅炉的水烧成高温高压的蒸汽，推动汽轮机转动，使与之联轴的发电机旋转发电。其能量转换过程是：燃料的化学能→热能→机械能→电能。

3）核能发电厂通常称为核电站

它主要是利用原子核的裂变能来生产电能,其生产过程与火电厂基本相同,只是以核反应堆(俗称原子锅炉)代替了燃煤锅炉,以少量的核燃料代替了煤炭。其能量转换过程是:核裂变能→热能→机械能→电能。

4）风力发电、地热发电、太阳能发电

风力发电利用风力的动能来生产电能,它常建在有丰富风力资源的地方。

地热发电利用地球内部蕴藏的大量地热能来生产电能,它常建在有足够地热资源的地方。

太阳能发电厂是利用太阳光能或太阳热能来生产电能,它应建在常年日照时间长的地方。

2. 变、配电所

变电所的任务是接受电能、变换电压和分配电能,即受电→变压→配电。

配电所的任务是接受电能和分配电能,但不改变电压,即受电→配电。

变电所可分为升压变电所和降压变电所两大类:升压变电所一般建在发电厂,主要任务是将低电压变换为高电压;降压变电所一般建在靠近负荷中心的地点,主要任务是将高电压变换到一个合理的电压等级。降压变电所根据其在电力系统中的地位和作用不同,又分枢纽变电站、地区变电所和工业企业变电所等。

3. 电力线路

电力线路的作用是输送电能,并把发电厂、变配电所和电能用户连接起来。水力发电厂须建在水力资源丰富的地方,火力发电厂一般也多建在燃料产地,即所谓的"坑口电站"。因此,发电厂一般距电能用户均较远,所以需要多种不同电压等级的电力线路,将发电厂生产的电能源源不断地输送到各级电能用户。

通常把电压在35 kV及以上的高压电线路称为送电线路,而把10 kV及以下的电力线路,称为配电线路。

电力线路按其传输电流的种类又分为交流线路和直流线路;按其结构及敷设方式又可分为架空线路、电缆线路及户内配电线路。

4. 电能用户

电能用户又称电力负荷。在电力系统中,一切消费电能的用电设备均称为电能用户。

用电设备按电流可分为直流设备与交流设备,而大多数设备为交流设备;按电压可分为低压设备与高压设备,1 000 V及以下的属低压设备,高于1 000 V的属高压设备;按频率可分为低频(50 Hz以下)、工频(50 Hz)及中、高频(50 Hz以上)设备,绝大部分设备采用工频;按工作制分为连续运行、短时运行和反复短时运行设备三类;按用途可分为动力用电设备(如电动机)、电热用电设备(如电炉、干燥箱、空调器等)、照明用电设备、试验用电设备、工艺用电设备(如电解、电镀、冶炼、电焊、热处理等)。用电设备分别将电能转换为机械能、热能和光能等不同形式的适于生产、生活需要的能量。

(二)供配电系统概况

供配电系统由总降压变电所(高压配电所)、高压配电线路、车间变电所、低压配电线路及用电设备组成。下面分别介绍几种不同类型的供配电系统。

1. 一次变压的供配电系统

1）只有一个变电所的一次变压系统

对于用电量较少的小型工厂或生活区，通常只设一个将 6～10 kV 电压降为 380/220 V 电压的变电所，这种变电所通常称为车间变电所。图 10-1-2（a）所示为装有一台电力变压器的车间变电所，图 10-1-2（b）所示为装有两台电力变压器的车间变电所。

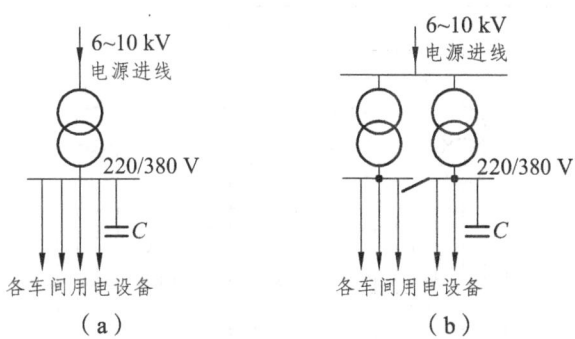

图 10-1-2 一个降压变电所的一次变压供配电系统

2）拥有高压配电所的一次变压供配电系统

一般中、小型工厂，多采用 6～10 kV 电源进线，经高压配电所将电能分配给各个车间变电所，由车间变电所再将 6～10 kV 电压降至 380/220 V，供低压用电设备使用；同时，高压用电设备直接由高压配电所的 6～10 kV 母线供电，如图 10-1-3 所示。

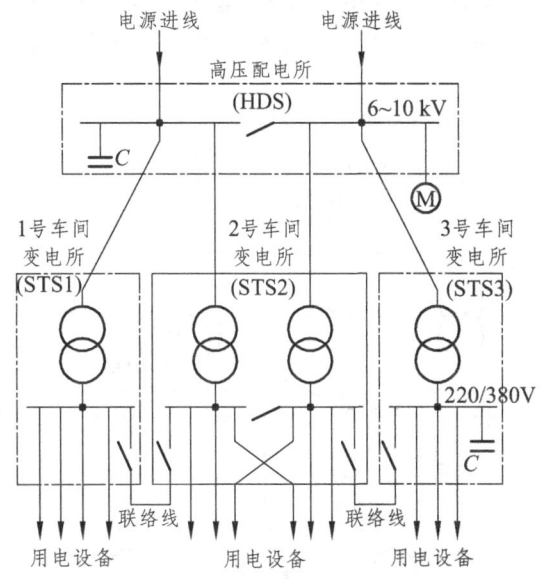

图 10-1-3 具有高压配电所的供电系统

3）高压深入负荷中心的一次变压供配电系统

某些中小型工厂，如果本地电源电压为 35 kV，且工厂的各种条件允许时，可直接采用 35 kV 作为配电电压，将 35 kV 线路直接引入靠近负荷中心的工厂车间变电所，再由车间变电所一次变压为 380/220 V，供低压用电设备使用。图 10-1-4 所示的这种高压深入负荷中心的一次变压供配电方式，可节省一级中间变压，从而简化了供配电系统，节约有色金属，降低电能损耗和电压损耗，提高了供电质量，而且有利于工厂电力负荷的发展。

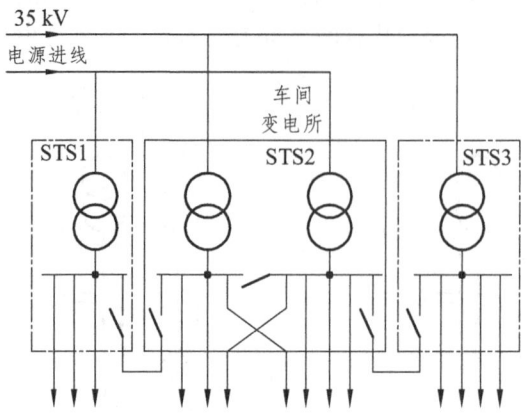

图 10-1-4 高压深入负荷中心的供配电系统

2. 二次变压的供配电系统

大型工厂和某些电力负荷较大的中型工厂，一般采用具有总降压变电所的二次变压供电系统，如图 10-1-5 所示。该供配电系统，一般采用 35～110 kV 电源进线，先经过工厂总降压变电所，将 35～110 kV 的电源电压降至 6～10 kV，然后经过高压配电线路将电能送到各车间变电所，再将 6～10 kV 的电压降至 380/220 V，供低压用电设备使用；高压用电设备则直接由总降压变电所的 6～10 kV 母线供电。这种供配电方式称为二次变压的供配电方式。

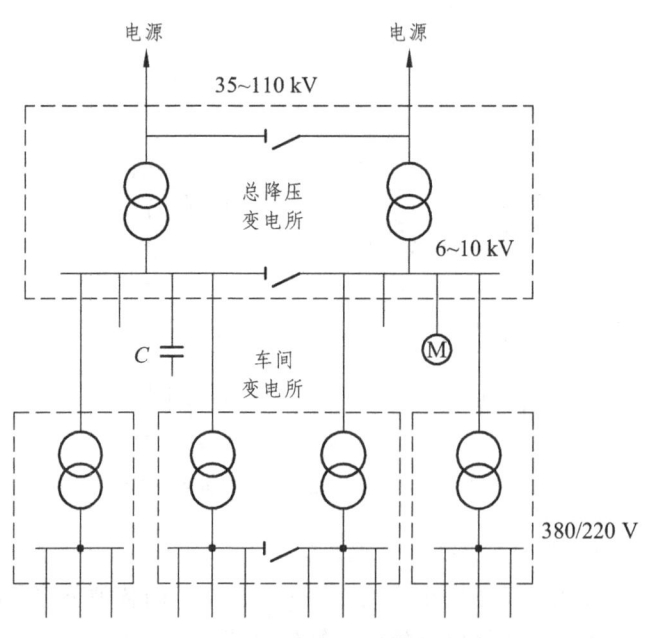

图 10-1-5 两次变压的供配电系统

3. 低压供配电系统

某些无高压用电设备且用电设备总容量较小的小型工厂，有时也直接采用 380/220 V 低压。其电源进线，只需设置一个低压配电室，将电能直接分配给各车间低压用电设备使用，如图 10-1-6 所示。

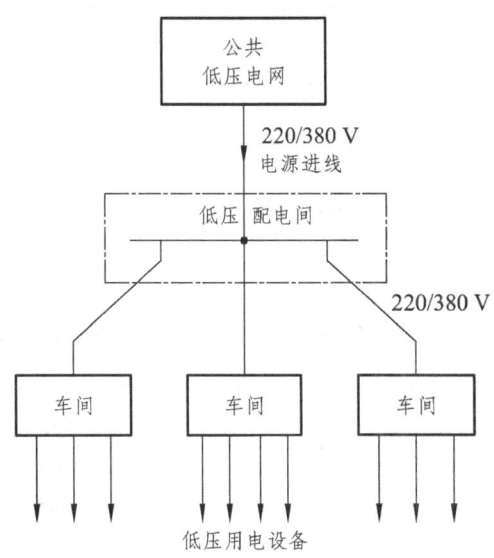

图 10-1-6 低压进线的供配电系统

（三）供电的基本要求

为了切实保证生产和生活用电的需要，并做好节能工作，供配电工作必须达到以下基本要求：

（1）安全：在电能的供应、分配和使用中，不应发生人身事故和设备事故。
（2）可靠：应满足电能用户对供电可靠性即供电连续性的要求。
（3）优质：应满足电能用户对电压和频率等方面的质量要求。
（4）经济：应使供配电系统的投资少、运行费用低，并尽可能地节约电能和减少有色金属的消耗量。

此外，在供电工作中，应合理地处理局部和全局、当前和长远等关系。既要照顾局部和当前的利益，又要有全局观点，能顾全大局，适应发展。

二、电力系统的电压

（一）额定电压的国家标准

由于三相功率 S 和线电压 U、线电流 I 之间的关系为：$S=\sqrt{3}\,UI$，所以在输送功率一定时，输电电压愈高，输电电流愈小，从而可减少线路上的电能损失和电压损失，同时又可减小导线截面，节约有色金属。而对于某一截面的线路，当输电电压愈高时，其输送功率愈大，输送距离愈远；但是电压愈高，绝缘材料所需的投资也相应增加，因而对应一定输送功率和输送距离，均有相应技术上的合理输电电压等级。同时，还须考虑设备制造的标准化、系列化等因素，因此电力系统额定电压的等级也不宜过多。

按照国家标准《标准电压》（GB 156—1993）规定，我国三相交流电网、发电机和电力变压器的额定电压见表10-1-1。

表10-1-1 三相交流电网和电力设备的额定电压

分类	电网和用电设备额定电压/kV	发电机额定电压/kV	电力变压器额定电压/kV	
			一次绕组	二次绕组
低压	0.38	0.40	0.38	0.40
	0.66	0.69	0.66	0.69
高压	3	3.15	3及3.15	3.15及3.3
	6	6.3	6及6.3	6.3及6.6
	10	10.5	10及10.5	10.5及11
	—	13.8，15.75，18，20	13.8，15.75，18，20	—
	35	—	35	38.5
	66	—	66	72.6
	110	—	110	121
	220	—	220	242
	330	—	330	363
	500	—	500	550

1. 电力线路的额定电压

电力线路（或电网）的额定电压等级是国家根据国民经济发展的需要及电力工业的水平，经全面技术经济分析后确定的。它是确定各类用电设备额定电压的基本依据。

2. 用电设备的额定电压

由于用电设备运行时电力线路上有负荷电流流过，在电力线路上引起电压损耗，造成电力线路上各点电压略有不同，如图10-1-7的虚线所示。但成批生产的用电设备，其额定电压不可能按使用地点的实际电压来制造，而只能按线路首端与末端的平均电压即电力线路的额定电压U来制造。所以用电设备的额定电压规定与同级电力线路的额定电压相同。

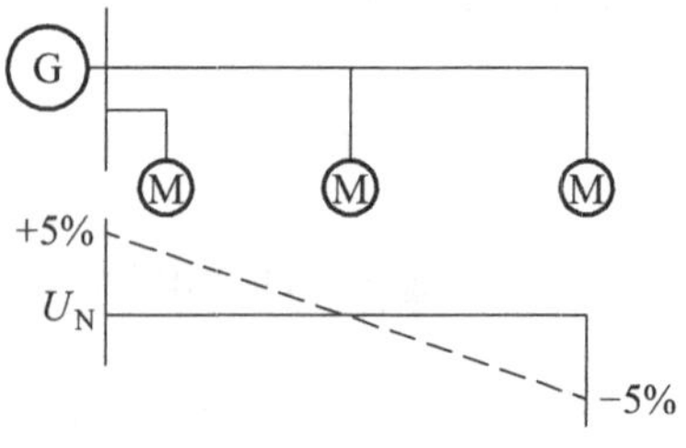

3. 发电机的额定电压

由于电力线路允许的电压损耗为±5%，即整个线路允许有10%的电压损耗，因此为了维护线路首端与末端平均电压的额定值，线路首端（电源端）电压应比线路额定电压高5%。而发电机是接在线路首端的，所以规定发电机的额定电压高于同级线路额定电压5%，用以补偿线路上的电压损耗，如图10-1-7所示。

图10-1-7 用电设备和发电机的额定电压

4. 电力变压器的额定电压

1）电力变压器一次绕组的额定电压有两种情况

当电力变压器直接与发电机相连，如图 10-1-8 中的变压器 T_1，则其一次绕组的额定电压应与发电机额定电压相同，即高于同级线路额定电压 5%。

当变压器不与发电机相连，而是连接在线路上，如图 10-1-8 中的变压器 T_2，则可将变压器看作线路上的用电设备，因此其一次绕组的额定电压应与线路额定电压相同。

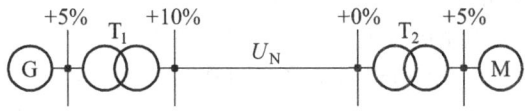

图 10-1-8　电力变压器一、二次额定电压说明图

2）变压器二次绕组的额定电压

变压器二次绕组的额定电压，是指变压器一次绕组接上额定电压而二次绕组开路时的电压，即空载电压。而变压器在满载运行时，二次绕组内约有 5%的阻抗电压降。因此分两种情况讨论：

（1）如果变压器二次侧供电线路很长（例如较大容量的高压线路），则变压器二次绕组额定电压，一方面要考虑补偿变压器二次绕组本身 5%的阻抗电压降，另一方面还要考虑变压器满载时输出的二次电压要满足线路首端应高于线路额定电压的 5%的要求，以补偿线路上的电压损耗。所以，变压器二次绕组的额定电压要比线路额定电压高 10%，如图 10-1-8 所示变压器 T_1。

（2）如果变压器二次侧供电线路不长（例如为低压线路或直接供电给高、低压用电设备的线路），则变压器二次绕组的额定电压，只需高于其所接线路额定电压 5%，即仅考虑补偿变压器内部 5%的阻抗电压降，如图 10-1-8 所示变压器 T_2。

（二）供电电能的质量

电力系统中的所有电气设备都必须在一定的电压和频率下工作。电气设备的额定电压和额定频率是保证电气设备正常工作并获得最佳经济效益的条件。因此，电压、频率和供电的连续可靠是衡量电能质量的基本参数。

1. 电压及波形

交流电的电压质量包括电压的数值与波形两个方面。电压质量对各类用电设备的工作性能、使用寿命、安全及经济运行都有直接的影响。

1）电压偏移

电压偏移又称电压偏差，是指用电设备端电压与用电设备额定电压之差对额定电压的百分数，即：

$$\Delta U\% = \frac{U - U_N}{U_N} \times 100$$

加在用电设备上的电压在数值上偏移额定值后，对于感应电动机，其最大转矩与端电压的平方成正比。当电压降低时，电动机转矩显著减小，以致转差增大，从而使定子、转子电流都显著增大，引起温升增加，绝缘老化加速，甚至烧毁电动机；而且由于转矩减小，转速下降，导致生产效益降低，产量减少，产品质量下降。反之，当电压过高，激磁电流与铁损都大大增加，引起电机的过热，效率降低。对电热装置，这类设备的功率与电压平方成正比，所以电压过高将损伤设备，电压过低又达不到所需温度。电压偏移对白炽灯影响显著，白炽灯的端电压降低 10%，发光效率下降 30%以上，灯光明显变暗；端电压升高 10%时，发光效率将提高 1/3，但白炽灯使用寿命将只有原来的 1/3。

电压偏移是由供电系统改变运行方式或电力负荷缓慢变化等因素引起的，其变化相对缓慢。我国规定，在正常情况下，用电设备端子处电压偏移的允许值为：电动机为 ±5%；照明灯一般场所为 ±5%，在视觉要求较高的场所为 +5%、−2.5%；其他用电设备无特殊规定时为 ±5%；

2）波形畸变

近年来，随着硅整流、晶闸管变流设备、微机及网络和各种非线性负荷的使用增加，致使大量谐波电流注入电网，造成电压正弦波波形畸变，使电能质量大大下降，给供电设备及用电设备带来严重危害。这不仅使损耗增加，还使某些用电设备不能正常运行，甚至可能引起系统谐振，从而在线路上产生过电压，击穿线路设备绝缘；还可能造成系统的继电保护和自动装置发生误动作，并对附近的通信设备和线路产生干扰。

2. 频 率

我国采用的工业频率（简称工频）为 50 Hz。当电网低于额定频率运行时，所有电力用户的电动机转速都将相应降低，因而工厂的产量和质量都将不同程度地受到影响。频率的变化还将影响到计算机、自控装置等设备的准确性。电网频率的变化对供配电系统运行的稳定性影响很大。因而我国对频率的要求比对电压的要求更严格，频率的变化范围一般不应超过 ±0.5 Hz。

3. 可靠性

供电的可靠性是衡量供配电质量的一个重要指标，有指标把它列在质量指标的首位。衡量供配电可靠性的指标，一般以全年平均供电时间占全年时间的百分比来表示。例如，全年时间为 8 760 h，用户全年平均停电时间 87.6 h，即停电时间占全年的 1%，则供电可靠性为 99%。

（三）电压调整

为了减小电压偏移，保证用电设备在最佳状态下运行，供配电系统必须采用相应的电压调整措施，通常有下列几种：

（1）合理选择变压器的电压分接头或采用有载调压器变压器，使之在负荷变动的情况下，有效地调节电压，保证用电设备端电压的稳定。

（2）合理地减少供配电系统的阻抗，以降低电压损耗，从而缩小电压偏移范围。

（3）尽量使系统的三相负荷均衡，以减小电压偏移。

（4）合理地改变供配电系统的运行方式，以调整电压偏移。

（5）采用无功功率补偿装置，提高功率因数，降低电压损耗，缩小电压偏移范围。

（四）供配电系统配电电压的选择

1. 高压配电电压的选择

目前，我国电力系统中，220 kV 及以上电压等级多用于大型电力系统的主干线；110 kV 电压既用于中、小型电力系统的主干线，也用于大型电力系统的二次网络；35 kV 则多用于电力系统的二次网络或大型工厂的内部供电网络；一般工厂内部多采用 6～10 kV 的高压配电电压。从技术经济指标方面来看，最好采用 10 kV。由于在同样的输送功率和输送距离条件下，配电电压越高，线路电流越小，因而线路所采用的导线或电缆截面越小，可减少线路的初投资和金属消耗量，且可减少线路的电能损耗和电压损耗。而从适应发展方面来说，10 kV 更优于 6 kV。由表 10-1-2 所列各级电压线路合理的输送功率和输送距离可见，采用 10 kV 电压较采用 6 kV 电压更适用于发展，输送功率更大，输送距离更远。但如果工厂拥有相当数量的 6 kV 用电设备，或者供电电源的电压就是 6 kV，则可考虑采用 6 kV 电压作为工厂的高压配电电压。

2. 低压配电电压的选择

供电系统的低压配电电压，主要取决于低压用电设备的电压，通常采用 380/220 V。其中线电压 380 V 接三相动力设备，相电压 220 V 供电给照明及其他 220 V 的单相设备。对于容易发生触电或有易燃易爆的个别车间或场所，可考虑采用 220/127 V 作为工厂的低压配电电压。但某些场合宜采用 660 V 甚至更高的 1 140 kV（只用于矿井下）作为低压配电电压。例如矿井下，因负荷中心往往离变电所较远，所以为保证负荷端的电压水平而采用比 380 V 更高的配电电压。

表 10-1-2　各级电压电力线路合理的输送功率和输送距离

线路电压/kV	线路结构	输送功率/kW	输送距离/km
0.38	架空线	≤100	≤0.25
0.38	电缆线	≤175	≤0.35
6	架空线	≤1 000	≤10
6	电缆线	≤3 000	≤8
10	架空线	≤2 000	5～20
10	电缆线	≤5 000	≤10
35	架空线	2 000～10 000	20～50
66	架空线	3 500～30 000	30～100
110	架空线	10 000～50 000	50～150
220	架空线	100 000～500 000	200～300

三、电力系统中性点运行方式

电力系统的中性点是指发电机或变压器的中性点。考虑到电力系统运行的可靠性、安全性、经济性及人身安全等因素，电力系统中性点常采用不接地、经消弧线圈接地、直接接地和经低电阻接地四种运行方式。下面分别讲述这几种运行方式的特点和应用。

（一）中性点不接地的电力系统

中性点不接地的运行方式，即电力系统的中性点不与大地相接。

我国 3~66 kV 系统，特别是 3~10 kV 系统，一般采用中性点不接地的运行方式。如图 10-1-9 所示是电源中性点不接地的电力系统在正常运行时的电路图和向量图。

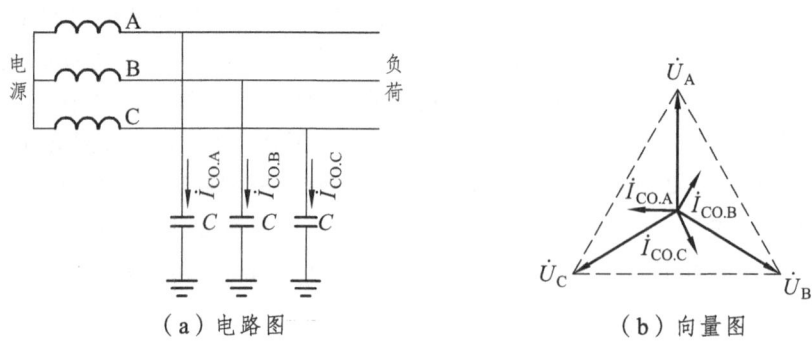

图 10-1-9　正常运行时中性点不接地的电力系统

为讨论问题简单起见，假设图 10-1-9（a）中所示三相系统的电源电压和电路参数都是对称的，而且将相与地之间存在的分布电容用一个集中电容 C 来表示，线间电容电流数值较小，可不考虑。

系统正常运行时，三个相电压 $\dot{U}_A$、$\dot{U}_B$、$\dot{U}_C$ 是对称的，三个相的对地电容电流 I_{CO} 也是对称的，其向量和为零，所以中性点没有电流流过，各相对地电压就是其相电压。

当系统发生单相接地时，例如 C 相接地，如图 10-1-10（a）所示，这时 C 相对地电压为零，非接地相 A 相对地电压 $\dot{U}_A' = \dot{U}_A + (-\dot{U}_C) = \dot{U}_{AC}$，B 相对地电压 $\dot{U}_B' = \dot{U}_B + (-\dot{U}_C) = \dot{U}_{BC}$，如图 10-1-10（b）所示。由向量图可见，当一相接地时，非接地两相对地电压均升高 $\sqrt{3}$ 倍，变为线电压。而且，该两相对地电容电流 I_{CO} 也相应地增大 $\sqrt{3}$ 倍。

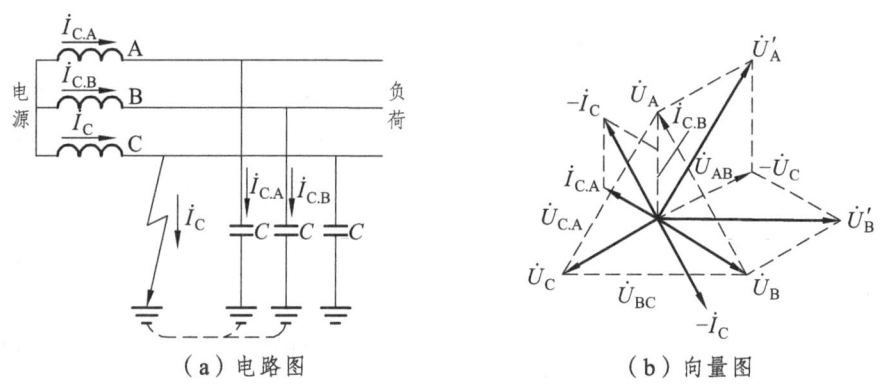

图 10-1-10　一相接地时的中性点不接地系统

当 C 相接地时，系统的接地电流（电容电流）为非接地两相对地电容电流之和。因此：

$$\dot{I}_C = -(\dot{I}_{C \cdot A} + \dot{I}_{C \cdot B})$$

由图 10-1-10（b）的向量图可知，$\dot{I}_C$ 在相位上正好超前 $\dot{U}_C$ 90°；而在量值上，由于

$I_C = \sqrt{3}I_{C\cdot A}$，而 $I_{CA} = U'_A / X_C = \sqrt{3}U_A / X_C = \sqrt{3}I_{C0}$，因此：

$$I_C = 3I_{C0}$$

即一相接地的电容电流为正常运行时每相对地电容电流的 3 倍。

由于线路对地的电容 C 不易准确确定，因此 I_{C0} 和 I_C 也不易根据 C 来精确计算。通常采用下列经验公式来确定中性点不接地系统的单相接地电容电流，即：

$$I_C = \frac{U_N(l_{oh} + 35l_{cab})}{350}$$

式中，I_C 为系统的单相接地电容电流（A）；U_N 为系统的额定电压（kV）；l_{oh} 为同一电压 U_N 具有电气联系的架空线路总长度（km）；l_{cab} 为同一电压 U_N 具有电气联系的电缆线路（cable line）总长度（km）。

必须指出：这种单相接地状态不允许长时间运行，因为如果另一相又发生接地故障，就形成两相接地短路，产生很大的短路电流，从而损坏线路及其用电设备；此外，较大的单相接地电容电流会在接地点引起电弧，形成间歇电弧过电压，威胁电力系统的安全运行。因此，我国电力规程规定，中性点不接地的电力系统发生单相接地故障时，单相接地运行时间不应超过 2 h。

中性点不接地系统一般都装有单相接地保护装置或绝缘监测装置，在系统发生接地故障时，会及时发出警报，提醒工作人员尽快排除故障；同时，在可能的情况下，应把负荷转移到备用线路上去。

（二）中性点经消弧线圈接地的电力系统

在中性点不接地系统中，当单相接地电流超过规定数值时（3~10 kV 系统中接地电流大于 30 A，20 kV 及以上系统中接地电流大于 10 A 时），将产生断续电弧，从而在线路上引起危险的过电压，因此须采用经消弧线圈接地的措施来减小这一接地电流，熄灭电弧，避免过电压的产生。这种接地方式称为中性点经消弧线圈接地方式，如图 10-1-11 所示。

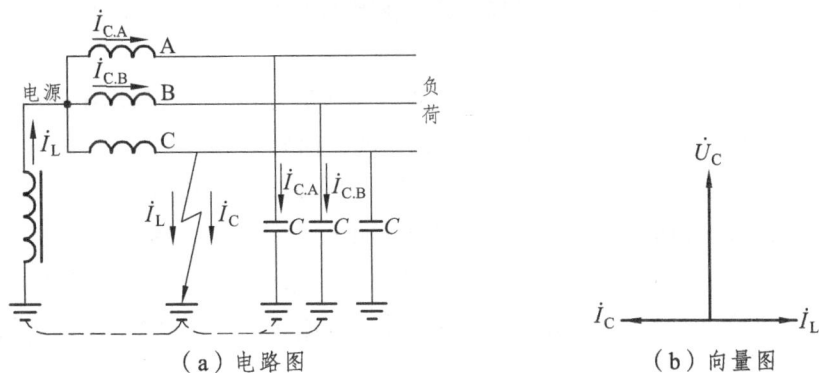

图 10-1-11　一相接地时的中性点经消弧线圈接地系统

在正常情况下，三相系统是对称的，中性点电流为零，消弧线圈中没有电流通过。

当系统发生单相接地时，流过接地点的电流是接地电容电流 $\dot{I}_C$ 与流过消弧线圈的电感电流 $\dot{I}_L$ 之和。由于 $\dot{I}_C$ 超前 $\dot{U}_C$ 90°，而 $\dot{I}_L$ 滞后 $\dot{U}_C$ 90°，所以 $\dot{I}_L$ 与 $\dot{I}_C$ 在接地点互相补偿。如果消弧线圈电感选用合适，会使接地电流减到小于发生电弧的最小生弧电流时，电弧就不会发生，从而也不会产生过电压。

中性点经消弧线圈接地系统，与中性点不接地系统一样，当发生单相接地故障时，接地相电压为零，三个线电压不变，其他两相电压也将升高 $\sqrt{3}$ 倍。因此，发生单相接地故障时的运行时间也同样不允许超过 2 h。

（三）中性点直接接地的电力系统

这种系统的单相接地，即通过接地中性点形成单相短路，单相短路电流比线路的正常负荷电流大许多倍，如图 10-1-12 所示。因此，在系统发生单相短路时保护装置应动作于跳闸，切除短路故障，使系统的其他部分恢复正常运行。

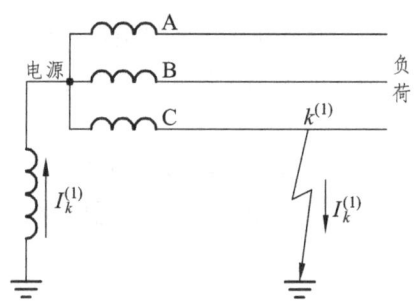

图 10-1-12　一相接地时的中性点直接接地系统

中性点直接接地的系统发生单相接地时，其他两完好相的对地电压不会升高，这与上述中性点不直接接地的系统不同，因此，凡中性点直接接地的系统中的供电设备的绝缘只需按相电压考虑，而无需按线电压考虑。这对 110 kV 以上的超高压系统是很有经济技术价值的。高压电器的绝缘问题是影响电器设计和制造的关键问题。电器绝缘要求的降低，直接降低了电器的造价，同时改善了电器的性能。目前我国 110 kV 以上电力网均采用中性点直接接地方式。

我国 380/220 V 低压配电系统也采用中性点直接接地方式，而且引出中性线（N 线）、保护线（PE 线）或保护中性线（PEN 线）这样的系统，称为 TN 系统。

中性线（N 线）的作用：一是用来接相电压为 220 V 的单相用电设备；二是用来传导三相系统中的不平衡电流和单相电流；三是减少负载中性点的电压偏移。

保护线（PE 线）的作用是保障人身安全，防止触电事故发生。在 TN 系统中，当用电设备发生单相接地故障时，就形成单相短路，使线路过电流保护装置动作，迅速切除故障部分，从而防止人身触电。

TN 系统可因其 N 线和 PE 线的不同形式，分为 TN-C 系统、TN-S 系统和 TN-C-S 系统，如图 10-1-13 所示。

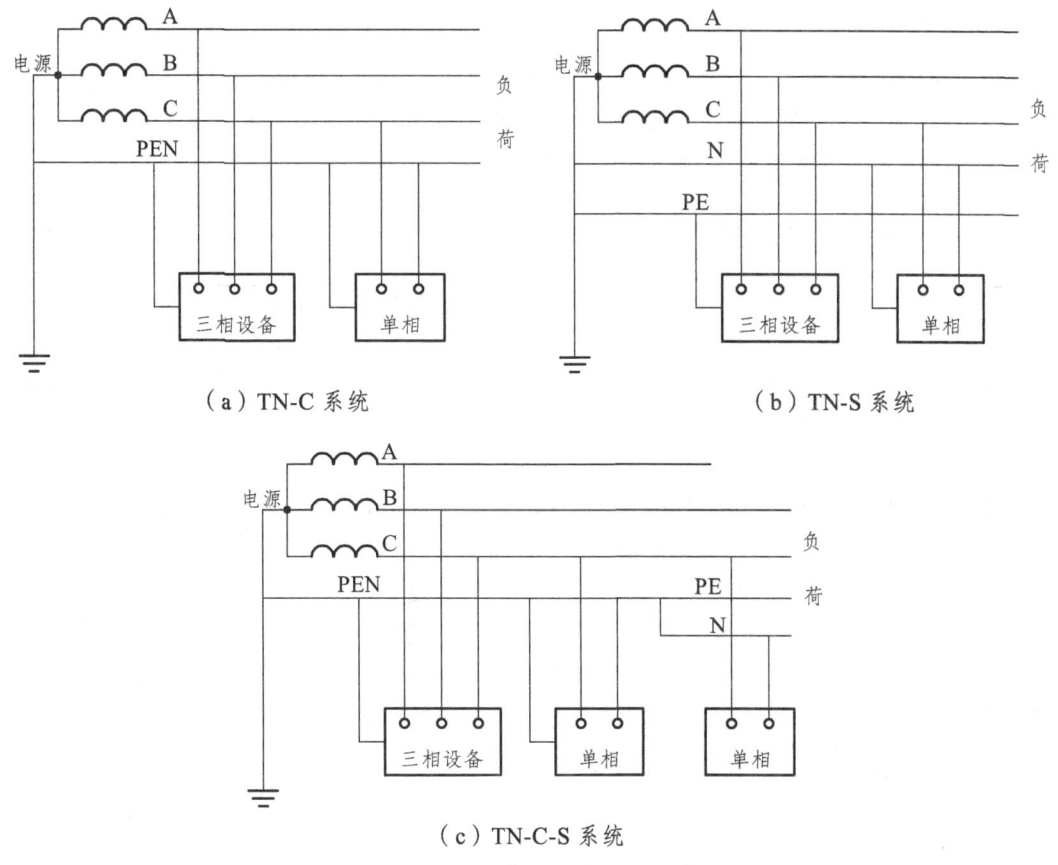

图 10-1-13 低压配电 TN 系统

1. TN-C 系统

这种系统的 N 线和 PE 线合用一根导线 PEN 线,所有设备外露可导电部分(如金属外壳等)均与 PEN 线相连,如图 10-1-13(a)所示。保护中性线(PEN 线)兼有中性线(N 线)和保护线(PE 线)的功能,当三相负荷不平衡或接有单相用电设备时,PEN 线上均有电流通过。

这种系统一般能够满足供电可靠性的要求,而且投资较省,节约有色金属,过去在我国低压配电系统中应用最为普遍。但是当 PEN 断线时,可使设备外露可导电部分带电,对人有触电危险。所以,现在在安全要求较高的场所和要求抗电磁干扰的场所均不允许采用这种系统。

2. TN-S 系统

这种系统的 N 线和 PE 线是分开的,所有设备的外露可导电部分均与公共 PE 线相连,如图 10-1-13(b)所示。这种系统的特点是公共 PE 线在正常情况下没有电流通过,因此不会对接在 PE 线上的其他用电设备产生电磁干扰。此外,由于其 N 线与 PE 线分开,因此其 N 线即使断线也并不影响连接。

在 PE 线上的用电设备的安全。该系统多用于环境条件较差,对安全可靠性要求较高及用电设备对抗电磁干扰要求较严的场所。

3. TN-C-S 系统

这种系统前一部分为 TN-C 系统，后一部分为 TN-S 系统（或部分为 TN-S 系统），如图 10-1-13（c）所示。它兼有 TN-C 系统和 TN-S 系统的优点，常用于配电系统末端环境条件较差且要求无电磁干扰的数据处理或具有精密检测装置等设备的场所。

（四）中性点经低电阻接地的电力系统

近几年来，随着 10 kV 配电系统的应用不断推广，特别是现代化大、中型城市在电网改造中大量采用电缆线路，致使接地电容电流增大。因此，即使采用中性点经消弧线圈接地的方式也无法完全在发生接地故障时熄灭电弧，而间歇性电弧及谐振引起的过电压会损坏供配电设备和线路，从而导致供电的中断。

为了解决上述问题，我国一些大城市的 10 kV 系统采用了中性点经低电阻接地的方式。例如，北京市四环路以内地区的变电站，10 kV 系统中性点均采用经低电阻接地方式。它接近于中性点直接接地的运行方式，在系统发生单相接地时，保护装置会迅速动作，切除故障线路，通过备用电源的自动投入，使系统的其他部分恢复正常运行。

电力系统的中性点运行方式，是一个涉及面很广的问题。它对于供电可靠性、过电压、绝缘配合、短路电流、继电保护、系统稳定性以及对弱电系统的干扰等方面都有不同程度的影响，特别是在系统发生单相接地故障时，有显著的影响。因此，电力系统的中性点运行方式，应依据国家的有关规定，并根据实际情况而确定。

【巩固练习】

1. 电力系统、动力系统的组成分别是什么？
2. 供电系统的基本要求有哪些？
3. 电力系统中的额定电压有哪些？
4. 如何衡量电力系统供电能量的质量？
5. TN-C 系统、TN-S 系统和 TN-C-S 系统有什么区别？

任务二　安全用电常识

【学习目标】

1. 掌握用电安全技术（接地保护、接零保护和漏电保护）。
2. 了解一般情况下对人体的安全电流和电压。
3. 了解触电事故的发生。
4. 了解安全用电的原则。

【知识要点】

1. 安全用电的技术。
2. 触电急救与电气消防。
3. 影响触电危险程度的因素。

【理论知识】

随着电能应用的不断拓展，以电能为介质的各种电气设备广泛进入企业、社会和家庭生活中。与此同时，使用电气所带来的安全事故也不断发生。为了实现电气安全，在对电网本身的安全进行保护的同时，更要重视用电的安全问题。因此，学习安全用电基本知识，掌握常规触电防护技术，是保证用电安全的有效途径。

电气危害有两个方面：一方面是对系统自身的危害，如短路、过电压、绝缘老化等；另一方面是对用电设备、环境和人员的危害，如触电、电气火灾、电压异常升高造成用电设备损坏等，其中尤以触电和电气火灾危害最为严重。触电可直接导致人员伤残、死亡。另外，静电产生的危害也不能被忽视，它是电气火灾的原因之一，对电子设备的危害也很大。

一、人身安全

（一）触电危害

触电是指人体触及带电体后，电流对人体造成的伤害。它有两种类型，即电击和电伤。

1. 电伤——非致命的

电伤是指电流的热效应、化学效应、机械效应及电流本身作用造成的人体伤害。电伤会在人体皮肤表面留下明显的伤痕，常见的有电灼伤、电烙伤和皮肤金属化等现象。

2. 电　击

电击是指电流通过人体内部，破坏人体内部组织，影响呼吸系统、心脏及神经系统的正常功能，甚至危及生命。在触电事故中，电击和电伤常会同时发生。

1）电弧烧伤

电弧的高温或电流产生的热量所引起的皮内深度烧伤，可以造成残废或死亡。严重的电弧烧伤大多发生在高压设备上，以及由带负载拉刀闸短路而产生的强烈电弧所致。

2）电烙伤

当人体与带电体良好接触时，人体皮肤会变硬，形成黄色或灰色肿块。电烙伤在低压触电时常见。

3）金属溅伤

被电流熔化和蒸发的金属微粒渗入人体表皮所造成的损伤。

（二）影响触电危险程度的因素

1. 电流大小对人体的影响

通过人体的电流越大，人体的生理反应就越明显，感应就越强烈，引起心室颤动所需的时间就越短，致命的危害就越大。按照通过人体电流的大小和人体所呈现的不同状态，工频交流电大致分为下列三种：

① 感觉电流：指引起人的感觉的最小电流（5.2～3.5 mA）。
② 摆脱电流：指人体触电后能自主摆脱电源的最大电流（9～6 mA）。
③ 致命电流：指在较短的时间内危及生命的最小电流（50 mA）。

2. 电流的类型

各种形式的电流和静电荷对人体均有伤害作用，如表 10-2-1 所示。

表 10-2-1　电流及对应人体反应

电流种类	人体反应
直流电流	最小感知电流 3.5~5.2 mA；平均摆脱电流 51~76 mA，引起心室颤动的电流均为 500 mA
高频电流	1 000 Hz 以上，伤害程度明显减轻，1 000 Hz 最小感知电流 8~12 mA；平均摆脱电流 50~75 mA，引起心室颤动的电流均为 500 mA
冲击电流	雷电、静电产生的冲击电流给人以冲击感，并引起强烈肌肉收缩
静电电荷	对人体的伤害与带电体电容和电压有关，冲击电流引起心室颤动的界限为 27 W·s

3. 电流的作用时间

人体触电，当通过电流的时间越长，愈易造成心室颤动，生命危险性就愈大。据统计，触电 1~5 min 内急救，90%有良好的效果，10 分钟内急救有 60%救生率，超过 15 分钟急救则生存希望甚微。

触电保护器的一个主要指标就是额定断开时间与电流乘积小于 30 mA·s。实际产品一般额定动作电流为 30 mA，动作时间为 0.1 s，故小于 30 mA·s 可有效防止触电事故。

4. 电流路径

电流通过头部可使人昏迷；通过脊髓可能导致瘫痪；通过心脏会造成心跳停止，血液循环中断；通过呼吸系统会造成窒息。因此，从左手到胸部是最危险的电流路径；从手到手、从手到脚也是很危险的电流路径；从脚到脚是危险性较小的电流路径。

5. 人体电阻

人体电阻是不确定的电阻，皮肤干燥时一般为 100 kΩ左右，而人体一旦潮湿可降到 1 kΩ。人体不同，对电流的敏感程度也不一样。一般来说，儿童较成年人敏感，女性较男性敏感。患有心脏病者，触电后的死亡可能性就更大。

（三）常见的触电方式

人体触电方式主要有两种：直接或间接接触带电体以及跨步电压。直接接触又可分为单极接触和双极接触。

1. 单极触电

当人站在地面上或其他接地体上，人体的某一部位触及一相带电体时，电流通过人体流入大地（或中性线），称为单极触电，如图 10-2-1 所示。图 10-2-1（a）所示为电源中性点接地运行方式时，单相的触电电流途径。图 10-2-1（b）所示为中性点不接地的单相触电情况。一般情况下，接地电网里的单相触电比不接地电网里的危险性大。

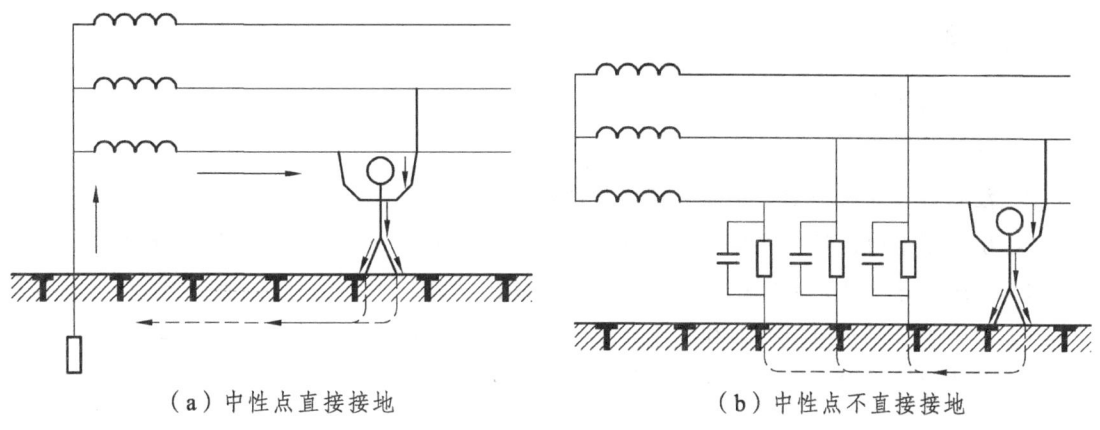

（a）中性点直接接地　　　　　　　　（b）中性点不直接接地

图 10-2-1　单极触电

2. 双极触电

双极触电是指人体两处同时触及同一电源的两相带电体，以及在高压系统中，人体距离高压带电体小于规定的安全距离，造成电弧放电时，电流从一相导体流入另一相导体的触电方式，如图 10-2-2 所示。两相触电加在人体上的电压为线电压，因此不论电网的中性点接地与否，其触电的危险性都很大。

3. 跨步电压触电

当带电体接地时有电流向大地流散，在以接地点为圆心，半径 20 m 的圆面积内形成分布电位。人站在接地点周围，两脚之间（以 0.8 m 计算）的电位差称为跨步电压 U_k，如图 10-2-3 所示，由此引起的触电事故称为跨步电压触电。高压故障接地处，或有大电流流过的接地装置附近都可能出现较高的跨步电压。离接地点越近、两脚距离越大，跨步电压值就越大。一般 10 m 以外处没有危险。

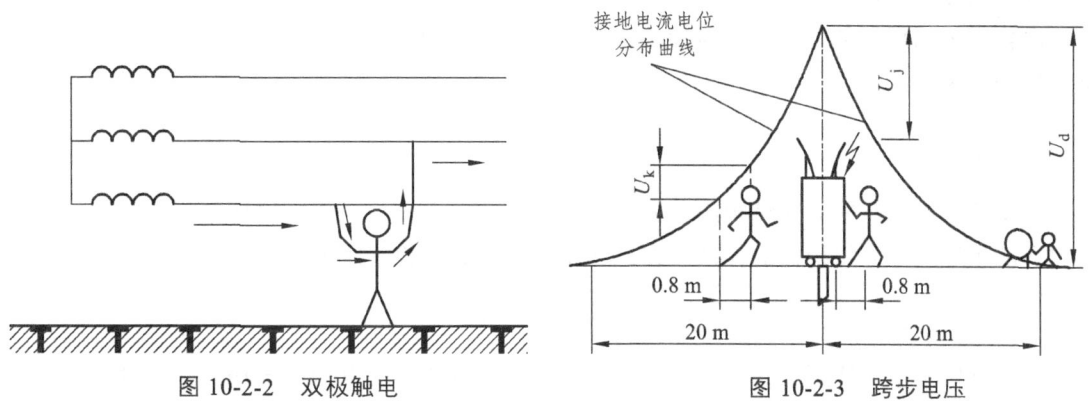

图 10-2-2　双极触电　　　　　　　　图 10-2-3　跨步电压

4. 剩余电荷触电

剩余电荷触电是指当人触及带有剩余电荷的设备时，带有电荷的设备对人体放电造成的触电事故。设备带有剩余电荷，通常是由于检修人员在检修中摇表测量停电后的并联电容器、电力电缆、电力变压器及大容量电动机等设备时，检修前、后没有对其充分放电所造成的。

（四）触电原因

产生触电事故有以下原因：

（1）缺乏用电常识，触及带电的导线。

（2）没有遵守操作规程，人体直接与带电体部分接触。

（3）由于用电设备管理不当，使绝缘损坏，发生漏电，人体碰触漏电设备外壳。

（4）高压线路落地，造成跨步电压引起对人体的伤害。

（5）检修中，安全组织措施和安全技术措施不完善，接线错误，造成触电事故。

（6）其他偶然因素，如人体受雷击等。

（五）触电的防护

1. 绝　缘

它是防止人体触及绝缘物把带电体封闭起来。瓷、玻璃、云母、橡胶、木材、胶木、塑料、布、纸和矿物油等都是常用的绝缘材料（220/0.25 M，380/0.5 M）。

应当注意：很多绝缘材料受潮后会丧失绝缘性能或在强电场作用下会遭到破坏，丧失绝缘性能。

2. 外壳保护

为了防止人员误触电气元件裸露的带电部位，将电气元件安装在金属盒或盒内，对人起到安全防护作用。

3. 屏　护

即采用遮拦、护照、护盖箱闸等把带电体同外界隔绝开来。

电器开关的可动部分一般不能使用绝缘，而需要屏护。高压设备不论是否有绝缘，均应采取屏护措施。

4. 间　距

间距就是保证必要的安全距离。间距除用防止触及或过分接近带电体外，还能起到防止火灾、防止混线、方便操作的作用。在低压工作中，最小检修距离不应小于 0.1 m。

5. 安全电压

安全电压是指人体不戴任何防护设备时，触及带电体不受电击或电伤。人体触电的本质是电流通过人体产生了有害效应，然而触电的形式通常是人体的两部分同时触及了带电体，而且这两个带电体之间存在着电位差。因此在电击防护措施中，要将流过人体的电流限制在无危险范围内，也即将人体能触及的电压限制在安全的范围内。国家标准制定了安全电压系列，称为安全电压等级或额定值，这些额定值指的是交流有效值，分别为：42 V、36 V、24 V、12 V、6 V 等几种。

6. 接地和接零保护

1) 接地保护

按功能分,接地可分为工作接地和保护接地。工作接地是指电气设备(如变压器中性点)为保证其正常工作而进行的接地;保护接地是指为保证人身安全,防止人体接触设备外露部分而触电的一种接地形式。在中性点不接地系统中,设备外露部分(金属外壳或金属构架),必须与大地进行可靠电气连接,即保护接地。

接地装置由接地体和接地线组成,埋入地下直接与大地接触的金属导体,称为接地体,连接接地体和电气设备接地螺栓的金属导体称为接地线。接地体的对地电阻和接地线电阻的总和,称为接地装置的接地电阻。

保护接地常用在 IT 低压配电系统和 TT 低压配电系统的型式中,如图 10-2-4 所示。

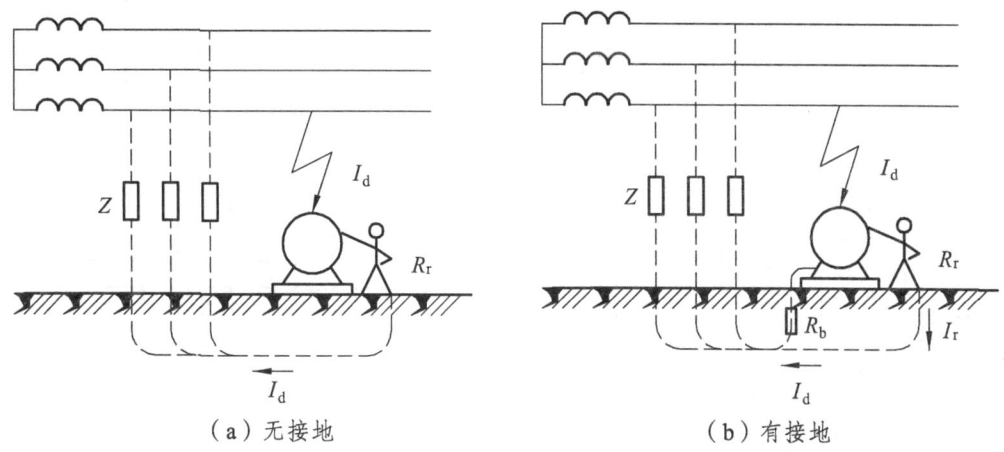

(a) 无接地　　　　(b) 有接地

图 10-2-4　保护接地原理图

2) 保护接零

保护接零是指在电源中性点接地的系统中,将设备需要接地的外露部分与电源中性线直接连接,相当于设备外露部分与大地进行了电气连接。使保护设备能迅速动作断开故障设备,减少了人体触电危险。保护接零适用于 TN 低压配电系统型式。

当设备正常工作时,外露部分不带电,人体触及外壳相当于触及零线,无危险,如图 10-2-5 所示。

采用保护接零时注意:

(1) 同一台变压器供电系统的电气设备不宜将保护接地和保护接零混用,而且中性点工作接地必须可靠。

(2) 保护零线上不准装设熔断器。

区别:将金属外壳用保护接地线(PEE)与接地极直接连接的叫接地保护;当将金属外壳用保护

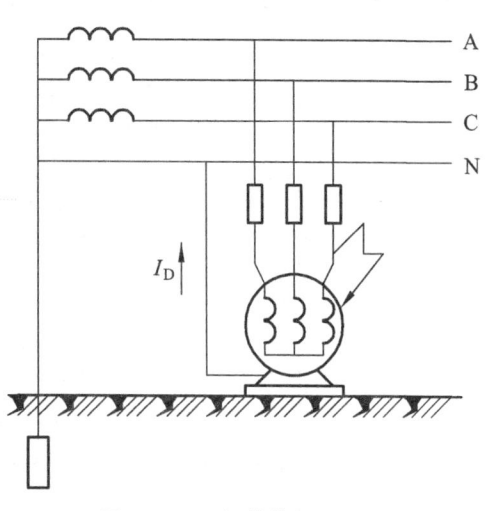

图 10-2-5　保护接零原理图

线（PE）与保护中性线（PEN）相连接的则称之为接零保护。

3）重复接地

在电源中性线做了工作接地的系统中，为确保保护接零的可靠，还需相隔一定距离将中性线或接地线重新接地，称为重复接地。

从图10-2-6（a）中可以看出，一旦中性线断线，设备外露部分带电，人体触及同样会有触电的可能。而在重复接地的系统中，如图10-2-6（b）所示，即使出现中性线断线，但外露部分因重复接地而使其对地电压大大下降，对人体的危害也大大下降。不过应尽量避免中性线或接地线出现断线的现象。

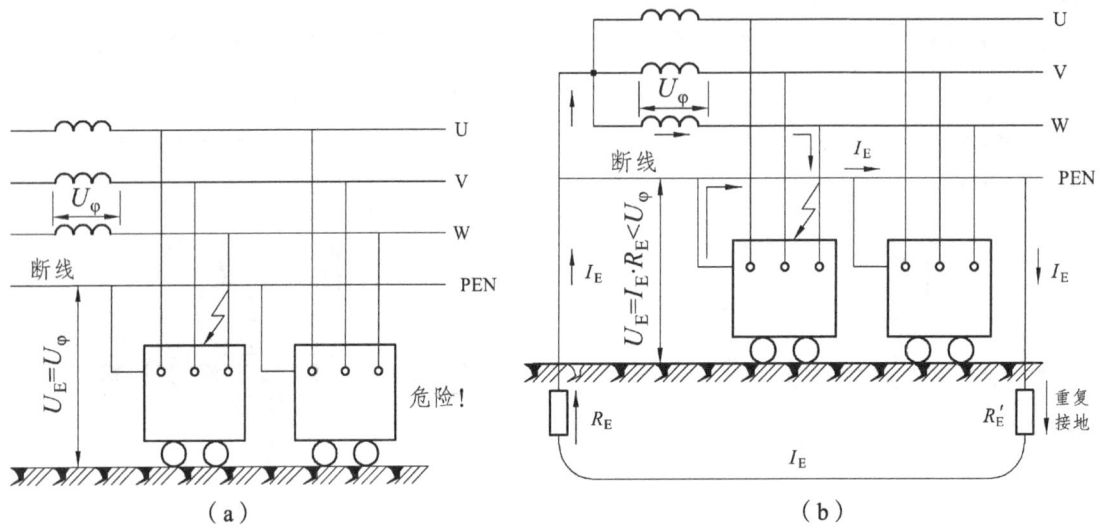

图 10-2-6 重复接地作用

为降低因绝缘破坏而遭到电击的危险，对于以上不同的低压配电系统型式，电气设备常采用保护接地、保护接零、重复接地等不同的安全措施。

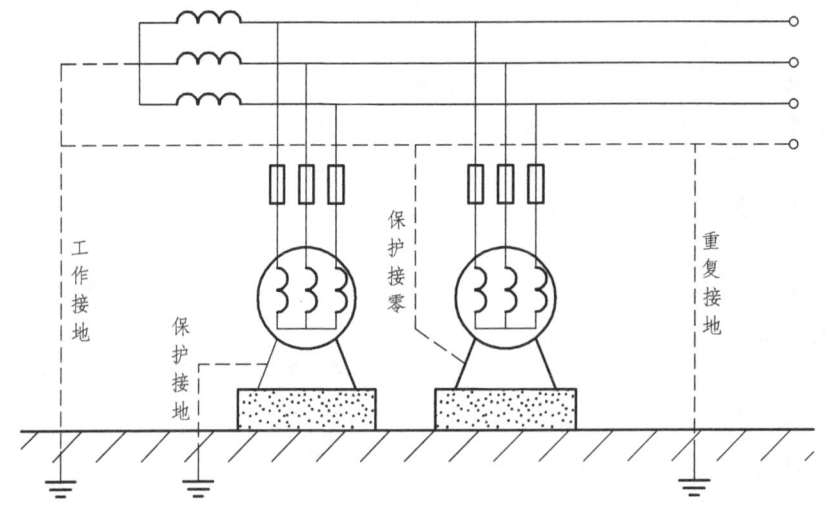

图 10-2-7 保护接地、工作接地、重复接地及保护接零示意图

以上分析的电击防护措施是从降低接触电压方面进行考虑的。但实际上这些措施往往还不够完善，需要采用其他保护措施作为补充。例如，采用漏电保护器、过电流保护电器等措施。

7. 漏电保护开关

1）定　义

漏电保护器（漏电保护开关）是一种电气安全装置。将漏电保护器安装在低压电路中，当发生漏电和触电时，且达到保护器所限定的动作电流值时，就立即在限定的时间内动作自动断开电源进行保护。

漏电保护为近年来推广采用的一种新的防止触电的保护装置。在电气设备中发生漏电或接地故障而人体尚未触及时，漏电保护装置已切断电源；或者在人体已触及带电体时，漏电保护器能在非常短的时间内切断电源，减轻对人体的危害。

2）种　类

漏电保护器按不同方式分类来满足使用的选型。如按动作方式可分为电压动作型和电流动作型；按动作机构分为有开关式和继电器式；按极数和线数分为有单极二线、二极、二极三线等。按动作灵敏度可分为：高灵敏度：漏电动作电流在 30 mA 以下；中灵敏度：漏电动作电流在 30～1 000 mA；低灵敏度：漏电动作电流在 1 000 mA 以上。

二、用电安全技术简介

（一）低压配电系统

低压配电系统是电力系统的末端，分布广泛，几乎遍及建筑的每一角落，平常使用最多的是 380/220 V 的低压配电系统。从安全用电等方面考虑，低压配电系统有三种接地形式：IT 系统、TT 系统、TN 系统。TN 系统又分为 TN-S 系统、TN-C 系统、TN-C-S 系统三种形式。

1. IT 系统

IT 系统就是电源中性点不接地、用电设备外壳直接接地的系统，如图 10-2-8 所示。IT 系统中，连接设备外壳可导电部分和接地体的导线，就是 PE 线。

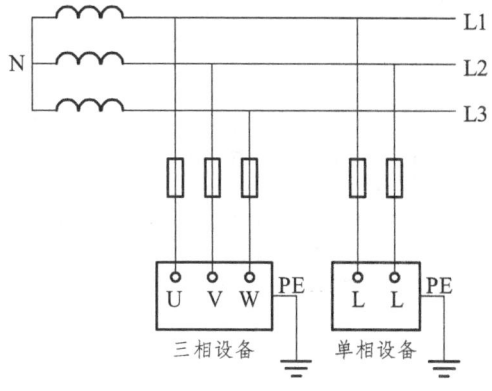

图 10-2-8　IT 系统接地

2. TT 系统

TT 系统就是电源中性点直接接地、用电设备外壳也直接接地的系统，如图 10-2-9 所示。通常将电源中性点的接地叫作工作接地，而设备外壳接地叫作保护接地。TT 系统中，这两个接地必须是相互独立的。设备接地可以是每一设备都有各自独立的接地装置，也可以若干设备共用一个接地装置，图 10-2-9 中单相设备和单相插座就是共用接地装置的。

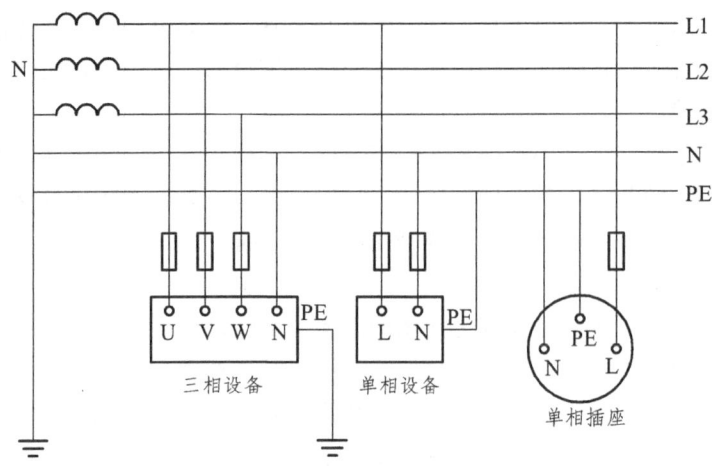

图 10-2-9　TT 系统接地

3. TN 系统

TN 系统即电源中性点直接接地、设备外壳等可导电部分与电源中性点有直接电气连接的系统。

TN-S 系统如图 10-2-10 所示。图中中性线 N 与 TT 系统相同，在电源中性点工作接地，而用电设备外壳等可导电部分通过专门设置的保护线 PE 连接到电源中性点上。在这种系统中，中性线 N 和保护线 PE 是分开的。TN-S 系统的最大特征是 N 线与 PE 线在系统中性点分开后，不能再有任何电气连接。TN-S 系统是我国现在应用最为广泛的一种系统（又称三相五线制系统）。

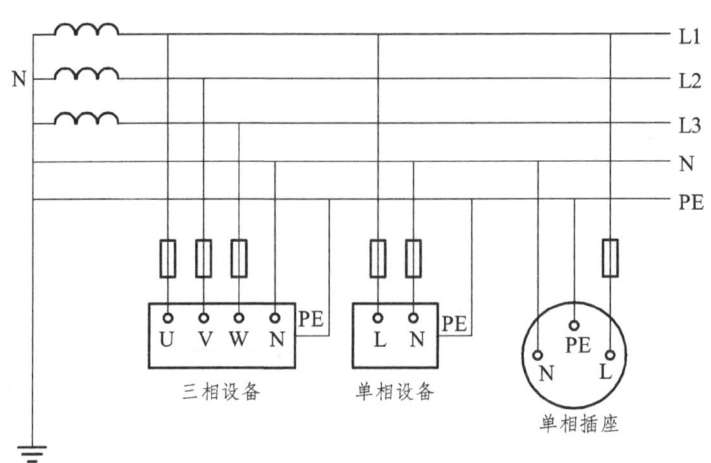

图 10-2-10　TN-S 系统接地

(二)触电急救与电气消防

1. 解脱电源

人在触电后可能由于失去知觉或超过人的摆脱电流而不能自己脱离电源,此时抢救人员应不要惊慌,要在保护自己不被触电的情况下使触电者脱离电源。

(1)如果接触电器触电,应立即断开近处的电源,可就近拔掉插头,断开开关或打开保险盒。

(2)如果碰到破损的电线而触电,附近又找不到开关,可用干燥的木棒、竹竿、手杖等绝缘工具把电线挑开,挑开的电线要放置好,不要使人再次触到。

(3)如一时不能实行上述方法,触电者又趴在电器上,可隔着干燥的衣物将触电者拉开。

(4)在脱离电源过程中,如触电者在高处,要防止脱离电源后跌伤而造成二次受伤。

(5)在使触电者脱离电源的过程中,抢救者要防止自身触电。

2. 脱离电源后的判断

触电者脱离电源后,应迅速判断其症状,根据其受电流伤害的不同程度,采用不同的急救方法。

(1)判断触电者有无知觉。

(2)判断呼吸是否停止(人工呼吸)。

(3)判断脉搏是否搏动(胸外挤压)。

(4)判断瞳孔是否放大。

3. 触电的急救方法

1)口对口人工呼吸法

人的生命的维持,主要靠心脏跳动而产生血循环,通过呼吸而形成氧气与废气的交换。如果触电人伤害较严重,失去知觉,停止呼吸,但心脏微有跳动,就应采用口对口的人工呼吸法。具体做法是:

(1)迅速解开触电人的衣服、裤带,松开上身的衣服、护胸罩和围巾等,使其胸部能自由扩张,不妨碍呼吸。

(2)使触电人仰卧,不垫枕头,头先侧向一边清除其口腔内的血块、假牙及其他异物等。

(3)救护人员位于触电人头部的左边或右边,用一只手捏紧其鼻孔,不使其漏气,另一只手将其下巴拉向前下方,使其嘴巴张开,嘴上可盖上一层纱布,使其准备接受吹气。

(4)救护人员做深呼吸后,紧贴触电人的嘴巴,向他大口吹气。同时观察触电人胸部隆起的程度,一般应以胸部略有起伏为宜。

(5)救护人员吹气至需换气时,应立即离开触电人的嘴巴,并放松触电人的鼻子,让其自由排气。这时应注意观察触电人胸部的复原情况,倾听口鼻处有无呼吸声,从而检查呼吸是否阻塞,如图10-2-11所示。

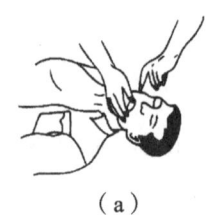 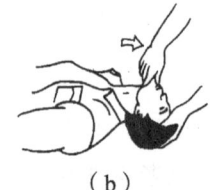 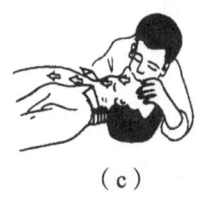 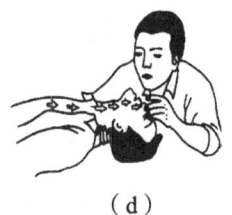

（a）　　　　　　（b）　　　　　　（c）　　　　　　（d）

图 10-2-11　口对口（鼻）人工呼吸法

2）人工胸外挤压心脏法

若触电人伤害得相当严重，心脏和呼吸都已停止，人完全失去知觉，则需同时采用口对口人工呼吸和人工胸外挤压两种方法。如果现场仅有一个人抢救，可交替使用这两种方法，先胸外挤压心脏4~6次，然后口对口呼吸2~3次，再挤压心脏，反复循环进行操作。人工胸外挤压心脏的具体操作步骤如下：

（1）解开触电人的衣裤，清除口腔内异物，使其胸部能自由扩张。

（2）使触电人仰卧，姿势与口对口吹气法相同，但背部着地处的地面必须牢固。

（3）救护人员位于触电人一边，最好是跨跪在触电人的腰部，将一只手的掌根放在心窝稍高一点的地方（掌根放在胸骨的下三分之一部位），中指指尖对准锁骨间凹陷处边缘，如图10-2-12（a）、（b）所示，另一只手压在那只手上，呈两手交叠状（对儿童可仅用一只手）。

 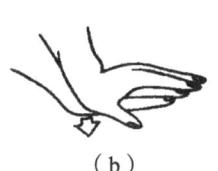 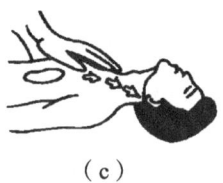 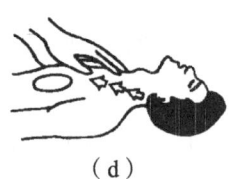

（a）　　　　　　（b）　　　　　　（c）　　　　　　（d）

图 10-2-12　心脏挤压法

（4）救护人员找到触电人的正确压点，自上而下，垂直均衡地用力挤压，如图 10-2-12（c）、（d）所示，压出心脏里面的血液，注意用力适当。

（5）挤压后，掌根迅速放松（但手掌不要离开胸部），使触电人胸部自动复原，心脏扩张，血液又回到心脏。

4．电气消防

1）发现电子装置、电气设备、电缆等冒烟起火，要尽快切断电源。

2）使用砂土、二氧化碳或四氯化碳等不导电灭火介质，忌用泡沫和水进行灭火。

3）灭火时不可将身体或灭火工具触及导线和电气设备。

【巩固练习】

1．什么叫安全电压？安全电压分为哪些等级？

2．什么是跨步电压？

3．什么是接触电压触电？

4．重复接地有哪些作用？

5．如何应急处理触电事故？

操作实训

【实训任务】

触电急救。

【实训目标】

1. 了解触电急救的有关知识;
2. 学会触电急救方法。

【实训工具】

1. 模拟的低压触电现场。
2. 各种工具(含绝缘工具和非绝缘工具)。
3. 体操垫1张。
4. 心肺复苏急救模拟人。

【任务实施】

一、使触电者尽快脱离电源

1. 在模拟的低压触电现场让一学生模拟被触电的各种情况,要求学生两人一组选择正确的绝缘工具,使用安全快捷的方法使触电者脱离电源。

2. 将已脱离电源的触电者按急救要求放置在体操垫上,学习"看、听、试"的判断办法。

二、心肺复苏急救方法

1. 要求学生在工位上练习胸外挤压急救手法和口对口人工呼吸法的动作和节奏。

2. 让学生用心肺复苏模拟人进行心肺复苏训练,根据打印输出的训练结果检查学生急救手法的力度和节奏是否符合要求(若采用的模拟人无打印输出,可由指导教师计时和观察学生的手法以判断其正确性),直至学生掌握方法为止。

3. 完成技能训练报告。

参考文献

[1] 张崇巍,张兴. PWM 整流器及其控制[M]. 北京：机械工业出版社,2003.

[2] 皮埃罗（Robert F. Pierret）. 半导体器件基础[M]. 黄如,王漪,王金延,译. 北京：电子工业出版社,2004.

[3] 洪雪燕,林建军. 安全用电[M]. 北京：中国电力出版社,2005.

[4] 王鼎,王桂琴. 电工电子技术[M]. 北京：机械工业出版社,2006.

[5] 刘宝玲. 电子电路基础[M]. 北京：高等教育出版社,2006.

[6] 陈永甫. 常用半导体器件及模拟电路[M]. 北京：人民邮电出版社,2006.

[7] 果强,熊化武. 安全用电基础[M]. 北京：电子工业出版社,2007.

[8] 袁寿财. IGBT 场效应半导体功率器件导论[M]. 北京：科学出版社,2007.

[9] 洪雪燕,林建军,王富勇. 安全用电[M]. 北京：中国电力出版社,2008.

[10] 于松伟. 城市轨道交通供电系统设计原理与应用[M]. 成都：西南交通大学出版社,2008.

[11] 曲学基,曲敬恺,于明扬. 电力电子整流技术及应用[M]. 北京：电子工业出版社,2008.

[12] 张新德. 蓄电池保养维修与再生即时通[M]. 北京：机械工业出版社,2009.

[13] 王芳荣,王鼎. 电工电子技术实验指导[M]. 北京：清华大学出版社,2009.

[14] 陈健巍,刘骋. 电工电子技术基础实验与实训[M]. 上海：同济大学出版社,2009.

[15] 王秀和,杨玉波,朱常青. 异步起动永磁同步电动机：理论、设计与测试[M]. 北京：机械工业出版社,2009.

[16] 朱茂勋. 三相异步电动机绕组嵌接线实用图集[M]. 上海：上海科学技术出版社,2009.

[17] 林红,张鄂亮,周鑫霞. 电工电子技术[M]. 北京：清华大学出版社,2010.

[18] 安宗权. 汽车电工电子技术[M],北京：机械工业出版社,2010.

[19] 王艳荣. 城市轨道交通车辆电气检修[M]. 上海：上海科学技术出版社,2010.

[20] 胡晓光. 数字电子技术基础[M]. 北京：高等教育出版社,2010.

[21] 罗富坤. 汽车电工电子技术基础[M]. 北京：机械工业出版社,2011.

[22] 吴文民,吴政清. 汽车电工电子技术[M]. 北京：金盾出版社,2009.

[23] 陈昌建,王忠良. 汽车电工电子技术[M]. 大连：大连理工大学出版社,2014.

[24] 段京华. 汽车电工电子技术基础[M]. 北京：机械工业出版社,2014.

[25] 陈代洪. 汽车电工电子技术基础[M]. 北京：国防工业出版社,2014.

[26] 吕娜,张秀红,徐磊. 汽车电工电子技术基础[M]. 北京：北京理工大学出版社,2014.